高齢者の「住まいとケア」からみた
地域包括ケアシステム

中田雅美
Nakata Masami

明石書店

はじめに

　「地域包括ケアシステム」という用語が高齢者施策の中で積極的に使用されるようになってから約10年が経過した。しかし、未だ構築に向けた具体的な道筋や姿がみえているとはいえない。それは1つに、「地域包括ケアシステム」という概念が持つ多義性の表れといえるかもしれない。例えば、地域包括ケアシステムを構築する「地域」とはどこを指すのであろうか。小学校区のような身近な範囲を指すのか、市町村や広域行政区等ある程度の資源を持つ地域であろうか。また、「包括ケア」とは、医療や介護、住宅等の領域を越えて提供されるケアという意味であろうか。もしくは、市町村や社会福祉事業を担う専門機関に加えて、ボランティア団体や市民団体、地域住民等によるケアを含めたケアということであろうか。そしてそれらは、地域包括ケアシステムの構築を目指す地域によって自由に判断されるべきものなのか。

　本書は、「地域包括ケアシステム」を、一人ひとりが地域で最期まで住み続けるための体制づくりと捉え、構築に向けた検討課題を明らかにすることを目的にしている。そのため本書ではまず、地域包括ケアシステムを構成する社会資源の1つである高齢者施策を分析するため、これまでの施策の変遷や現状を明らかにする。次に、30年以上の実績を持つ社会福祉法人の異なる地域での実践を分析することを通して、地域の実情に応じた地域包括ケアシステムの実践例と実現のための検討課題を導き出す。最後に、筆者が地域包括ケアシステムが実現していると考えるデンマークに着目し、日本との対比を行うことで、地域包括ケアシステムの構築に向けた視座を導き出したいと考えている。

　そして本書における特色であり、全体を貫く視点として、高齢者の「住まいとケア」がある。高齢者の「住まいとケア」とは、どこで暮らすかという「住まい」と、どのような「ケア」を受けるかを組み合わせたもので

ある。本書ではこの「住まいとケア」によって高齢者施策を整理し、多様に広がる施策を一人ひとりの視点から捉え直す。第4章で取り上げるデンマークにおいても、地方自治体であるコムーネを基盤に一人ひとりの「住まいとケア」を保障することで地域包括ケアシステムを実現していた。筆者は、この一人ひとりの「住まいとケア」をどう保障するかということが、地域包括ケアシステムを構築するための核となるのではないかと考えている。そして、施設から在宅へ、そして地域へとケアが多様に展開してきた一方で、特別養護老人ホームへの入所申込者が50万人を超え、さらに2030年には約40万人の看取り先の確保が困難といわれる今、地域包括ケアシステムを構築するために改めて検討されなければならないことではないかと考えている。

　本書は地域包括ケアシステムを構築するための手引書ではない。それでも何かの形で、地域で暮らす一人ひとりの生命、生活、人生に寄り添った「住まいとケア」が提供できる体制づくりの一助となることを願っている。

高齢者の「住まいとケア」からみた地域包括ケアシステム●もくじ

はじめに 3

序章 9

第1節 本書の意図と特徴 10
1. 地域包括ケアシステムとは 10
2. 地域包括ケアシステムにおける「地域」とは 12
3. なぜ高齢者の「住まいとケア」なのか 13

第2節 本書の構成 16
1. 高齢者の「住まいとケア」施策分析を通して 17
2. 最期まで住み続けるための体制を考える 18
3. デンマークの地域包括ケアシステムから学ぶ 20

第1章 高齢者の「住まいとケア」政策の変遷 25

第1節 高齢者福祉創成期からの30年 30
1. 高齢者福祉創設期（1963～1974年） 30
2. 福祉見直しと施設整備期（1975～1984年） 34
3. 在宅ケアサービス移行期（1985～1996年） 37

第2節 多様化する高齢者の「住まいとケア」 42
1. 住まいとケア施策多様化期（1997～2004年） 42
2. 地域居住期（2005年～） 45
3. 高齢者の「住まいとケア」政策の展開 48

第3節 政策の変遷からみた特徴と課題 53
1. 国と地方の関係の変化から 53
2. 対象の拡大による変化から 55
3. 多様化する「住まいとケア」から 57

第2章
高齢者の「住まいとケア」施策の現状分析　61

第1節　多様な「住まいとケア」施策　64
1. 24時間ケア施設（A）......................................65
2. 住宅施策と在宅ケア（B）..................................74
3. 居住系施設（C）..87
4. ケア外付け住宅（D）......................................93

第2節　高齢者の「住まいとケア」施策の全体像　98
1. 誰がどれだけ供給してきたのか..............................99
2. ケア×自己負担による配置.................................107
3. 高齢者の「住まいとケア」のゆくえ.........................112

第3節　高齢者の「住まいとケア」施策を取り巻く課題　119
1. 高齢者の状態変化と移動...................................119
2. 自己負担とサービス利用...................................120
3. 事業種別及び地域間の格差.................................121

第3章
社会福祉法人きらくえんによる地域包括ケアシステム　127

第1節　きらくえんにおける30年間の実践分析　130
1. 福祉の見直しと施設整備期における実践.....................130
2. 在宅ケアサービス移行期における実践.......................133
3. 住まいとケア施策多様化期における実践.....................137
4. 地域居住期における実践...................................151

第2節　きらくえんによる地域包括ケアシステム　156
1. 市街地における地域包括ケア実践（喜楽苑）.................156
2. 過疎地域における地域包括ケア実践（いくの喜楽苑）..160
3. 住民が集える地域の拠点として（あしや喜楽苑）.....163
4. 一人ひとりの「住まいとケア」の実現（けま喜楽苑）..167
5. きらくえんにおける地域との関わり.........................170

第3節　地域包括ケアシステム構築に向けて　173
1. 一人ひとりへの「ケア」を支えるもの.......................173
2. 「住まい」としての空間づくり.............................185

3. 看取りまでを含めた継続的なマネジメント 190

第4章
デンマークにおける地域包括ケアシステム　201

第1節　高齢者に関わる「住まいとケア」政策の変遷　204
1. 住まいとしての施設整備 204
2. 施設をつくらないという選択 207
3. 一人ひとりに対する「住まいとケア」 209

第2節　デンマークにおける地域包括ケアシステム　213
1. 地方分権社会のデンマーク 213
2. コムーネにおける「住まいとケア」................217
3. 高齢者の「住まいとケア」実践 227

第3節　デンマークの地域包括ケアシステムを支えているもの　234
1. コムーネで「住まいとケア」を保障する 235
2. 「住まい」にこだわるデンマーク 237
3. 一人ひとりに対する「ケア」の背景にあるもの 240

終　章　247

1. 一人ひとりの「住まいとケア」を保障する 248
2. 地域全体で「住まいとケア」を支える 249
3. みんなで「地域包括ケアシステム」を考える 253
4. 本研究の限界と課題 255

おわりに　257

序　章

第1節　本書の意図と特徴

1．地域包括ケアシステムとは

　本書は、高齢者の「住まいとケア」から地域包括ケアシステム構築に向けて検討することを目的としている。この「地域包括ケアシステム」という用語について始めにおさえておく必要があるだろう。地域包括ケアシステムは、広島県旧御調町の国民健康保険病院を中心にした医療・介護・福祉の総合的なケアシステムとして始まり[1]、1980年代から各地で自治体病院を中心に取り組まれてきたといわれている。その後の大きな変化となったのが2003年に高齢者介護研究会から出された『2015年の高齢者介護～高齢者の尊厳を支えるケアの確立に向けて～』であり、この報告書以降、国が打ち出す制度施策の様々な場面で「地域包括ケアシステム」という用語が使われるようになった。そして厚生労働省は、2008年度から現在までに老人保健健康増進等事業として地域包括ケア研究会を立ち上げ、議論を進めてきた。この間に4つの地域包括ケア研究会報告書を出しており、2013年度『地域包括ケア研究会報告書』（地域包括ケア研究会、2014）では、「団塊の世代が75歳以上に達する2025年から、高齢者数及び死亡数がピークに達し、後期高齢者数が再び増加しはじめる2040年までを展望し、中長期的な観点から、地域包括ケアシステムのより具体的な姿、その構築に向けた課題や必要な取組について議論する」と示されている。さらに、現在政府が進めている社会保障・税の一体改革の中でも、介護保険法[2]でも、2014年に公布された「地域における医療及び介護の総合的な確保の促進に関する法律」（以下、地域医療介護総合確保法）でも、地域包括ケアシステムが目指すべき中心的な概念として位置付けられている。

　ここで改めて地域包括ケア研究会等でこれまで使用されてきたいくつかの定義をみてみよう。まず、2008年度と2009年度の『地域包括ケア研究会報告書』（地域包括ケア研究会、2009・2010）では、「ニーズに応じた住宅が提供されていることを基本としたうえで、生活上の安全・安心・健康を確保するために、医療や介護のみならず、福祉サービスを含めた様々な生活支援サービスが日常生活の場（日常生活圏域）で適切に提供できるような地

域での体制」とされ、日常生活圏域はおおむね30分以内に必要なサービスが提供される圏域として中学校区が想定されている。そして、地域包括ケアシステムを構成する要素として「医療・看護」「住宅・住まい方」「介護・リハビリテーション」「福祉・生活支援」「保健・予防」の5つの要素をあげ、具体的な支え方として「自助」「互助」「共助」「公助」の概念が示されている。さらに、地域医療介護総合確保法では、地域包括ケアシステムが第一条の目的に加えられ、「地域の実情に応じて、高齢者が、可能な限り、住み慣れた地域でその有する能力に応じ自立した日常生活を営むことができるよう、医療、介護、介護予防、住まい及び自立した日常生活の支援が包括的に確保される体制」と定義付けられている。2013年度の『地域包括ケア研究会報告書』(地域包括ケア研究会、2014) では、「高齢者は自らの意思で『住まい』を選択し、本人の希望にかなった『住まい方』を確保したうえで、心身の状態や『住まいと住まい方』が変化しても住み慣れた地域での生活を継続できるよう、『介護・医療・予防』『生活支援』という"支援・サービス"を柔軟に組み合わせて提供していく姿を想定している」と、多少の変化を伴いながら捉えられている。

　筆者は目指すべき方向性としての地域包括ケアシステムに疑問を持っている訳ではない。ただ、厚生労働省の平成25年老人保健事業推進費等補助金・老人保健健康増進等事業である「地域包括ケアシステムの構築に関わる自治体の取り組み状況の整理・分析に関する調査研究事業　報告書」(2014) にあるように、現段階では地域包括ケアの姿を具体的に理解することは難しい状況であると考えている。そして福祉が実学である以上、単なる概念として捉えるのではなく、実現に向けた検討をする必要があると考えている。本書では、地域医療介護総合確保法の第一条で掲げられている「地域の実情に応じて、高齢者が、可能な限り、住み慣れた地域でその有する能力に応じ自立した日常生活を営むことができるよう、医療、介護、介護予防、住まい及び自立した日常生活の支援が包括的に確保される体制」を本書における地域包括ケアシステムの定義とし、地域包括ケアシステムを構築するための一助となることを目指したい。そのため本書では、できる限り医療、介護、介護予防、住まい、生活支援を包括的に捉え、地

域性の異なる地域間での比較を試みたい。

2. 地域包括ケアシステムにおける「地域」とは

　次に、地域包括ケアシステムを考えていくうえで、地域というものをどのように捉えるか検討が必要であろう。地域をめぐる動きについては、1980年代半ばから国家による実施責任が徐々に地方自治体へと委譲されるようになり、2000年に施行された「地方分権の推進を図るための関係法律の整備等に関する法律」以降はより国から地方への分権化が明確に打ち出されるようになった。2006年に成立した「地方分権改革推進法」では、国は本来果たすべき役割を重点的に担い、市民に身近な行政はできる限り地方自治体に委ねることが掲げられている。武川は、1990年代の日本の分権改革を「第三の改革」と位置付け、「中央政府から地方政府」への権限委譲、「ガバメント（政府）からガバナンス（統治）へ」と地方自治の重点を移動させる動きという2つの視点で説明し、現在はローカリティの時代であると位置付けている（武川 2006: 12）。

　一方で2010年4月21日付の朝日新聞には、首長の約半数が、市区町村が運営している介護保険制度について「都道府県や国が運営するべきだ」と考えているという記事が掲載され、さらに『週刊東洋経済』（2010年5月15日号）では、補助金の一括交付金化で自治体の裁量が高まることで、他の分野への転用が進み、結果社会保障予算は削減される可能性があると指摘している。国の責任を地方自治体へと移行していきたい国と、任されても応えられないとけん制する地方自治体の食い違いがみえている。また日本には都市部だけでなく、いわゆる過疎地域や中山間地域、中には限界集落といわれる場所が存在する。もちろん人口規模でいえば都市部のほうが大きいかもしれない。しかし、地方自治体の数でいえば都市部よりもむしろ地方と呼ばれる地域の方が多いのが現状ではないだろうか。

　ローカリティの時代で地域包括ケアシステムを実現させるためには、都市部だけでなくそれ以外の地域にも焦点を当てて検討することが必要ではないだろうか。2012年に出された『地域包括ケア研究会報告書』でも、定義はどの地域でも共通のものとしたうえで、地域包括ケアシステムは地

域の実情に応じて構築されるべきであり、具体的な形はそれぞれの地域で大きく異なるとしている。さらに「島嶼部や限界集落などの地域におけるケア体制については、別途、異なる視点からの議論が必要であろう」と示されている。つまり現在国が示しているものはあくまでも資源が豊富な都市部を想定したものであり、そのほかの地域における提供範囲と体制づくり、また支え方を含めてどう実現していくのか、実現のためには何が必要なのかは各地域で検討すべきであるということである。ただ、地域の実情において構築されるべきだといっても、何でもよいという訳ではないだろう。

「地域」の設定については、まず生活支援サービスが提供される日常生活圏域（中学校区）がある。その他、集落や地区、行政区等様々な範囲が考えられる。またこれまでの地域包括ケア研究会では、地域包括ケアシステムの多くの論点が市町村で共通していると述べている。本書では、地域を重層的に捉える必要性を理解した上で、地域包括ケアシステムの地域を「市町村」とし、市町村でどのように地域包括ケアシステムを構築するのか、そのために何が必要かを検討していくこととする。そのため、デンマークの実地調査は地方自治体であるコムーネに着目し、社会福祉法人きらくえんの実践も特別養護老人ホームの実践として取りあげるのではなく、市町村で地域包括ケアシステムを実現するための資源の1つとして取り上げたい。

3. なぜ高齢者の「住まいとケア」なのか

最後に、地域包括ケアシステムが医療、介護、介護予防、住まい及び自立した日常生活の支援が包括的に確保される体制を整えることだとするならば、地域包括ケアシステムを実現するための資源が地域にどれだけあるのかということを考えなければならないだろう。例えば全国の市町村の中に、日常生活圏域で地域包括ケアシステムの体制を整えるための資源を持つ市町村はどれだけあるのだろうか。そしてそもそも、地域包括ケアシステム実現のための社会資源である高齢者施策は、どのような現状なのであろうか。これまでの高齢者施策は、介護や福祉、医療や住宅等の施策がそ

れぞれバラバラに取り組まれ、その上時代の要請に応じて各関係省庁が次々に新たな施策を講じてきた。そのため、現在ある高齢者施策は実に多種多様である。筆者はむしろ多種多様に施策が講じられることで対象となる高齢者を選別し、一人ひとりを包括的に支える体制が整いにくくなっているのではないかと考えている。そのため本書では、現在ある施策を高齢者の「住まいとケア」という概念を用いて、地域包括ケアシステムを支える社会資源の現状を明らかにした。

高齢者の「住まいとケア」という概念については、先行研究でも明確に定義付けられていないため、本書では住宅・住居・居住としての「住まい」と対人援助サービスとしての「ケア」を包括した概念として用いる。「住まい」とは、嶺が述べている「住まい」が持つ3つの側面、第1に住むための建築としての住宅、第2に住むという個人・家族の行為、または住んでいるという状態としての住居、第3に社会的側面を含めて住むこと、住んでいることを意味する居住を含めた概念（嶺 2008: 5-6）である。「ケア」は、広井が指摘しているように、狭くは、「看護」「介護」、中間的なものとして「世話」、最も広くは「配慮」「関心」「気遣い」ときわめて広範な意味を持つ。本書では、看護や介護等に限定した形での「ケア」とする。さらに市川が『現代福祉学レキシコン』で定義付けているPersonal social serviceの「生活上の困難な問題に直面する個人、家族及び集団に対し、それぞれの対面的な関わりを通して、個別具体的に提供されるサービス」を用いて、福祉・医療を含めた対人援助サービスを本書における「ケア」の定義とする。つまり、本書では、とかく特別養護老人ホームやデイサービス、サービス付き高齢者向け住宅等施策ごとに捉えられがちな高齢者施策を、一人ひとりの高齢者にとっての「住まい」と「ケア」の面からそれぞれを整理したうえで、施策全体を「住まいとケア」施策として捉え直したということである。このような一見回りくどい整理をしたのは、施設か在宅か、住宅施策か福祉施策かの垣根を越えて捉えることで、現在ある施策が高齢者のどの部分を支え、また支えられていないのかといった現状や課題を明らかにすることができると考えたためである。そして高齢者施策全体を捉えたうえで分析を進めることで、現状を含めたより現実的

な「地域包括ケアシステム」を検討することができると考えた。

　さらに、筆者は地域包括ケアシステムの「包括ケア」には3つの側面があると考えている。1つ目は、医療・福祉・住宅等の分野を包括して支援を提供するという意味の包括ケア。これは、1980年代以降の保健・医療・福祉による地域包括ケアや、介護保険制度の地域密着型サービスが位置付けられるだろう。2つ目に、家族や介護サービス事業所等の専門職だけでなく、地域住民によるボランティアやNPO法人、そして行政としての地方自治体等、ケアの担い手、支え手に着目した包括ケア。国が政策として目指し、地域もしくは住民らとともに支えていかなければならないという意図を持って進めているのが2つ目の包括ケアだろう。3つ目に、介護を必要としない方の健康や介護予防等、介護等何らかのケアが必要になった方への支援、重度化や重症化等その人の変化に伴う支援、そして看取りを含めた終末期ケア等、一人ひとりの変化や最期までを含めた支援体制を包括的に支えるという意味での包括ケアである。筆者は今この3つ目の包括ケアが、最も実現が求められると考えている。

　筆者が3つ目の包括ケアを重視する背景には、2014年3月に5年ぶりに厚生労働省から発表された「特別養護老人ホームの入所申込者の状況」がある。本発表によると、2014年3月の集計時点で全国に52万3,584人（うち、在宅の方は約26万人、在宅以外は約26万4,000人）が特別養護老人ホームに申し込んでいた。これは2012年10月1日現在の特別養護老人ホーム入居者数を上回る数である。5年前の2009年12月の集計結果と比較しても、約10万人の申込者が増加している。さらに厚生労働省が作成した資料「死亡場所別、死亡者数の年次推移と将来推計」（図0-1）によると、2030年までに約40万人死亡者数が増加すると見込まれるが、看取り先の確保が困難という。入所申込者の状況は、特別養護老人ホームという終の棲家を求め、このようにたくさんの方々が申込みをしていると考えられないか。そして、今後はこの最期の看取りまでを含めた地域包括ケアシステムを構築しなければ、高齢者の求める地域包括ケアシステムの構築にはならないのではないだろうか。そのため本書では、最期までを含めた地域包括ケアシステムの構築を目指し、検討することを試みたい。

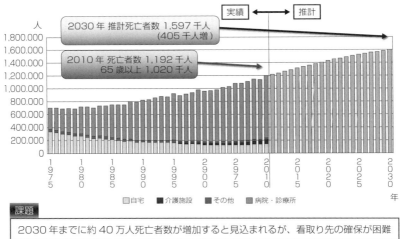

図 0-1　死亡場所別、死亡者数の年次推移と将来推計

出典：中央社会保険医療協議会総会（第 198 回）議事次第「入院、外来、在宅医療について（総論）」p.5, 厚生労働省，2011 年 10 月 5 日

第 2 節　本書の構成

本書は序章と終章のほか、以下の 4 章立てで構成されている。

　　　第 1 章　高齢者の「住まいとケア」政策の変遷
　　　第 2 章　高齢者の「住まいとケア」施策の現状分析
　　　第 3 章　社会福祉法人きらくえんによる地域包括ケアシステム
　　　第 4 章　デンマークにおける地域包括ケアシステム

本書の主題は地域包括ケアシステム構築に向けた検討であるため、まず第 1 章と第 2 章では、現在ある高齢者施策を「住まいとケア」で包括的に捉え、時間軸による分析と各施策の位相から、地域包括ケアシステムにつながる高齢者施策の現状を明らかにすることを試みた。第 3 章は、特別養護老人ホームを中心に高齢者サービスを展開する社会福祉法人きらくえんの 30 年間の実践に着目し、高齢者一人ひとりの変化や終の棲家の視点もふまえた地域包括ケアシステムを整えていくためには何が必要なのかを考

察する。最後の第4章では、地域包括ケアシステムを実現しているデンマークを取り上げた。デンマークは単に多様なサービスを供給して地域包括ケアシステムを実現している訳ではなく、それまでの過程や実現するための背景要因がある。それらを明らかにすることで、日本への視座を得たいと考えた。以下、本書で用いる3つの方法について述べる。

1. 高齢者の「住まいとケア」施策分析を通して

　古川は社会福祉研究の対象として中軸に位置するものは、「社会福祉に関わる施策の解明」であるとし、施策を、政策・制度・援助を一括したものとして位置付けている（古川 2007: 337）。筆者は、地域包括ケアシステムの構築に向けた検討をするうえで、改めて現在の高齢者を取り巻く施策の現状を明らかにする必要があると考えた。第1章では、まずこれまでの政策の変遷を明らかにすることで現在の施策の特徴と課題を明確にする。政策は、高齢者施策が法制度として取り上げられはじめ、現在につながる原型がつくられた1963年の老人福祉法制定以降から現在に至るまでを追うことにした。分析の対象は、高齢者の「住まいとケア」に関連する政策・制度・通知・通達及び答申・意見具申とした。また、政策研究における先行研究の時期区分を参考に高齢者施設施策の変遷を5つの時期区分（① 1963～1974年：高齢者福祉創設期、② 1975～1984年：福祉見直しと施設整備期、③ 1985～1996年：在宅ケアサービス移行期、④ 1997～2004年：住まいとケア施策多様化期、⑤ 2005年以降：地域居住期）を設定して整理した。加えて、平野（2006）の「『地域居住施設』の展開」の概念図を用いて特徴を明らかにすることで、高齢者の「住まいとケア」施策がどのように展開してきたのか（図0-2）を視覚的に捉えたいと考えた。

　第2章では、政策の変遷をふまえたうえで、住まいとケアの関係から現在ある施策を、A.

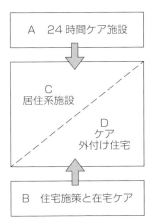

図0-2　高齢者の「住まいとケア」施策分類

出典：筆者作成。

24時間ケア施設、B．住宅施策と在宅ケア、C．居住系施設、D．ケア外付け住宅に分類（図0-3）した。そして4分類に沿って現在ある施策の全体的な位置付けから現状と課題を導出した。分析にあたっては、坂田（2007）が社会福祉の制度的枠組みとして提示した「誰が（提供主体）、誰に（受給者・利用者）、何を（福祉給付、福祉サービス）、どのようにして（給付形態）、どれだけ（提供量）」という5つの諸要素（坂田 2007: 390）を用いて各施策を整理した。

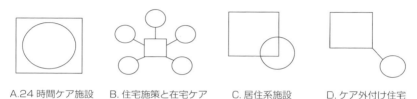

A.24時間ケア施設　　B.住宅施策と在宅ケア　　C.居住系施設　　D.ケア外付け住宅

図0-3　住まいとケアの関係図

出典：筆者作成。

　以上、高齢者施策を「住まいとケア」から包括的に捉えることで、高齢者施策全体の持つ現状や課題が明らかになり、より現実に即した地域包括ケアシステムの検討が可能になると考えた。

2．最期まで住み続けるための体制を考える

　前節で筆者は看取りまでを含めた地域包括ケアシステムの構築を検討していきたいと述べた。それは現在の地域包括ケアシステムの目指す方向性は必ずしも看取りまでを含めたものとはいえないと考えたためでもある。人は変化する。筆者はこの一人ひとりの変化への継続的な対応が難しいところに、現在の高齢者の「住まいとケア」施策の限界があると考えているし、それこそが地域包括ケアシステムを構築する意義であると考えている。先に取り上げた特別養護老人ホームへの入居申込者（特養待機者）数や看取りの場所がないという指摘も、それを見逃せない課題として突きつけているのではないだろうか。

　先行研究においても特別養護老人ホームの待機者について以下のような

議論がなされている。二木によると、施設需要が急増した主因は「介護保険の現在の在宅サービスの支給限度額では、たとえそれをすべて使ったとしても、重度の要介護者が家族介護に依存せずに在宅生活を送ることが不可能なため」（二木 2007: 190）であり、在宅サービスの支給限度額の大幅な引き上げと利用者の自己負担の減額の両方、さらに在宅ケアと施設ケアの両方の拡充が必要であると指摘している。さらに横関らの「特別養護老人ホーム入所待機者の実態に関する調査」でも、従来の待機者に関する調査研究[3]よりも、待機者・介護者の状況は厳しく、早急に入所が必要と思われるものが多いと指摘している。そのうえで「今後の施策としてショートステイの整備で在宅期間の延長が一部期待し得るが、施設整備を含め、今後のサービス提供体制等について検討する必要」があると指摘している（横関・近藤・杉本 2006: 68）。加えて、絹川らの調査では、高齢者の在宅生活の限界は、「①状況に合わせた改修が行われていないケースが多く、自宅は介護に適さない場所であること、②家族が主介護者となるのは困難なこと、③在宅サービスを利用しても家族を中心に介護を行う形では 24 時間の支えは得られない」（絹川・高田・三浦 2004: 8）ことが指摘されている。すなわち、これらの研究では、在宅ケアの充実だけでなく、施設ケアの充実も必要不可欠であると指摘しているといえるだろう。しかしながら現在国が打ち出している地域包括ケアシステムの概念図ではあくまでも在宅医療・介護がベースとなっており、特別養護老人ホーム等の入所施設は、重度の要介護者で在宅での生活が困難な者に対する「重度者向けの住まい」と位置付けられている。しかも、2009 年 6 月 9 日付の朝日新聞の集計では、全国の市町村で 2006 年から 2008 年度に 5 万 4,000 人分整備する計画であった特別養護老人ホームが、実際には 3 万 9,000 人分（72%）しか整備が進まなかったことが明らかになっている。つまり、在宅でできるだけ長く生活し続けることも難しく、だからといって施設も充分に整備されていない中、高齢者は行き場をなくしているといえるのではないだろうか。本書ではこのような背景から、施策として数十年の歴史を持ち、生活の場、終の棲家として存在し続けてきた特別養護老人ホームを中心に事業を展開してきた社会福祉法人きらくえんに着目し、これまでの実践を分析するこ

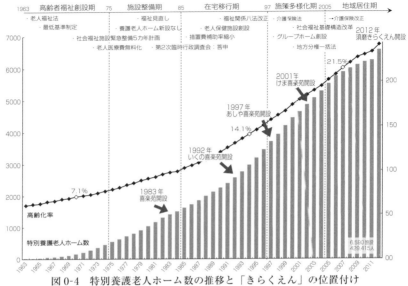

図0-4 特別養護老人ホーム数の推移と「きらくえん」の位置付け

出典：筆者作成。

とを通して一人ひとりの人の変化や人生の最期を含めた地域包括ケアシステムを検討したいと考えた。

　加えて、社会福祉法人きらくえんを取り上げた理由の1つに、社会福祉法人きらくえんが地域で事業を開始した時期が、第1章で行った時期区分の展開段階それぞれに位置付けられる（図0-4）という点がある。社会福祉法人きらくえんに着目することで、開設当時の政策や制度との関連、そしてその後の現在に至るまでの変化について明らかになると考えた。さらに社会福祉法人きらくえんの事業は、同じ兵庫県内の異なる地域で展開されている。つまり、異なる時代背景や地域での比較を通して、複数の地域包括ケアシステムの検討ができると考えたのである。

3. デンマークの地域包括ケアシステムから学ぶ

　筆者は2003年以降、様々な形でデンマークを訪れる機会を得た。例えばそれは社会福祉法人きらくえん主催の海外福祉研修への参加であったり、認知症ケアに関わる研究プロジェクトの一員としての実地調査等であった。

それらの実地調査を重ねる中で筆者は、デンマークは日本の目指す地域包括ケアシステムを実現しているのではないかと考えるようになった。つまりデンマークでは地域包括ケアシステムの定義にある通り、「地域の実情に応じて、高齢者が可能な限り、住み慣れた地域でその有する能力に応じ自立した日常生活を営むことができるよう、医療、介護、介護予防、住まい及び自立した日常生活の支援が包括的に確保される体制」が自治体（コムーネ）単位で整えられていると考えたのである。具体的には、デンマークは地方自治体を基礎とした地方分権の国である。そして、地方自治体単位で、本書の中心的な概念でもある「住まいとケア」が一人ひとりの高齢者に対して提供される体制が整っている。しかも筆者が地域包括ケアシステムの実現で最も重要な点と考えている、高齢者一人ひとりの変化や最期の看取りまでをふまえた「住まいとケア」が実現していたことが本書でデンマークを取り上げる理由といえるだろう。

　しかし仮に、デンマークで日本が目指している地域包括ケアシステムの1つの形が実現されているとしても、それは遠い異国の地での出来事で、そのまま日本に持ち込むことはできないだろう。しかもデンマークが現在のような体制を実現するためには、その背景となるような要因や歴史があるだろう。したがって本書では、デンマークにおける地域包括ケアシステム実現に至るまでの過程や背景を探ることを通して、日本で実現するための視座を得ることを目的とした。

　そして、デンマークが高齢者に対してこれまでどのような施策を講じてきたのか、という変遷をおさえたうえで、訪問調査を行った地方自治体における「住まいとケア」施策の実態、日本との対比を試みることで、地方自治体単位で地域包括ケアシステムが確立するための視座を得ることとした。日本が目指す地域包括ケアシステムの先にデンマークがあるとすれば、デンマークを調査対象とし、その実態だけでなく、背景を探ることで、日本における実現に向けた考察ができるのではないだろうか。またこのことが、埋橋のいう「各国の社会保障を柱とする福祉国家施策の制度的な解説・記述にとどまらず、それらがどのような帰結、政策効果を生み出しているか」（埋橋 1997: 9）ということを明らかにすることにつながるのではな

いかと考えている。

　以上の3つの方法を通して、地域包括ケアシステムをどのように構築するのか、構築するためには何が必要かを検討していくこととする。

注
1) 地域包括ケアという概念は、広島県旧御調町の国民健康保険病院の医師であった山口昇氏がはじめて提起したといわれている。2014年3月に（株）日本総合研究所から出された『事例を通じて、我がまちの地域包括ケアを考えよう「地域包括ケアシステム」事例集成〜できること探しの素材集〜』の冒頭部分には、山口医師が「脳血管疾患等で救急搬送され、緊急手術で救命し、リハビリによって退院した患者さんが、1、2年後に寝たきり状態になって、再入院してくるケースが目立つようになってきた」ことに対し、「医療を自宅に届ける出前医療、訪問看護、保健師の訪問、リハビリテーション、さらに地域住民による地域活動の充実、等の活動を導入するとともに、1980年代には病院に健康管理センターを増設し、ここに町役場の福祉と保健行政を集中させて、社会福祉協議会も移設し、文字通り保健医療介護の一体的な推進体制を構築」したことについて説明し、「今日の地域包括ケアシステム構築の先駆けとなった」と述べている。
2) 2011年の介護保険法改正では、「国及び地方公共団体は、被保険者が、可能な限り、住み慣れた地域でその有する能力に応じ自立した日常生活を営むことができるよう、保険給付に係る保健医療サービス及び福祉サービスに関する施策、要介護状態等となることの予防又は要介護状態等の軽減若しくは悪化の防止のための施策並びに地域における自立した日常生活の支援のための施策を、医療及び居住に関する施策との有機的な連携を図りつつ包括的に推進するよう努めなければならない」（介護保険法第5条第3項）と、国や地方公共団体が地域包括ケアシステムの構築に努めるべきという規定が記された。
3) 2002年の健康保険組合連合会による調査では、「施設スタッフからみて緊急入所が必要と判断できるケースは3割にすぎず、約6割は在宅生活の継続が可能なケース」であり、事由に入所申込みが可能になったことがその要因であると指摘されている。

引用文献
朝野賢司（2005）「第1章　ユーザー・デモクラシーを支える地方分権型行財政システム」朝野賢司・生田京子・西栄子・原田亜紀子・福島容子『デンマークのユーザー・デモクラシー　福祉・環境・まちづくりからみる地方分権社会』新評論，pp.4-33
市川一宏（1998）「Ⅲニード・問題状況／Ⅳ福祉サービス（1）サービス・技術　対人福祉サービス」京極高宣監修『現代福祉学レキシコン第二版』雄山閣出版，p.163
埋橋孝文（1997）『現代福祉国家の国際比較　日本モデルの位置づけと展望』日本評論

社
小笠原祐次（1999）『"生活の場"としての老人ホーム　その過去、現在、明日』中央法規
川越雅弘・三浦研（2008）「特集：世界の高齢者住宅とケア政策　我が国の高齢者住宅とケア政策」『海外社会保障研究　No.164』国立社会保障・人口問題研究所，pp.4-16
絹川麻里・髙田光雄・三浦研（2004）「要介護高齢者の施設入居前の生活実態から見た在宅生活の意義と限界」『日本建築学会計画系論文集』第528号，pp.9-16
厚生労働省「特別養護老人ホームの入所申込者の状況」Press Release，2014.3.25
厚生労働省（2014）「死亡場所別、死亡者数の年次推移と将来推計」『平成24年医療保険・介護保険同時改定に向けて』介護保険審議会資料
高齢者介護研究会（2003）『2015年の高齢者介護～高齢者の尊厳を支えるケアの確立に向けて～』
坂田周一（2007）「社会福祉の施策　②社会福祉の制度的枠組み」仲村優一・一番ヶ瀬康子・右田紀久恵『エンサイクロペディア　社会福祉学』中央法規，pp.390-393
全国社会福祉協議会（1986）『月刊福祉増刊号・施策資料シリーズ　社会福祉関係施策資料集』全社協
武川正吾（2006）『地域福祉の主流化—福祉国家と市民社会Ⅲ—』法律文化社
―――（2007）『連帯と承認　グローバル化と個人化のなかの福祉国家』東京大学出版会
地域包括ケア研究会（2009）『平成20年度　老人保健健康増進等事業　地域包括ケア研究会　報告書～今後の検討のための論点整理』
―――（2010）『平成21年度　老人保健健康増進等事業　地域包括ケア研究会　報告書』三菱UFJリサーチ＆コンサルティング
―――（2013）『平成24年度　厚生労働省老人保健事業推進費等補助金（老人保健健康増進等事業分）持続可能な介護保険制度及び地域包括ケアシステムの在り方に関する調査研究事業報告書　地域包括ケアシステムの構築における今後の検討のための論点』三菱UFJリサーチ＆コンサルティング
―――（2014）『平成25年度　厚生労働省老人保健事業推進費等補助金（老人保健健康増進等事業分）持続可能な介護保険制度及び地域包括ケアシステムの在り方に関する調査研究事業報告書　地域包括ケアシステムの構築における今後の検討のための論点』三菱UFJリサーチ＆コンサルティング
東洋経済新報社（2010）『週刊東洋経済』2010年5月15日号
二木立（2007）『介護保険制度の総合的研究』勁草書房
日本総合研究所（2014）『平成25年度 老人保健事業推進費等補助金 老人保健健康増進等事業　地域包括ケアシステム事例分析に関する調査研究事業事例を通じて、我がまちの地域包括ケアを考えよう「地域包括ケアシステム」事例集成～できること探しの素材集～』
野口定久（2003）「福祉施設と地域社会」牧里毎治『地域福祉論―住民自治と地域ケ

ア・サービスのシステム化─』財団法人放送大学教育振興会，pp.79-88
─────（2008）『地域福祉論─政策・実践・技術の体系─』ミネルヴァ書房
平野隆之ほか（2001）『コミュニティとソーシャルワーク』有斐閣
平野隆之（2006）「15 地域住居施設と在宅ケアサービス」『新版 地域福祉事典』中央法規，pp.446-449
広井良典（1997）『ケアを問い直す──〈深層の時間〉と高齢化社会』ちくま新書
古川孝順（2007）「社会福祉の方法と課題 ①社会福祉の対象、施策、機能、方法」仲村優一・一番ヶ瀬康子・右田紀久恵『エンサイクロペディア 社会福祉学』中央法規，pp.336-339
嶺学編著（2008）『高齢者の住まいとケア──自立した生活、その支援と住環境』御茶の水書房
横関真奈美・近藤克則・杉本浩章（2006）「特別養護老人ホーム入所待機者の実態に関する調査」『社会福祉学』第47巻第1号，pp.59-70

第1章

高齢者の「住まいとケア」政策の変遷

日本の高齢者に関わる政策は社会の変化に伴い展開されてきた。本章では、高齢者の「住まいとケア」政策の変遷を分析することから、現在の高齢者の「住まいとケア」の現状を捉えたい。高齢者福祉政策の中でも特に歴史が長い老人ホームに着目した先行研究としては、小笠原（1999）の『'生活の場' としての老人ホーム その過去、現在、明日』があげられ、緊急救護・慈善活動としての老人ホームから1999年までの時期区分を行い、各時代の制度・政策や意見具申等の詳細な資料をもとに老人ホームの機能を分析し、これからの長期生活施設としての老人ホームを提言している。また、田中（1993）「日本における施設ケア制度──歴史的考察」でも、老人福祉法制定以前の施設福祉の動向から平成年代の動向までを整理しこれまでの老人ホームの社会的役割や目的について分析している。また野口典子（2003）の「わが国の高齢者福祉における施設ケアの軌跡と課題　養老院、養老施設、そして『老人ホーム』へ」は政策の変遷と実践の経年データをもとに分析したものである。しかしこれらは老人ホームの成り立ちから2000年までの分析であり、特に介護保険制度後の変化も含めた状況の整理が必要であるといえる。このように介護サービスや医療サービスに関する政策の変遷に着目した先行研究は非常に限られており、さらにこれらは福祉政策の変遷の特質や施設ケアから在宅ケアへの転換を中心に展開され、地域包括ケアシステムとの関連の中でまとめられているものではない。

　住宅政策の変遷に着目した先行研究については、本間（2009）の住宅政策の研究のほかに大本や原田も福祉国家における住宅政策の位置付けについて述べており、2000年以降には佐藤による住宅政策と福祉政策の連携や都市計画との関連についての研究も進められている。いずれにしても、川越らが「住み慣れた地域で高齢者の生活を支えることを重視する政策が医療・介護・住宅の分野で展開されているが、管轄する省や部局が異なるため、これら施策の展開を包括的に捉えた論文は少ない」（川越・三浦 2008: 5）と指摘している通り、関連施策の展開を包括的に捉えた研究は希少である。

　そのうえで本書では、高齢者政策の変遷をいくつかの時期区分をしなが

ら明らかにしたい。福祉政策全体の変遷について宮田（1996）は、社会福祉政策の展開のうち1960年代前半と1970年代前半に着目しそれらの時期を中心に政策の動向を分析している。また、北場は『戦後「措置制度」の成立と変容』（2005）において戦後の措置制度に着目し、措置制度の基本的理念と変容を保育・老人福祉・社会福祉法人について分析している。ほかに『戦後社会保障の形成　社会福祉基礎構造の成立をめぐって』（2000）では、日本の社会保障の軌跡を①社会保障前史、②戦後福祉改革と社会保障制度の確立（1945〜1954年）、③経済成長と社会保障制度の拡充（1955〜1974年）、④安定成長・少子高齢化と社会保障の見直し（1975年以降）に分けて整理し、1990年以降に改革が行われたわが国の社会福祉基礎構造の成立について述べている。野口（2007）は、社会福祉政策から地域福祉政策への政策の変遷を1960年代から10年周期で規定し、工業化・脱工業化・市場経済拡大化・地方衰退の時代を経て、2000年代は地域福祉政策の時代であると位置付けている。さらに武川（2009）は、地域社会計画に着目し、1940年代から1990年代までを10年周期で捉えている。その他、『社会福祉関係施策資料集3』（全国社会福祉協議会1986）では、1985年を「戦後40年が経過し、高齢化社会を迎え、さまざまな社会変化、ニードの多様化などに直面し、年金・医療に続いて社会福祉事業の改革に取り組む動きが起こった年」であり、社会福祉にとって「激動の年」と位置付けている。本書ではこれら先行研究（表1-1）と、高齢者に対する福祉・介護・医療・住宅政策（法制度・答申・意見具申・報告等）を年表で整理し、その画期をふまえて次のように区分した。①老人福祉法が制定された1963〜1974年を高齢者福祉創設期（福祉創設期）、②福祉見直しがすすんだ1975〜1984年を福祉見直しと施設整備期（施設整備期）、③激動の年と呼ばれる1985〜1996年を在宅ケアサービス移行期（在宅移行期）、④社会福祉基礎構造改革と規制緩和が具体的に進められた1997〜2004年を住まいとケア施策多様化期（施策多様化期）、⑤地域密着型サービスや地域包括支援センターが創設された2005年以降を地域居住期、である。加えて、平野（2006）の「『地域居住施設』の展開」の概念図を用いて特徴を明らかにすることで、高齢者政策の変遷を特徴付けたいと考えた。なお展開段階は平

表1-1 政策時期区分に関

政策				政策研究	
厚生省『平成12年度厚生白書』	全国老人福祉施設協議会『60年史 激動の十年』	全国社会福祉協議会『社会福祉関係施策資料集』	北場勉『戦後の社会保障の形成』	宮田和明『現代社会福祉政策論』	野口定久『自治体の地域福祉戦略』
	1860年代～1928年 養老院の創設と発展		社会保障前史		
1938～1944年 戦時下の厚生行政	1929～1944年 公的救護の開始と養老事業協会の創設				
1945～1954年 戦後復興期の厚生行政	1945～1962年 生活保護法のもとでの養老施設	1945～1973年 占領期から高度経済成長期まで	1945～1954年 戦後福祉改革と社会保障制度の確立	1956～1960年代前半 高度経済成長化意識の社会保障・社会福祉政策	
1955～1974年 高度経済成長期の厚生行政	1963～1982年 老人福祉法の制定と老人ホーム現代化への道		1955～1974年 経済成長と社会保障制度の拡充	1960年代後半～1974年「成長から福祉へ」	1960年代 工業化の時代 経済的貧困からの脱出期
1975～1989年 高齢化時代の厚生行政		1974～1984年「福祉見直し」から制度改革の時代へ	1975年以降 安定成長・少子高齢化と社会保障の見直し	1975年以降「福祉見直し」以後の展開	1970年代 脱工業化の時代 入所型社会福祉（措置）施設整備期
1990年～少子高齢社会に対応した厚生行政	1983～1992年 激動の10年	1985年以降 激動の年（1985年）	1990年以降 社会福祉基礎構造改革		1980年代 在宅福祉サービス萌芽期
					1990年代 地方衰退の時代 市町村在宅福祉型サービスの整備期 2000年代 地域福祉政策の時代 地域福祉の主流期

出典：厚生省監修『厚生白書（平成12年度）』「Ⅳ．参考2．年表」468-469；全国社会福祉協議会全国老人福祉施設『月刊福祉』増刊号 施策資料シリーズ 社会福祉関係施策資料集1－3；北場勉（2000）『戦後の社会保障の論』新社会福祉選書，ミネルヴァ書房；野口定久（2007）「地域再生と地域福祉」87-117『自治体の地域福祉戦略』小笠原祐次（1999）『"生活の場"としての老人ホーム その過去、現在、明日』中央法規；田中荘司（1993）（2006）「15 地域居住施設と在宅ケアサービス」446-449『新版 地域福祉事典』中央法規を参考に筆者作成。

する先行研究

武川正吾『社会政策の社会学』	施設福祉			本書における時期区分
	小笠原祐次『"生活の場"としての老人ホーム』	田中荘司「日本における施設ケア制度——歴史的考察」	平野隆之『「地域居住施設」の展開』	
	1860年代～1928年 緊急救護・慈善	1874～1952年 老人福祉法以前の施設保護		
	1929～1944年 救護法—公的救済の養老院—			
1940年代～地域社会計画の前史	1945～1962年 生活保護法—公的救済 2—	1953～1964年 老人福祉法制定前後の施設福祉の動向		
1960年代 工業化計画の時代	1963～1971年 老人福祉法—老人ホームの近代化—	1965～1974年 昭和40年代の施設福祉の動向		1963～1974年 高齢者福祉創設期
1970年代 脱工業化計画の時代	1972～1984年 「収容の場」から「生活の場」へ	1975～1984年 昭和50年代の施設福祉の動向		1975～1984年 福祉見直しと施設整備期
1980年代 再産業化計画の時代	1985～1996年 施設多様化—中間施設の誕生	1985～1988年 昭和60年代の施設福祉の動向	第Ⅰ段階 施設の社会化：施設におけるショートステイやデイサービスの実施	1985～1996年 在宅ケアサービス移行期
1990年代 脱・再産業化計画の時代	1997年～介護保険法—「措置」から「利用」へ、施設の統合化	1989年～平成年代の施設福祉の動向	第Ⅱ段階 施設の小規模化：ユニットケア・グループホーム	1997～2004年 住まいとケア施策多様化期
			第Ⅲ段階 地域居住ケアの多様化：多様なケア付住宅	2005年～地域居住期

協議会編（1993）『全国老人福祉施設協議会六十年史 激動の十年』；全国社会福祉協議会（1986）形成 社会福祉基礎構造の成立をめぐって』中央法規；宮田和明（1995）『現代日本社会福祉政策学陽書房；武川正吾（2009）『社会政策の社会学 ネオリベラリズムの彼方へ』ミネルヴァ書房；「日本における施設ケア制度−歴史」『明日の高齢者ケア 5 日本の施設ケア』中央法規；平野隆之

野の転換段階に加え在宅福祉サービスが推進される以前の段階として①施設か在宅かの二者択一の段階を加え、②施設の社会化、③施設の小規模化、④施設の地域化、⑤地域居住とした。平野の展開段階は社会福祉施設における地域福祉運営の展開過程を表したものであるが、高齢者の「住まいとケア」の創成期に施設が中心的に取り組まれていた点と、住宅政策やケアに関わる政策の展開についても包括的に捉えられると考えたため使用する。

その他、事業所数及び入居者・利用者数については、各年次の厚生労働省「社会福祉施設等調査」及び「介護サービス施設・事業所調査」、「老人保健施設調査」、国土交通省「住宅・土地調査」、その他高齢者住宅財団から出されているデータをもとにした。

第1節　高齢者福祉創成期からの30年

1．高齢者福祉創設期（1963～1974年：福祉創設期）

第1節ではまず高齢者福祉創成期からの30年について述べることとする。老人福祉法制定までのわが国の高齢者福祉は他の国々と同様に、救貧施策の一環として成立してきた。1963年に老人福祉法が制定されたことで、高齢者を福祉の対象として施策が講じられたといえる。現在ある高齢者福祉施設も、老人福祉法制定により体系化された。生活保護法下におかれた養老施設からの転換が進められた養護老人ホーム、介護状況による入所を要件とした特別養護老人ホーム、低額の有料老人ホームとしての軽費老人ホームの3種類を老人福祉施設と規定し、有料老人ホームについてはその他の施設として老人ホームの定義に加えられた。ただ野口典子は「養護老人ホームの利用については、経済的理由により居宅で生活が困難であることが要件とされた。この場合、生活保護法下での生活保護受給者というほどの限定はないものの、低所得者が対象要件とされたことから、窮民保護を施設事業の中に残す結果となった」（野口 2003: 1）と指摘している。

1966年には児童福祉施設の最低基準の影響を受け、「養護老人ホーム及び特別養護老人ホームの設備及び運営に関する基準（以下、最低基準）」が制定された。最低基準がこの頃に果たした役割は大きいといえるが、基準

が適応されるのは新設される施設であり、1966年以前に設立した施設には適応されず、また省令であるため実際に基準に違反しても事業停止にはならなかった。さらに基準設定の基本になったものが保護施設時代の基準に準じているため、劣等処遇水準に押しとどめられていたといえる。ここでも野口典子は「老人福祉法制定前後における老人ホームに対する期待と要求は残念ながら現場の熱き思いに止まってしまい、具体化された最低基準は、その理念と実際の差が大きく、また基準そのものの根拠と決定の過程が不明瞭であったことなどの問題を持っていた」（野口 2003: 9）と述べている。

　1968年に厚生省から「老人医療対策」、国民生活審議会調査部から「深刻化するこれからの老人問題について」、中央社会福祉審議会からは「老人ホーム、老人向け住宅の整備に関する意見」と相次いで発表されることで、老人対策は社会問題として認知されることとなった。またこの年に全国社会福祉協議会が実施した「寝たきり老人実態調査」が発表され、日中ほとんど寝たきりの人が20万人いることが明らかになった。さらに1970年には中央社会福祉審議会から「老人問題に関する総合的諸施策について」、厚生省大臣官房企画室からは「厚生行政の長期構想――生きがいのある社会を目指して」が次々と出された。その1年後、厚生省・総理府が「全国実態調査」を実施し、「寝たきり老人対策の実施について」の通知を発出し、それまで各地で独自に進められてきた老人家庭奉仕員事業に対する国庫補助が開始された。高齢化率が7％を超え、高齢化社会へと突入した1971年には、1970年に中央社会福祉審議会が行った「社会福祉施設の緊急整備について」の答申で具体化され、策定された「社会福祉施設緊急整備5ヵ年計画」が初年度を迎え、その後の特別養護老人ホームの整備をはじめとした高齢者施設が国の中心的な取り組みとして位置付けられ推進されたといえる。

　1971年には社会福祉士法案が発表されたことで専門職制度の課題がクローズアップされた。この頃進められた社会福祉施設等の職場改善の運動から端を発して、労働省が実施した社会福祉施設に対する労働条件の調査で、労働基準法に違反した施設が多いことが明らかになり、職員の労働状

況改善が重要な課題として取り上げられることになった。1971年には「養護老人ホーム1人1室入居請求事件」といわれる行政訴訟が起き、養護老人ホームの雑居性の非人間性について糾弾されることとなった。1972年には、厚生省中央社会福祉審議会老人福祉専門分科会から「老人ホームのあり方」に関する中間意見が提言され、1977年に「今後の老人ホームのあり方について」の答申としてまとめられた。中間意見では、老人ホームの施設体系のあり方として「収容の場」から「生活の場」への転換、所得階層別老人ホームから身体機能別老人ホーム体系への移行、居室等の基準面積の改善、地域老人が活用できる設備の整備、年次計画による木造施設の不燃化等が盛り込まれた。これは老人福祉法制定後も養護老人ホームに残っていた救貧体系から脱却し、生活維持システムのみならずサービス内容や水準面でも生存権保障を目指すべきであることが提起されたものといえる。これらを受け1973年頃からは、職員の労働時間短縮や職員配置・給与の改善、建築基準面積等も改善され、量的な整備だけではなく質的な改善も求められるようになった。

　また、この時期は2007年度の厚生労働白書にもあるように、医療提供体制については戦後取り組まれた医療基盤の整備と量的拡充の時代であり、医療保険制度については、1961年に国民皆保険制度が確立し、1973年までが保険給付等拡充の時代と位置付けられている。健康づくりについては、1955年から成人病対策を中心とした疾病予防の時代とされている。1960年代を通して医療保険の給付率も引き上げられ、1973年には、それまで全国各地で取り組まれてきた老人医療費の無料化が、70歳以上の高齢者の窓口負担を無料とする老人医療費支給制度として開始された。しかし、この後福祉見直しへと方向転換する契機となったオイルショックが同年に起こっている。

　この時期の住宅政策は、1950年代から展開されてきた公営住宅（公営住宅法：1951）、公団住宅（日本住宅公団：1955）、公庫融資住宅（住宅金融公庫：1950）の「三本柱」によるものであるが、本間は、「公営住宅は低所得層を対象とし、公団住宅、公庫融資住宅は中高所得層を対象に……階層別に展開されてきた」（本間 2009: 100）と述べている。さらに、スタート時点で

は住宅政策は社会政策として位置付けられていたが、1966年に制定された住宅建設計画法の制定により、戦後復興期の住宅政策から「日本の高度経済成長をより確かなものにするための経済の一環としての住宅政策が展開されることになり、戸数主義、持ち家主義が鮮明に」なったと指摘している（本間 2009: 110）。この時期の住宅建設5カ年計画は、1966～1970年が第1期、1971～1975年は第2期にあたる。計画について園田は、「両期の目標はまさに量の充実である。この目標は、1963年に全国ベースで1世帯1住宅を、1973年には全都道府県で1世帯1住宅が実現されたことによって達成された」と述べている（園田 2007: 125）。高齢者に配慮した住まいについては、1963年の老人福祉法が制定されてまもなくから整備が始まり、高齢者世帯が優先的に入居できる公営住宅が供給されていた。しかし、単身高齢者が入居できない等制限が多く、生活困窮者に対する支援にとどまっていた。1970年代後半から1980年代にかけては、制度にのらない様々な施設が各地で創設されている。高齢者の共同住宅としては、1973年には北海道で単身者向けの共同住宅として老人福祉寮が創設され、1974年に東京都中野区で1人暮らし高齢者のためのアパート借り上げ事業が開始された。また、広島県で過疎地域小規模老人ホームというケア付き集合住宅が設置され、京都市では老人ホームに併設されサービスが利用できる高齢者地域共同住宅事業が開始された。共同住宅におけるケア・援助の必要性が老人ホームとの境界を接近させていったと小笠原は述べている（小笠原 1999: 168）。

　この時期は、高齢者人口が535万人から845万人へと増加の一途をたどり、高齢化率も7％を超えた高齢化社会に突入し、政府は高齢者施設の整備を中心に、本格的に高齢者福祉対策を検討した時期であった。しかし、この頃の高齢者施設は、養護老人ホームが主流であり、特別養護老人ホームの建設が進められはじめた時期である。仲村は、1962年に社会保障制度審議会から出された「社会保障制度の総合調整に関する基本法策についての答申及び社会保障制度の推進に関する勧告」についてふれ、国民を貧困階層、低所得階層、一般所得階層と分け、社会保障制度の推進については、「何よりもまず最低生活水準以下の者の生活水準の引き上げに力を注

ぐべきこと、次いで低所得階層対策としての公的な社会福祉を充実すること」であった点に注目している（仲村 1986: 4）。さらに、「入居条件に経済的困窮の有無を問うことなく、生活上の福祉に欠ける状態に直接対応する福祉サービス」として特別養護老人ホームが創設されたことについて、それ以前の社会福祉とは決定的に異なる点であることを述べたうえで、「しかし、部分的にはこのような大きな変化が見られたにもかかわらず、老人福祉施策の体系全体を見ると、特別養護老人ホーム以外の施設福祉サービス、老人家庭奉仕員そのほかの在宅福祉サービスのどれを取り上げてみても、まだ低所得者対策の域を出ないものであった」（仲村 1986: 1-2）と指摘している。

2. 福祉見直しと施設整備期（1975～1984年：施設整備期）

1975年は、1973年のオイルショックを経験したことで、前年に福祉元年として進められた成長から福祉への流れが一転し、福祉見直しが具体的な施策として講じられた年である。宮田によると「革新自治体を先駆とする新しい福祉施策がようやく国の制度としても導入されはじめ、『成長から福祉へ』のスローガンが曲がりなりにも実を結ぶかにみえたのは70年代初頭のわずかな期間にすぎず、導入されたばかりの制度が早くも『見直し』の対象とされていることからいっても、この時期においても体系的な生活保障に向けての制度整備は十分には展開されず、福祉国家への指向は定着しないまま終わったといわざるをえない」（宮田 1996: 15）と指摘している。まず財政硬直化の是正のために福祉の見直しを推進しようとする立場から、第17次地方制度調査会「地方財政の硬直化を是正するためにとるべき方策を中心とした地方行財政のあり方に関する答申」、財政制度審議会の「社会保障についての報告」が出され、その後の1981年には、第2次臨時行政調査会第1次答申において明確に社会保障費の抑制が打ち出された。さらに1972年の「行政改革に関する第3次答申」では、財政再建優先の福祉見直しが先行することが前提となり、国から地方への権限委譲についても述べられている。国の機関委任事務から団体委任事務への移行等、政府はできるだけ身軽になることが提言されているのである。さら

に 1979 年の第 2 次オイルショックを契機に、家族や地域社会を含み資産とする日本型福祉社会論の登場で一気に福祉見直しへと方向転換していくことになる。ただ一方で、高齢者福祉政策として高齢者医療費無料化や社会福祉施設整備が進められている時期でもあり、同年には社会保障長期計画懇談会から「今後の社会保障のあり方について」、社会保障制度審議会からは「今後の老齢化社会に対応すべき社会保障のあり方について（建議）」、1976 年の全国社会福祉協議会「これからの社会福祉―低成長化におけるそのあり方―」のような社会保障・社会福祉の一層の充実を訴える建議や報告が出され、福祉の進展と見直しが混在している時期でもあった。

さらに、仲村は、上記の建議や報告のいずれでもふれられているように、低成長下における社会福祉のあり方を検討するうえで「在宅福祉の充実」が 1975 年以降最も大きな追求課題として表面化してくると指摘している。加えて在宅福祉の充実は、北欧諸国が源となったノーマライゼーションの理念にもふれたうえで、「施設福祉よりも金のかからない福祉サービス提供の仕組みなので、財政節約のための効果的な手段としてそれが強調されるようになったとみる見解もあるが、より基本的な認識としては、社会福祉の拡大と普遍化の動きの中で、地域において施設福祉と均衡の取れた在宅福祉の充実を図り、福祉ニーズを持つ人の主体的選択によるニーズの従属を可能にする福祉サービス供給体制を地域につくり上げていくことが急用だとする見方が、次第に広く承認されるようになったと見るべきであろう」と述べている（仲村 1986: 3）。この頃の高齢者施設においては、ノーマライゼーションやイギリスのコミュニティケアの影響を受け、「施設の社会化」が進められた。1950 年代からも「施設の社会化」という用語については公式に使用されていたが、積極的に議論と実践が進められるようになったのは、上記の在宅福祉の充実が表面化して以降である。「施設の社会化」については、いくつかの先行研究でも概念整理[1]されているが、大きく分けて①施設入居者の生活圏の拡大による社会化、②施設機能の地域社会への展開による社会化、③施設運営に対する援助による社会化の 3 つの側面がある。さらに野口定久は、施設の社会化を、1960 年代後半の施設処遇のあり方への批判からコミュニティケアへの流れ、1980 年代の

在宅福祉サービスの整備に連動した発展に加え、1990年代後半からの社会福祉基礎構造改革に伴う「措置」から「契約」への施設経営や運営の転換とともに質的な変化があると述べている（野口 2003: 79）。1970年代中頃からは、都道府県単独による施設社会化促進補助金事業の実施が増加し、施設の社会化は施設機能の地域開放を中心に進められた。特別養護老人ホームでは 1985年時点で 80％程度の施設が短期入所を実施しており、その後も 100％に近い割合で実施されている（社会福祉施設等調査）。ただ、1970年代以降の施設の社会化について小笠原は、「地域の老人の福祉ニーズの増大と顕在化という事情を反映して、……地域の社会資源としての老人ホームであるという認識に立っての諸機能の地域開放への関心と取り組みが強く、入所老人の生活の地域社会への展開、生活圏拡大の課題での実践はまだ少ないといえる」（小笠原 1999: 208）と指摘している。また、1980年代の老人福祉施設について丸尾は、「基本理念は選別的で生活保護的、隔離主義的で立地も居住地から離れた立地が多い。職員に対しての教育や研修が不十分であり、入居者に対して措置者・収容者としての扱い、プライバシーを軽視した日常生活との乖離が大きい」（丸尾 1985: 129）と述べている。ノーマライゼーション等の理念の浸透により、入居者の生活の場としての高齢者施設のあり方についても見直しが必要であると指摘されたが、現実的にはなかなか実現できていなかったといえる。

　この時期の医療政策は、前述した通り医療基盤の整備と量的拡充の時代である。しかし、厚生労働白書では拡充の時代は 1985年で区切られており、医療保険についても 1973年以降は医療費の増大に対応するため給付と負担の見直しの時代と位置付けられている。印南は、社会的入院という言葉は、時代的経緯をふまえ、「1940年代後半ごろから、生活保護受給者の医療扶助に関して使用されはじめ、精神保健領域、高齢者医療領域と拡大してきた」、そしてその根源には、1973年の老人医療費の無料化と、それによる老人病院の建設ラッシュが起こったことにあると述べている。さらに、社会的入院についての捉え方の狭さを指摘したうえで、実態把握がままならず、限定的な議論しか進んでいない（印南 2009: 5-8）と述べている。北場は、老人医療費無料化が実施された後の特別養護老人ホームと医療機

関の整備、入院日数と老人家庭奉仕員の派遣世帯数に着目し、「要介護者のうち、低所得者層は主に特別養護老人ホーム、それ以外のものは医療機関に社会入院をするという傾向が拡がり、低所得者世帯以外の介護問題の深刻さはこれらの施設の中に隠れてしまったのではないかと考えられる」（北場 2005: 274）と指摘し、このことがその後の社会的入院への対応と、増大する医療費抑制の必要性へとつながることとなると述べている。

　この時期の住宅政策は、1976～1980年の第3期住宅建設5カ年計画と1981～1985年の第4期住宅建設5カ年計画の時期である。両計画では、それまでの量的な整備から居住水準に着目し、第3期では10年後においてすべての世帯が確保すべき「最低居住水準」と平均的な世帯が確保すべき「平均居住水準」が定められ、第4期では良好な住環境の確保を目指して「住環境水準」が追加された。園田によると1983年にはほぼ目標が達成されている（園田 2007: 125）。

　この時期は、最低生活を保障してきた養護老人ホームと特別養護老人ホームが数のうえで逆転し、身体的な状況に応じた特別養護老人ホームの整備が進められた時期である。また、自炊可能な高齢者に対する施設の創設、医療ケアの必要性とあり方の検討等、社会のニーズの変化とともに新しい施設機能を持った高齢者施設が創設される等高齢者に対する様々な政策が実施された時期でもあった。さらに、国家財政的には福祉見直しが打ち出され、それまで積極的に整備に国が直接関与してきたところから、地方への権限委譲や民間団体である社会福祉法人による施設の整備等へと移行しはじめた時期であるといえる。

3. 在宅ケアサービス移行期（1985～1996年：在宅移行期）

　この時期が始まる1985年は社会福祉にとって「激動の年」であった。『社会福祉関係施策資料集』によると、「戦後40年が経過し、高齢化社会を迎え、さまざまな社会変化、ニードの多様化等に直面し、年金・医療に続いて社会福祉事業の改革に取り組む動きが起こった年」であり、「人生80年型社会」あるいは「目前に迫った21世紀に向けて、確固たる社会福祉を構築しなければならないという必要に迫られ、見直しがはじまった

年」でもあると位置付けられている（全国社会福祉協議会 1986）。さらに後述する「老人福祉のあり方について（建議）」を含め、臨時行政改革推進審議会の「行政改革の推進方策に関する答申」や「民間活力の発揮推進のための行政改革のあり方（報告）」、中央社会福祉審議会老人福祉専門分科会の「養護老人ホーム及び特別養護老人ホームに関わる費用徴収基準の当面の改訂方針について（意見具申）」、社会経済国民会議政治問題特別委員会の「地方改革に関する提言」、国民生活審議会総合政策部会政策委員会の「長寿社会への構図——人生 80 年時代の新たな経済社会システム」等数多くの答申や建議・報告等が出され、特に地方への権限委譲や費用負担、在宅福祉サービスの強化等について検討・提言されている。1985 年に閣議決定された「長寿社会政策大綱」では、①経済社会の活性化を図り、活力ある長寿社会を築く、②社会連帯の精神に立脚した地域社会の形成を図り、包容力のある長寿社会を築く、③生涯を通じ健やかな充実した生活を過ごせるよう、豊かな長寿社会を築くことを基本方針として、雇用・所得・健康・福祉・社会参加・住宅等の対策を総合的に推進することが示されている。

　この時期の医療政策としては、1984 年に特例許可老人病棟が導入され、1992 年の第 2 次医療法の改正で療養病床が導入された。一方で、1980 年代に入ると要介護高齢者の入院増加とそれに伴う 1 人あたりの費用高騰の結果、老人入院医療費は増大し、行政の最大の関心事はこの伸びをいかに抑制するかという点になった。それを受け、1985 年には、社会保障制度審議会から「老人福祉の在り方について」が提出された。この建議では、老人病院と特別養護老人ホームに入所している高齢者が、心身の状態にあまり差が認められないことに着目し、医療施設と福祉施設のそれぞれの長所を持ちよった中間施設を創設することが提案されている。この建議に基づき、翌 1986 年に医療保険制度体系の下にあり、リハビリテーション等自立・家庭復帰への援助を中心におきながら介護機能を提供する老人保健施設が創設されることとなる。小山はこの頃の高齢者施策が直面している問題点を、次の 7 点にまとめた。「①生活援助を主体とした病弱老人、疾病老人、障害老人の増加、②財政危機下における費用の増大、③入院は必

要でないが、在宅療養が困難で、老人ホームに入所できない老人の増加、④老人保健法の制度的未成熟、⑤地域におけるデイ・ケア施設の量的不足、⑥地域の保健・医療・福祉サービスにおける有機的連携の未確立、⑦家庭における介護能力の低下」とし、「これらの老人の増加とニーズの拡大に現行制度が十分に対応しきれないことと、深刻な国家財政の危機的状況下における費用の増大というジレンマ」が、中間施設論が台頭してきた最大の理由と述べている（小山 1986: 8）。老人保健施設は、1987 年に 7 ヵ所のモデル事業を経て、1989 年には 9,677 人が生活する 167 の施設となった。その後 1 年に約 200 施設が創設されており、1996 年には 1,517 施設、入居者も 13 万 3,972 人となっている。また 2000 年に導入された介護保険制度では介護保険施設として位置付けられ、今日に至っている。

　1989 年には、厚生・大蔵・自治大臣の合意事項として「高齢者保健福祉推進十ヵ年戦略」が策定された。これは、通称ゴールドプランとも呼ばれ、在宅福祉の推進と寝たきり老人ゼロ作戦等を含んだものであった。このゴールドプランを契機に、1990 年代には在宅福祉サービスの推進が制度上でも裏付けられ、整備の数値目標も設定された。市町村ごとに老人保健福祉計画の策定が義務付けられることとなり、自治体も具体的な整備目標を掲げ在宅福祉サービス整備を進めた。整備目標は、1999 年度末までにホームヘルパーを 10 万人、デイサービス・デイケアを 1 万ヵ所、ショートステイを 5 万床のほか、在宅介護支援センターを 1 万ヵ所設置することとされ、各市町村の老人保健福祉計画によると目標値を上回る整備となっていた。1994 年には、ゴールドプランでの目標数値の増加を行うため新ゴールドプランが発表され、ホームヘルパー 17 万人、デイサービス・デイケア 1.7 万ヵ所、ショートステイ 6 万床分、そして 1991 年に老人保健法の改正により創設された訪問看護事業を行う老人訪問看護ステーションを 5,000 ヵ所という整備目標が掲げられた。一方で、整備を進めていくにあたっては、1985 年に出された「老人福祉の在り方について」で提言されているように、民間の企業の活用を前面に出した見解が出され、1987 年には社団法人シルバーサービス振興会の設立、在宅介護や訪問入浴サービスにおける民間事業者の参入等、民間活力の導入とガイドライン

等による規制が次々に示された時期となった。1980年代後半には、住民参加型在宅福祉サービス団体や住民参加型・市民互助型在宅福祉団体も生まれ、在宅福祉サービスの担い手はホームヘルプサービスを中心に急速に広がった。

　小國は、社会福祉基礎構造改革の前段における在宅福祉は、「福祉的蓄積が施設にしかなく、殆どの福祉マンパワーが施設従事者である状況でそれをベースにする以外に在宅福祉を短期間に整備する方途はない」とし、「社会福祉施設が在宅福祉の拠点となるべきだという掛け声のもとに、従来型の入所施設にショートステイ、デイサービス、ホームヘルプサービス等の在宅福祉三本柱を併設していったため、要するに従来型施設に在宅福祉サービスという付帯的事業が誕生したに過ぎなかった」(小國 2004: 3) と指摘している。1997年の「第5回全国老人ホーム基礎調査」では特別養護老人ホームの調査対象施設 (2,841施設) 中、ホームヘルプサービスは941施設 (33.1%)、デイサービスは2,447施設 (86.1%)、ショートステイは2,755施設 (97.0%) が併設しているという結果であった。このように、施設に在宅福祉サービスを併設する高齢者施設が増大しただけではなく、この時期には前述した施設の社会化の1つとして、施設入居者の生活圏拡大がはかられた。例えば、地域との利用者の社会化活動については、「全国老人ホーム基礎調査」の1987年、1992年、1997年の経年比較で、利用者の地域団体への参加、趣味活動・行事を通じての住民との交流、地域行事への積極的参加、地域の子どもや青年との交流、地域にある建物設備の利用すべてにおいて実施の割合が増加している。中でも、地域の子ども・青年との交流、趣味活動・行事を通じての住民との交流については、高い割合で推移している。しかし、施設機能の社会化が進んだ一方、施設入居者の生活圏拡大についての活動はまだまだ進められているとはいえず、小笠原は、「最低基準の処遇が守られていない施設もあり、決してその処遇水準は高くない」(小笠原1999: 211) と指摘している。さらに、1985年には措置費補助率の国の負担は8割から7割へと変更され、翌年には再び5割へと削減された。1986年には、機関委任事務整理法が制定され、老人ホームの入所措置等福祉サービスに関わる機関委任事務が、団体委任事務へと

変更された。国は財政的な目算と地域への権限委譲を前提に、徐々に国が担うべき負担を軽減させ、国の実施責任の下で国民の生活を保障する体制がゆらぎはじめたといえる。

　医療政策に関するこの時期の大きな動きとして、1982年に制定され、後に老人保健施設の根拠法となった老人保健法の制定がある。老人保健法により、老人医療費は医療保険制度間で財政調整メカニズムが導入された。高齢者の疾病構造の特徴に配慮した別立ての診療報酬が設定され、治療だけでなく疾病予防や機能訓練等も医療保険制度の中に入れられた。同法制定以降は70歳以上の老人医療費の無料化も廃止された。さらに1984年には、退職者医療制度が導入され、退職して被用者保険制度から国民保険制度に移った高齢者の医療費について、国民健康保険を除く医療保険各制度が負担することとなった。これにより、老人保健法が対象としている70歳以上に限らず、60歳から70歳未満の医療費も被用者保険制度が負担する仕組みとなった。

　またこの時期は、前述した住宅建設5カ年計画の1986〜1990年の第5期、1991〜1995年の第6期にあたる時期である。第5期では平均居住水準に代えて「誘導居住水準」が設定され、都市居住型・一般型両方で2000年を目標に半数の世帯が達成することが目指された。園田は、1988年には最低居住水準未満の世帯が全国で1割を下回った（園田 2007: 125）と述べている。1986年には「地域高齢者住宅計画策定事業」も提起され、市町村主体で福祉・医療等を視野に入れた計画を策定することとしている。さらに、高齢者に対する住宅施策として1987年には、シルバーハウジングプロジェクトが発足し、日本住宅公団が1981年に宅地開発公団と統合してできた住宅・都市整備公団、地方住宅供給公社等により、高齢者の世帯が地域社会の中で自立して安全かつ快適な生活を営むことができるような、高齢者の安全や利便に配慮した設備・設計を行った住宅の供給が推進された。シルバーハウジングでは、ケアサービスの提供として生活援助員（ライフサポートアドバイザー：以下LSA）が設置され、常駐型もしくは福祉施設連携型によりサービスが提供されている。1990年には高齢者の生活特性に配慮したシニア住宅が創設され、中堅所得者の自助努力により高齢期

に安定・安心した住生活の実現を目指す取り組みが始められた。このほか、高齢者の民間賃貸住宅への入居支援、高齢者の自立や介護に配慮した住宅の整備促進（バリアフリー化）等も1990年代に進められた。公営住宅においても1991年に段差の解消や手すり等の設置等の高齢者対応仕様を定めている。

1994年には高齢化率が14％を超え、日本は高齢化社会から高齢社会となった。国の目論見とは異なり、家族や地域社会の支えが脆弱化していたため、介護の社会化は国がどの程度責任を負うにせよ、早急に対策を講じる必要があった。そのためこの時期は、福祉見直しに伴う福祉・医療費抑制と同時に、在宅福祉サービスの推進や中間施設の創設がなされ、施設の持つ機能が地域の中で広がった。さらに、ケアハウスやシルバーハウジング等新しい高齢者の住まいが創設され、高齢者の自宅か施設か以外の選択肢が増えはじめた時期といえる。

第2節　多様化する高齢者の「住まいとケア」

第2節では、高齢者福祉創成期からの30年を経てますます多様になる高齢者の「住まいとケア」を取り上げるため、1997〜2004年の住まいとケア施策多様化期、2005年以降の地域居住期、最後に地域居住期に至るまでの展開を平野（2006）の「『地域居住施設』の展開」の図を用いて展開過程に沿って整理したい。

1. 住まいとケア施策多様化期（1997〜2004年：施策多様化期）

社会福祉基礎構造改革が明確になり、介護保険法が制定された1997年、グループホームの制度化や高齢者向け優良賃貸住宅が整備され、ますます高齢者を取り巻く住まいは多様化することとなった。さらに、規制緩和により供給主体も変化し、社会福祉法人や地方自治体だけではなく、企業等も参入することとなった。2000年に施行された地方分権の推進を図るための関係法律の整備等に関する法律（分権一括法）では、厚生省関係の事務は、①生活保護の実施・決定に関する事務等が法廷受託事務に、②社会福

祉施設への入所措置等が自治事務に、③地方事務官の処理する社会保険の業務等が国の直接執行事務とされた。北場は、これにより「福祉サービスの提供事務は地方自治体の自治事務となり、国の介入は団体委任事務よりも弱くなった」と指摘している（北場 2005: 292）。さらに同年導入された介護保険制度に伴い、老人福祉法による福祉サービスが移行され、市町村は実質、介護保険事業計画の策定と、要介護認定を担うこととなり、サービス提供は事業者と高齢者の「契約」により提供されることとなった。

1980年代後半になると社会問題として認知症高齢者の問題が浮上してくる。認知症高齢者に対しては、大規模施設等一定規模を持った集団的ケアにはなじまないと考えられたため、京都の「託老所」や群馬の「デイセンターみさと」、福島の「愛の郷」等の全国各地で認知症高齢者に対する支援を行う実践が進められた。それらの実践を受け、1993年には厚生省（当時）による認知症高齢者向けのグループホーム運営が実験的に行われ、その後のモデル事業につながった。また、1997年に起こった阪神・淡路大震災の被災地におけるケア付き仮設住宅の有効性が認められ、その後グループハウスやグループリビングという考え方が広まり各地で実践が行われている。これらの実践は、グループホームの制度化、小規模ケアの有効性、また共生型のサービスや住宅へとつながり、その後多世代共生のグループリビングが展開されることとなった。

一方特別養護老人ホームを中心とした入所施設においても、個室を整備し施設内を介護単位ではなく生活単位で分けて個別ケアを提供するユニットケアが実践の中から生まれ、2001年9月28日には、厚生労働省の全国担当課長会議で「全室個室・ユニットケアの特別養護老人ホーム（新型特養）の整備について」が打ち出された。2002年度から数年の猶予期間を経て全室個室・ユニットケアの特別養護老人ホームが整備されている。野口は「1990年の福祉関係八法改正等一連の社会福祉基礎構造改革によって、在宅福祉を重視する地域福祉の流れが主流になってくると同時に、今度は、地域社会の方からの施設への歩み寄りが見られはじめ2000年4月に施行された介護保険制度や同年6月に成立をみた社会福祉法によって、いち早く介護福祉関係施設は、措置型から契約型へ、そして選ばれる施設への転

換が始まった」(野口 2007: 189) と述べている。施設か在宅かの二分法で分けられていた施設サービスと在宅サービスは、地域で住まうという点で融合に向かいサービスが展開されたといえる。また、施設ケアの大きな転換点として、2002 年度の個室・ユニットケアの新型特養に関する整備助成が始められ、猶予期間を設けたものの、以後の新設施設はすべて新型特養でなければならないとされた。個室であり、居住面積も従来型より広く設けられ、ユニット単位での生活が実現されている。かつては集団・画一的な処遇を批判されていた施設は、個別ケアの実現に向けたシフトチェンジを行ったといえる。

療養病床については、2000 年の介護保険制度の導入で、特別養護老人ホーム、老人保健施設、療養型医療施設が介護保険上の施設サービスとして位置付けられた。この介護保険適用の療養病床が 10 万 2,966 床あり、2004 年までに全国で約 3,800 病院が適用を受けている。この時期に行われた療養病床の再編に伴い、医療保険適用の療養病床と合わせて 25 万床から 22 万床に削減される方針が出された。さらに 2012 年には、再度介護療養型医療施設の廃止が検討されたが、現在も廃止されずに現存している。医療の必要性が比較的低い患者は 6 年間の経過措置をふまえ、医療機関で受け止めるのではなく、老人保健施設等で受け止めるように方向付けられている。さらに、有料老人ホーム、ケアハウス、養護老人ホーム、適合高齢者専用賃貸住宅については、介護保険制度上の特定施設入所者生活介護として指定を受けることができ、介護が必要となった入居者も上記の老人ホーム等でケアサービスを受けることが可能となった。

住宅政策については、1997 年に住宅宅地審議会から「21 世紀に向けた住宅・宅地政策の基本的体系について」の答申が出され、50 代からの住まいに焦点を当てた住宅政策の展開や心身機能の低下等に対応可能な住宅の整備、福祉政策との連携について基本的な方向性が提起された。さらに、2001 年に公布された「高齢者の居住の安定確保に関する法律」では、1990 年代後半から整備が進められていた高齢者向け優良賃貸住宅が位置付けられ、民間賃貸住宅市場等を活用し、高齢者の身体的機能の低下に対応した設計・設備等高齢者に配慮した良質な賃貸住宅のストックの急速な

形成が促進されることとなった。高齢社会に対応した住宅政策としては、住宅改造や、バリアフリー住宅の供給、入居の優遇等があり、高齢者施設とともに時代に即して展開されてきたといえる。有料老人ホームや高齢者向け優良賃貸住宅は介護の必要性だけではなく、所得に応じたサービスを展開し、シルバービジネスとしての企業参入も進められた。この頃、高齢者円滑入居賃貸住宅のほか、高齢者専用賃貸住宅、高齢者向け優良賃貸住宅ができ、シルバーハウジングも1987年の3棟91戸から2004年には807棟2万1,831戸になった。しかし、戦後建設政策として実施されてきた公庫、公営、公団住宅については、2001年に発足した小泉内閣によって特殊法人改革、三位一体改革がなされ、また住宅関連三法が改正されて住生活基本法が制定された。本間は、この3つによって「住宅政策から"公"の役割が撤退していくことになり、市場化への道が大きく切り開かれることに」なったと述べている。(本間 2009: 114)。

この時期は、社会福祉構造改革と介護保険制度導入に伴い、民間活力の導入が進み、供給主体が多元化したといえる。さらに、特別養護老人ホーム等の高齢者施設の整備だけではなく、シルバーハウジングや高齢者向け優良賃貸住宅等の住宅施策により、有料老人ホーム、ケアハウス等契約による利用を前提とした居住系サービスが積極的に整備され、高齢者の「住まいとケア」は自宅か施設かだけではなく、多様になったといえる。

2. 地域居住期 (2005年〜)

2005年以降の高齢者の「住まいとケア」に関する施策においては、まず介護保険法の大規模な改正があげられるだろう。2005年の改正介護保険法では、①明るく活力のある超高齢社会の構築、②制度の持続可能性、③社会保障の総合化を基本的な視点として予防給付・地域支援事業の創設や地域密着型サービスの創設、介護サービス情報の公表等が行われた。これまでバラバラに提供されていた通所、訪問、短期入所等の小規模多機能ケアの一部が地域密着型サービスの小規模多機能型居宅介護として位置付けられ、「通う・泊まる・訪問する」といった連続性のあるサービスを展開した事業が進められた。介護保険法は現在に至るまで改定が繰り返され、

2015年度には事業運営及び事業計画の第6期を迎えている。2012年の介護保険法の改定では、高齢者が住み慣れた地域で自立した生活を営めるよう、医療、介護、予防、住まい、生活支援サービスが切れ目なく提供される「地域包括ケアシステム」の構築に向け、医療と介護の連携強化、介護人材の確保とサービスの質の向上、認知症対策の推進や高齢者の住まいの整備等に関わる取り組みが進められた。さらに、地域密着型サービスには、24時間対応の定期巡回・随時対応サービスと複合型サービスが創設され、より個別で柔軟なニーズに対応できるサービス体系を構築することが目指されている。ただ、定期巡回・随時対応サービスは2013年12月現在で全国に391事業所（184自治体）があるのみで、利用者も1月に5,500人程度しかいない状況である。夜間対応の職員確保や、過疎地域等での移動の問題が指摘されており、都市部での提供は進んでいるものの、その他の地域では進んでいない。

　さらに介護保険施設においては、2005年から居住費と食費の徴収がされることとなった。これは在宅生活者との負担の公平性が背景にあるが、施設を住まいとして捉え位置付けた表れともいえる。また養護老人ホーム、ケアハウス、有料老人ホームも介護保険制度における特定施設入居者生活介護の認可を受けることが可能となり、入居者が介護が必要となってもそれまで過ごしてきた住まいで少しでも長く住み続けることができるように展開されることとなった。特別養護老人ホームの個室化については、先述のように2002年度以降の新設は個室での整備が原則とされ、2010年に厚生労働省は特別養護老人ホーム等の介護施設の個室ユニット化推進のための大臣方針として、2014年度にはユニット型施設の1人あたりの居室面積基準の引き下げと、個室ユニット化を特別養護老人ホームの70％以上とする方針を発表していた。しかし2010年6月4日には、特別養護老人ホーム等介護施設の総利用者数を一定範囲に抑える規制（参酌標準）を2012年度以降は撤廃する方針を固めた。2011年に成立した地域の自主性及び自立性を高めるための改革を推進するための関係法律の整備に関する法律で1部屋の定員を自治体が条例で独自に決定できるようになり、利用者の居住費負担の面から地方自治体が4人部屋等の相部屋を容認している

状況である。2012 年の「介護サービス施設・事業所調査」結果では、介護老人福祉施設（特別養護老人ホーム）の全居室数のうち、個室は 67.5％と公表されているが、いずれにしてもまだ個室で暮らす高齢者より多床室で暮らす高齢者の数が多い現状であることには変わりがない。約 52.4 万人にも及ぶ待機者に対する対策と居住水準を天秤にかけ、事業所や自治体の判断に委ね責任を持たせているのである。

　医療制度については現在も含めて未だ進行形で変化している。2012 年に打ち出された「社会保障と税の一体改革」や 2014 年 2 月に提出された「地域における医療及び介護の総合的な確保を推進するための関係法律の整備等に関する法律案」でも、医療制度改革がうたわれている。具体的には早期社会復帰に向けた医療の充実、長期で高額な医療の患者負担の軽減、後発医療品の使用促進等である。2014 年の診療報酬改定においては、主治医や 24 時間対応の訪問看護拠点への報酬引き上げも盛り込まれた。その他、介護型療養病床を一律全廃する政府方針を撤回し、都道府県ごとに病床機能を再編する方針で存続を認めた。これは 2006 年に「介護型療養病床」の全廃と医療型の減床を打ち出したが、老人保健施設への転換が進まず、現在でも急性期病床は約 36 万床あることを受けたものである。ただ、看護師の配置を含めた算定要件を厳しくし、急性期病床の削減については今後も継続的に進めていく方針で、2015 年度末までに約 9 万床を減らす方針という。また 2008 年 4 月には後期高齢者医療制度が施行され、75 歳以上の高齢者に対して独立した医療制度が創設されている。2014 年度までは現行の退職者医療制度も存続させているが、その後は老人保健法から「高齢者の医療の確保に関する法律」に基づく制度として独立させる方針である。ただし、現在も議論が続いている。

　これまで住宅政策は国土交通省、貸付や高齢者に対する施設・居住サービスは厚生労働省と別々に展開されてきたが、新たな動きが出てくる。2011 年の「高齢者の居住の安定確保に関する法律等の一部を改正する法律」により、住宅政策と福祉政策が一体となって高齢者の居住の安定確保に計画的に取り組む枠組みを設けるとともに、介護サービス等を利用できる高齢者居宅生活支援体制を確保した賃貸住宅等の供給を推進していくこ

ととなった。具体的にはこれまで国土交通省で整備を進めてきた高齢者向け住宅（高齢者円滑入居賃貸住宅・高齢者専用賃貸住宅・高齢者向け優良賃貸住宅）が厚生労働省と共管で「サービス付き高齢者向け住宅」として一本化し、都道府県ごとの登録制度が創設された。登録基準には住宅に関する基準とサービスに関する基準、契約に関する基準が設けられ、登録事業者には情報開示も義務付けられている。2013年9月末までに2,906棟12万6,803戸が登録されている。ほかにも都道府県レベルで定める「高齢者居住安定確保計画」については、一部の自治体のみにとどまっているが、広島県や呉市等では具体的な取り組みが進められている。中でも、東京都は、少子高齢化時代の「住まい」の試案を示し、子育て世帯の支援と多世代共生の住まいを都営住宅及び公社住宅を活用するものとして提案している。

　この時期は、施設や自宅といった二分化ではなく、地域で住むという視点での施策が展開されてきた時期といえる。序章でも述べた通り、日本では、1980年代半ば以降、地方分権の流れと、地方自治体に様々な権限を委ねる地域主権の考え方が進められている。さらに「地域包括ケアシステム」が、地域包括ケア研究会等での議論を経て、政府が進めている社会保障と税の一体改革の中でも、2012年4月から新たなサービスが加わる介護保険制度の中でも、目指されるべき中心的な概念として位置付けられているようになっている。中でも第5期介護保険事業計画は、2025年を見据え「地域包括ケアシステム」を構築するために必要な事項を地域の実情に応じて選択して位置付ける等、段階的に計画の記載内容を充実強化させていていく計画とされ、ますます地方自治体レベルで取り組むことが求められている。

3. 高齢者の「住まいとケア」政策の展開

　ここでは、地域居住期に至るまでの政策段階を平野の「『地域居住施設』の展開」の図を用いて整理したい。なお、平野の提唱する第1段階の前段階として、施設か自宅かの二者択一の時期を加え、展開を4段階で整理し段階ごとの特徴と課題を明確にする。

第 1 章 高齢者の「住まいとケア」政策の変遷　49

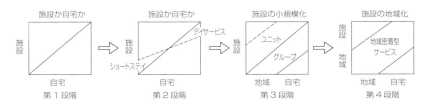

図 1-1　高齢者の「住まいとケア」政策の展開
出典：平野隆之（2006）の「地域居住施設の展開」をもとに筆者が加筆作成。

1) 第 1 段階：施設か自宅かの二者択一

まず、第 1 段階として、施設か自宅かの二者択一の段階である。時期については、福祉創設期と施設整備期とし、戦後の救貧的な対策としての政策から、1963 年の老人福祉法を経て、デイケア・デイサービス、ショートステイの制度化前までとする。

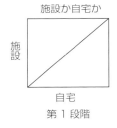

在宅サービスが制度化されるまでの高齢者の介護は、一定の所得以下の高齢者世帯等に限定され、対象者以外は主に親族を含めた家族が担っていたと考えられる。そして、施設への入所も行政による措置によって決められていた。つまり、在宅サービス・施設サービスどちらにおいても非常に限定された範囲における政策展開であった。しかし、高齢化の進展と家族機能の脆弱化が指摘されるようになり、介護が必要になった場合の施設が創設され、介護の必要性や経済状況・家庭環境等により自宅で生活が継続できない場合は施設入所に措置されることになった。

この段階における施設の水準は、前述した通り決して生活の場として確立していたとはいえず、救貧的な対策としての施設処遇を引き継いだ形であった。大人数が入所していたことによる集団画一的な介護体制と、住み慣れた地域から離れた場所に建てられていたことによる、それまでの地域における生活との「落差」[2]も指摘された。さらに、自宅で生活する高齢者についても、介護サービスの対象が限定的であることや在宅福祉サービ

スの不足、医療費無料化等の政策に伴う病院への社会的入院等によりみえにくい状況であった。住宅政策については国の供給ではなく市場による供給が中心的であったことや三世代同居が中心であった世帯状況であったため、高齢者に対する住まいが社会問題としては着目されず、公営住宅の整備を中心とした取り組みであった。

2) 第2段階：施設の社会化と在宅ケアサービス

第2段階は、平野によると「施設の社会化」の段階であるが、本書では、1985年の在宅福祉サービスの整備が推進される時期からグループホーム創設前の1996年までの在宅移行期と位置付けたい。

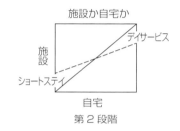

この段階の特徴としては、前述したような施設ケアへの反省、ノーマライゼーションの浸透による施設から在宅への流れが明確になったことがあげられる。この頃の在宅ケアは施設の社会化の一環として施設が主な供給主体となった。住宅政策についても、高齢化の進展とともに福祉政策以外でも高齢者対策の必要性が高まり、シルバーハウジングプロジェクトやバリアフリー化等が進められた。民間活用については、供給主体に対する規制が強かったが、ホームヘルパーや訪問入浴等の一部の福祉サービスを中心に民間企業等による供給が進められた。ノーマライゼーションの浸透の一方、施設から在宅や、供給主体の多元化は、福祉見直しにみられるように国の実施責任が後退し、国から地方自治体へと移行した段階とも指摘できる。

3) 第3段階：小規模化する住まいとケア

第3段階である「施設の小規模化」は、小規模化する住まいとケアとして位置付けられる。時期はグループホーム創設が創設された1997年以降の施策多様化期とする。

具体的には、まず施設側として、1990年代以降から各地の施設実践の

中で取り組んできた小規模ケア化があげられるが、これは効率化を優先してきた介護体制を見直し、入居者の生活を重視した体制に転換することが背景にある。例えば、フロア全体で利用してきた食堂を、数名のグループごとに利用できる食卓へと転換することや、日中過ごす場所を居室の近くへと配置する等のユニットケアの導入により、入居

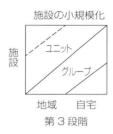

第3段階

者の視点に立った体制づくりが行われるようになった。政策としても、2002年に個室化・ユニットケアの特別養護老人ホームに対する整備助成がされ、以降は経過措置を含めて新型特養のみの整備が認められている。自宅側の変化については、1990年代に各地で進められた認知症高齢者に対する小規模ケアがグループホームとして1997年に制度化され、現在は特別養護老人ホームを抜いてトップの施設数である。グループホームのほかにも、自宅ではない在宅として小規模多機能ホームや共生ホーム、阪神・淡路大震災を契機につくられたグループハウス等がある。

　これまでの段階のように、施設か在宅の二元論ではなく、施設でも在宅でもない施策が、施設側・自宅側双方から様々な形で生み出された段階といえる。

4）第4段階：地域居住とケアの多様化

　最後の段階である「施設の地域化」については、平野の指摘している通り、前段階の小規模ケア化が施設の枠組みを壊しはじめ、「地域のなかに融合して行く段階」（平野 1997: 447）といえる。時期は、2005年以降の地域居住期に位置付けられる。地域密着型サービスにみられるような地域居住とケアの多様化の取り組みは、介護保険法改正以後に福祉・住宅・医療の各方面からなされている。ケア付き住宅としては、地域密着型サービスの1つに位置付けられた認知症対応型共同生活介護や小規模多機能型居宅介護、ケアハウスや有料老人ホーム等に対する特定施設入居者生活介護、シルバーハウジング、そして厚生労働省と国土交通省が協働して進めているサービス付き高齢者向け住宅等多様な住まいが位置付けられる。施設につ

第4段階

第5段階

いては、施設をユニット化し、一人ひとりがなじみの関係の中でケアが受けられる体制を整えるとともに、地域との垣根を飛び越えていくような取り組み、自宅については、小規模多機能型居宅介護や夜間訪問介護、在宅療養支援診療所等を必要に応じて利用しながら、自宅で住み続けられるような取り組みへと展開されている。

今後は、施設の地域化や地域密着型サービスが個々に充実するのではなく、「施設」でも「自宅」でもなく、「地域」で一人ひとりに応じたケアを利用しながら暮らしていく地域居住が実現していく段階へと展開してくことが望まれる。

以上、「『地域居住施設』の展開」の概念図を用いて高齢者の「住まいとケア」施策の展開過程を整理してきたが、これまで展開してきた過程を概観すると、施設や自宅のどちらかで暮らすという考え方ではなく、住み慣れた地域の中で住み続けるための方策について、福祉・介護・医療・住宅それぞれの政策により、施設から自宅の方向へ、自宅から施設の方向へと進められ、それが地域へと向かっているといえる。ただ、すべての施策がこの通りに展開している訳ではなく、現在も施設は存在し、自宅で家族から介護を受ける高齢者も多くいる。さらに、施設から地域へと移行できるだけの施策が地域に整っている自治体が現在どれだけあるのかという疑問も生じる。

上述した「地域居住」の段階が実現することを目指しつつも、現在の状況を概観すると、高齢者の「住まいとケア」施策は図1-2のA〜Dという4つに分類できるのでは

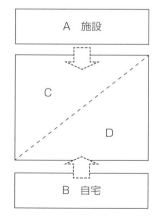

図1-2　高齢者の「住まいとケア」分類（案）

出典：筆者作成。

ないかと考えた。各々の中身の詳細については次章で述べるが、これまでAの施設とBの自宅という二極であった「住まいとケア」は、AからCへ、BからDへと広がり、施設でも自宅でもない、地域で生活し続けるための方策が生まれ併存している段階といえる。

第3節　政策の変遷からみた特徴と課題

　これまでの高齢者の「住まいとケア」政策の変遷と展開段階からみた今日の課題について、①国と地方の関係の変化から、②対象の拡大による変化から、③多様化する「住まいとケア」からの3点で示したい。

1．国と地方の関係の変化から

　まず、国家実施責任から地方分権へとシフトしていく過程と高齢者の「住まいとケア」施策の関連について時期区分に沿ってみてみると、高齢者福祉創設期は、1961年に国民皆年金・国民皆保険が実施され、日本が福祉国家の成立へと足を踏み入れはじめた頃であった。その後1963年に老人福祉法が制定されたことで、救貧対策から高齢者福祉対策へとシフトチェンジをはかっていく。各地で取り組まれた老人医療費無料化も1972年には国の施策として実施され、国が高齢者の生活を保障していく方向へと向かっていく。しかし、福祉見直しと施設整備期では、1973年のオイルショック、1979年の第2次オイルショックを契機に、国が高齢者の生活保障を担っていく福祉国家は、1979年の、家族や地域社会を含み資産とする日本型福祉社会論の登場で一気に福祉の見直しへと方向転換していくことになった。在宅ケアサービスへの移行期の1985年には措置費補助率についても、国の負担は8割から7割へと変更され、翌1986年にはさらに5割へと削減された。1986年には、機関委任事務整理法が制定され、老人ホームの入所措置等福祉サービスに関わる機関委任事務が団体委任事務へと変更された。その後の住まいとケア施策多様化期の1997年に制定された介護保険法では、市町村が保険者となり、2000年に介護保険制度が導入される。2000年に施行された地方分権の推進を図るための関係法

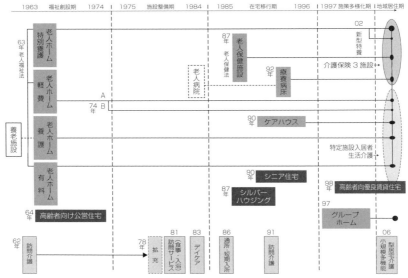

図1-3　高齢者の「住まいとケア」施策の変遷

※養護・軽費・有料老人ホームは2005年データ、それ以外は2006年。
出典：筆者作成。

律の整備等に関する法律（分権一括法）が制定された。前述した通り北場は、これにより、「福祉サービスの提供事務は地方自治体の自治事務となり、国の介入は団体委任事務よりも弱くなった」と指摘している（北場2005: 292）。同年導入された介護保険制度に伴い、老人福祉法による福祉サービスが移行され、市町村は実質、介護保険事業計画の策定と、要介護認定を担うこととなり、サービス提供は事業者と高齢者の契約により提供されることとなった。つまり、この50年は「国の実施責任」という面で大きく変化したといえる。しかし、その一方で高齢化は急速に進展し、1994年には高齢社会へと突入している。国の目論見とは異なり、家族や地域社会の支えが脆弱化していたため、「介護の社会化」は国がどの程度責任を負うにせよ、早急に対策を講じる必要が出てきた。特別養護老人ホームを中心に整備が進められてきた高齢者施設は、「ノーマライゼーション」の流れもあり、民間団体の供給が可能な在宅ケアサービスへの方向付けがなされた。その後さらに、住み慣れた地域で住み続けるというスローガンをも

とに地域福祉、地域ケアへと方向転換している。具体的には、介護保険制度において 2005 年の法改正で地域密着型サービスが創設され、地方自治体は事業の認可を行う権限を持ち、利用者も原則は自治体に住む住民のみに限定された。

　自治体の裁量は今後さらに増加することが予測される。2010 年に政府によって出された「地域主権改革の推進を図るための関係法律の整備に関する法律案」(地域主権推進一括法案) に関する一連の勧告では、障害者施設の防火・防災基準が自治体にとって遵守義務のない参酌水準に格下げされ、保育園の最低基準が廃止される等とともに、公営住宅の整備基準及び収入基準を地方自治体の条例に委任し、特別養護老人ホームの居室定員を参酌水準に移行する等が盛り込まれている。2010 年 6 月にも、国の総量規制 (参酌水準) を 2012 年に撤廃し、介護施設整備を進める方針が出された。ますます地方自治体の計画・実施・評価能力が問われている。一方、2010 年 5 月 15 日『東洋経済』では、補助金の一括交付金化で自治体の裁量が高まることで、ほかの分野への転用が進み、結果社会保障予算は削減される可能性についても指摘されている。

　地域で住み続けるための方策は、単なる国の財源確保と経済対策で進められるのではなく、自治体で住む高齢者が安心して住み続けられるために検討される必要がある。国は今こそ改めて市町村等の地方自治体に単に委ねるだけではなく、国家責任としてどこを担うのかを明確にすべきではないだろうか。

2. 対象の拡大による変化から

　高齢者福祉の対象は、かつて生活困窮者に限定された救貧的なものであった。しかし、高齢化の進展や、核家族化・高齢独居世帯の増加等家族構造の変化を背景に、生活困窮者だけの政策では対応できなくなった。一方、福祉の対象が拡大されることは、それまで限定的に提供されてきた福祉が普遍的に提供されることになり、それまで根強くあった福祉を受けることに対するスティグマが軽減されることにつながった。かつては全国各地で起こっていた老人ホーム整備への反対運動は現在ほとんどみられなく

なり、施設は住み慣れた地域の中で整備されるべきであるとの方向性が共有されたことは1つの成果である。しかし、公的機関による施策の実施と財政は密接に関連するため、高齢化の進展に伴い高齢者福祉の対象者が拡大されることで行政の財政は圧迫され、制度自体の持続性が危ぶまれることがしばしば指摘されてきた。そのため、政策も公的機関によるサービス供給だけではなく、公から民へ、そして供給主体の多元化へと転換してきた。2000年に導入された介護保険制度においては、措置から契約へと移行し、社会保険としての仕組みと利用者の自己負担（受益者負担）が導入された、さらに、2005年の改正では持続可能な制度設計が改正の1つとして位置付けられ、居住費・食費が徴収されるようになっている。

　高齢者の自己負担とサービス利用について振り返ってみると、1970年代初頭は老人医療費が一律無料で自己負担はなかった。1980年頃より、サービス対象の拡大とともに徐々に自己負担へと流れが進んでいき、高齢者施設における食費（材料費）の実費負担の導入、老人医療費の自己負担が開始された。そして、上述した介護保険制度における自己負担である。介護保険ではさらに、重度者のほうがサービスを必要とするという前提の下、要介護認定の度合いによって限度額が設定されている。そのため、介護の必要性だけではなく、支払える自己負担額と利用限度額の両方を検討したうえでサービスを利用することになる。基本的に住宅は個人の経済状況が前提となっており、高齢者住宅においても所得等によって入居できる住まいが異なるという状況である。サービス付き高齢者向け住宅や有料老人ホームにおいては支払い能力別に金額も設定されており、ここでも介護の必要性だけではなく、支払い能力に応じても利用できるサービスが異なる状況であるといえる。二木も、施設需要が急増した主因は「介護保険の現在の在宅サービスの支給限度額では、たとえそれをすべて使ったとしても、重度の要介護者が家族介護に依存せずに在宅生活を送ることが不可能なため」（二木 2007: 190）であるとし、在宅サービスの支給限度額の大幅な引き上げと利用者の自己負担の減額の両方が必要であると提言していた。

　サービス対象者の拡大のため、供給主体の多元化や受益者負担はある程度理解できるが、要介護度だけではなく、支払われる金額によりサービス

の限度が決定する事例も数多く指摘されている。必要なケアが、経済的な理由により利用できないとしたら、介護の社会化をうたって開始された介護保険制度は本末転倒になってしまうのではないか。経済状況にかかわらず、どうしたら必要に応じた提供ができるかを検討する必要がある。

3. 多様化する「住まいとケア」から

　これまでの政策の変遷から施策をみると、養護老人ホームや特別養護老人ホーム等の高齢者施設に加え、老人保健施設やグループホーム、在宅ケアサービス、地域密着型サービスの供給の推進等が進められてきた。これは、時代の変化に伴い出現してくる新たなニーズに対しては、新しい機能を持ったサービスを創設もしくは付設して対応してきた結果といえる。例えば、経済状況によらない介護ニーズに対しては特別養護老人ホームや軽費老人ホーム、医療的なニーズに対しては老人保健施設や療養型医療施設、認知症高齢者に対してはグループホーム等である。そして有料老人ホームやサービス付き高齢者向け住宅、小規模多機能ホームや小規模多機能型居宅介護についても独居高齢者の増加や支援を分断されないサービス提供が求められる等時代のニーズに合わせて供給されている。

　一方、利用する高齢者の立場でみてみると、一見多様なサービスでニーズを充足できるように考えられるが、機能別にサービスが展開されていることで、サービスの持つ機能にそぐわなくなった場合や複数のニーズを重ねている場合等に、高齢者自身が現在の場所に居続けることが困難になり移動を余儀なくされることや、利用停止をすること等が求められることが起こるのではないだろうか。さらに、老人福祉法制定からの約50年間でつくられてきた高齢者施設はそれぞれの開設した時代背景に影響されて整備されているため、これまでに改築等がなされていない場合、その設備やサービスは古いままである。つまり、現在の住まいとケア施策は、時代に応じて様々な機能別に展開されてきたサービスと新しい政策に適したサービスが混在している状況であるといえる。

　以上のように、高齢者の「住まいとケア」施策の変遷から明らかになったことは、政策は、その時々の時代背景をもとに変化しているということ

である。戦後の復興が求められた時代に整備された収容保護的な政策から、高齢化の進展とともに所得による生活の困難性だけではなく、医療や介護の必要性によって支援が受けられるよう政策が打ち出されるようになる。老人福祉法制定以降の約50年の方向性は、国から地方へ、公営から民営へ、措置から契約へ、施設から在宅へ、そして地域福祉の主流化の方向へと変化してきた。そしてそれらの政策を受けて個々の事業も変化している。救貧的な意味合いが強かった養護老人ホームは、高齢化の進展とともに新設を止め、特別養護老人ホームの整備や老人保健施設の創設へと転換されている。さらに介護保険制度上の特定施設入居者生活介護の指定を受けることが可能となる等、1つの事業を取り上げてみても、時代に応じて変化していることがわかる。しかも日本では、それらをつくりかえるのではなく、併存させてきた。そのため、新旧、事業種、機能、供給体制で異なる「住まいとケア」が混在している状況といえる。

　そしてこれらの変化は、大きく分けて2つの変化をもたらしている。1つ目は国の実施責任の変化であり、それに伴う政府間関係としての国と地方自治体の関係の変化、ガバナンスとしての供給の変化が指摘できる。国から地方への分権化が公的責任の後退や財源確保による変化だけで進められるのではなく、地域で住み続けるための施策として、何が必要で、国・地方自治体・事業所・住民は何をすべきであるかを明らかにするところから出発する必要がある。2つ目に、対象者の拡大と供給体制の多元化がある。前述した通り、国家財政の観点からも、公的機関による供給から民営化、市場化へと方向付けられてきている。しかし、「住まい」や「ケア」の確保されるべき水準が明確になっていない状態で供給されることで、劣悪な環境や過不足あるサービス提供が存在し、さらには支払い能力に応じたサービスの格差まで容認されている状況である。

注
1) 施設社会化について小笠原は、定式に概念化されておらず、「地域化」「地域開放」等と用いられることがあると指摘している。そのうえでこれまでの概念整理は、秋山智久の「社会福祉施設の社会化とは、社会保障の制度の一環としての社会福祉施設が、

施設利用者の人権保障、生活保障の擁護という公共性の視点に立って、その施設における処遇内容を向上させるとともに、その置かれたる地域社会の福祉ニードを充足・発展させるために、その施設の所有する場所・設備・機能・人的資源などを地域社会に解放・提供し、また地域社会の側からの利用・学習・参加などの働きかけ（活動）に応ずるという、社会福祉施設と地域社会の相互利用の過程」という定義と、大橋謙策による、コミュニティ政策の一環としてのコミュニティ構想や家庭の地域化、社会化の流れの中で議論されてきた縦割り行政への批判を含む、「地域の老人の必要なサービスを行政がどう有機的に関連性を持って保障するか」という視点と施設の地域化＝入所者の地域化、建物・設備等の地域化、職員の地域化、機能の地域化の側面があると指摘している。

2) 外山義のいう、地域から施設へ移った時高齢者が経験する3つの苦しみ（一番身近な人が亡くなる苦しみ、地域を離れる苦しみ、生活の落差の苦しみ）とその生活の5つの落差（空間的落差、時間の落差、規則の落差、言葉の落差、役割の喪失の落差）である。

引用文献

浅野仁・田仲荘司（1993）『日本の施設ケア』中央法規

印南一路（2009）『「社会的入院」の研究——高齢者医療最大の病理にいかに対処すべきか』東洋経済新報社

小笠原祐次（1999）『"生活の場"としての老人ホーム　その過去、現在、明日』中央法規

小國英夫（2004）「地域福祉型居住施設は地域福祉を推進するか——最近の高齢者福祉施設の動向から」『地域福祉研究（32）』日本生命済生会福祉事業部，pp.2-13

川越雅弘・三浦研（2008）「特集：世界の高齢者住宅とケア政策　我が国の高齢者住宅とケア政策」『海外社会保障研究　No.164』国立社会保障・人口問題研究所，pp.4-16

北場勉（2000）『戦後社会保障の形成　社会福祉基礎構造の成立をめぐって』中央法規

───（2005）『戦後「措置制度」の成立と変容』法律文化社

厚生労働省（各年10月1日）『社会福祉施設等調査』

───（各年10月1日）『介護サービス施設・事業所調査』

国立保健医療科学院　施設科学部・経営科学部（2008）『療養病床転換ハンドブック』

小山秀夫（1986）『中間施設の潮流　保健医療と福祉の課題』中央法規

財団法人高齢者住宅財団／人にやさしい建築・住宅推進協議会　建設省住宅局住宅整備課監修（1998）『高齢社会の住まいと福祉のデータブック』風土社

財団法人高齢者住宅財団（2009）『高齢者住宅必携　平成21年度版』財団法人高齢者住宅財団

全国社会福祉協議会（1986）『月刊福祉増刊号・施策資料シリーズ　社会福祉関係施策資料集』全社協

園田眞理子（2007）「7住宅　①福祉と住宅」「②居住水準」『エンサイクロペディア社

会福祉学』中央法規，pp.123-127
田中荘司（1993）「日本における施設ケア制度——歴史」浅野仁・田仲荘司編著『明日の高齢者ケア 5 日本の施設ケア』中央法規，pp.245-285
武川正吾（2007）『連帯と承認 グローバル化と個人化のなかの福祉国家』東京大学出版会
――――（2009）『社会政策の社会学 ネオリベラリズムの彼方へ』ミネルヴァ書房
富永健一（2001）『社会変動の中の福祉国家 家族の失敗と国家の新しい機能』中公新書
仲村優一（1986）「占領期から高度成長期の時代」『社会福祉関係施策資料集』全国社会福祉協議会
――――（1986）「福祉見直しから制度改革の時代へ」『社会福祉関係施策資料集』全国社会福祉協議会
野口定久（2003）「福祉施設と地域社会」牧里毎治『地域福祉論―住民自治と地域ケア・サービスのシステム化―』財団法人放送大学教育振興会，pp.79-88
――――（2007）『地域福祉論』ミネルヴァ書房
野口典子（2003）「老人福祉法制定前後における"新しい老人ホーム"の構想と実際」『日本福祉大学大学院社会福祉学研究科研究論集』第 16 号，pp.1-9
平野隆之（2006）「15 地域居住施設と在宅ケアサービス」『新版 地域福祉事典』中央法規，pp.446-449
――――（2007）「5 社会福祉施設 ⑥小規模（型）施設」『エンサイクロペディア社会福祉学』中央法規，pp.568-571
藤村正之（1999）『福祉国家の再編成「分権化」と「民営化」をめぐる日本的動態』東京大学出版会
本間義人（2009）『居住の貧困』岩波新書
牧里毎治・野口定久・武川正吾・和気康太（2007）『自治体の地域福祉戦略』学陽書房
丸尾直美（1985）「中間施設懇談会の中間報告への評価と期待」，付表新型老人福祉中間施設のあり方についての 12 案，『緊急増刊月間福祉 中間施設』全国社会福祉協議会
嶺学編著（2008）『高齢者の住まいとケア――自立した生活、その支援と住環境』御茶の水書房
宮田和明（1996）『現代日本社会福祉政策論』新社会福祉選書，ミネルヴァ書房

第2章

高齢者の「住まいとケア」施策の現状分析

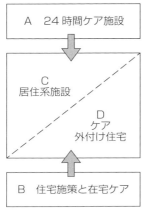

図2-1 高齢者の「住まいとケア」施策分類
出典：筆者作成。

前章では、これまで高齢者の「住まいとケア」政策に着目し、分析を試みた。結果、高齢者の「住まいとケア」施策は高齢化の進展とともに展開し、救貧的な支援からより普遍的な社会問題として位置付けられてきたこと。国によるサービス供給から民間を活用する供給主体の多元化の方向へ。施設での入所から在宅での生活を支える方向へ、そして住み慣れた地域に住み続けるための施策へと移行していることが指摘できた。しかし同時に、求められるニーズの変化に合わせて新しくサービスを創設してきたため、事業開始時期ごとに異なるサービス内容や事業運営が生じていることも指摘できた。さらに行政の管轄や機能別に多様な種別のサービスがつくられたこともサービスが混在する一因であることも指摘できた。本章では、現在ある施策を1つひとつ取り上げ、それらの現状と全体像を明らかにすることを目的とする。

まず、政策の変遷と住まいとケアの関係から現在ある施策を、A．24時間ケア施設、B．住宅施策と在宅ケア、C．居住系施設、D．ケア外付け住宅（図2-1）とした。図からは、現在の高齢者の「住まいとケア」施策は、施設か自宅かの二元論から、地域で住み続けるという方向に向かっていることがわかる。しかしながら、現在も施設は存在し、自宅で生活する高齢者も数多く存在する。つまり、現在の「住まいとケア」施策は、施設で暮らす方、自宅で暮らす方、それ以外の場所で暮らす方等、それぞれの「住まいとケア」が同時に講じられているのである。そのため、ある1つの類型や施策のみを分析するのではなく、この4つの分類すべてについてそれぞれの特徴を明らかにすることが必要であると考えた。

またA～Dの分類と合わせて、住まいとケアの関係を、住まいを□、ケアを○で表し、図2-2に示した。1つ目の施策類型であるA．24時間ケア施設は、住まいとケアが24時間体制で一体的に提供されている施策、具

第 2 章 高齢者の「住まいとケア」施策の現状分析　63

　A.24時間ケア施設　　B.住宅施策と在宅ケア　　C.居住系施設　　D.ケア外付け住宅

図 2-2　住まいとケアの関係図

出典：筆者作成。

体的には、特別養護老人ホームや老人保健施設、グループホーム（認知症対応型共同生活介護）である。つまり 24 時間ケア施設では、原則施設内で暮らす高齢者に対し、施設の職員のみがケアを提供するという施策である。関係図は□の住まいの中にすべてのケア○が収まっている形になる。

　B．住宅施策と在宅ケアは、持ち家や賃貸住宅等の自宅で生活する高齢者に対する施策である。関係図は住まいの□の周りにいくつもの○がつながっている図として示した。

　次の、C．居住系施設は、食事や入浴介助等何らかのケアが施設内で提供されているが、提供されるケアの範囲が限られており、ケアの必要性に応じて施設内もしくは外部からのケアサービスを個別に提供する施策である。具体的には、軽費老人ホーム、有料老人ホーム。加えて介護保険制度における特定施設入居者生活介護もここに位置付ける。関係図では、住まいの□から○が重なる部分と出ている部分がある。

　最後のD．ケア外付け住宅は、高齢者に考慮した住宅施策と、それに付随もしくは近接した形でケアが提供される施策である。住宅型の有料老人ホーム、シルバーハウジングやこれまで整備されてきた高齢者住宅を含めたサービス付き高齢者向け住宅をDに位置付ける。関係図では、住まいの□の外に○が付いている図になっている。

　類型A及びCは、ケアの提供範囲は異なるが、どちらも施設入居者に対して住まいとケアが一体的に提供される施策として位置付ける。BとDについては、住まいは主に住宅施策として存在し、ケアは福祉や医療、介護等サービスとして別々に提供されている施策となる。そしてA〜Dに分類される1つひとつの施策を、社会福祉の制度的枠組みである、誰が（提供

表2-1 高齢者の「住まいとケア」施策一覧

A	24時間ケア施設	特別養護老人ホーム（新型特養・地域密着型介護老人福祉施設）、老人保健施設、療養型医療施設、グループホーム	◯
B	住宅施策と在宅ケア	住宅施策：バリアフリー化・住宅改修、公営・公団住宅 在宅ケア：【介護保険サービス】訪問サービス、通所サービス、短期入所サービス、地域密着型サービス 福祉用具（貸与・購入）、ケアマネジメント等 【介護保険サービス以外】配食サービス、寝具類等洗濯乾燥消毒サービス、緊急通報等	◯◯◯◯
C	居住系施設	養護老人ホーム、軽費老人ホーム・ケアハウス、介護付き有料老人ホーム（＋特定入居者生活介護）	□◯
D	ケア外付け住宅	健康型・住宅型有料老人ホーム、シルバーハウジング、サービス付き高齢者向け住宅（高齢者専用賃貸住宅、高齢者向け優良賃貸住宅、高齢者円滑入居賃貸住宅）	□◯

主体）、誰に（受給者・利用者）、何を（福祉給付、福祉サービス）、どのようにして（給付形態）、どれだけ（提供量）という5つの諸要素（坂田 2007: 390）を用いて整理する。そのうえで、供給量と供給主体、ケアの提供範囲と利用者の自己負担に着目し、全体像を明確にしたうえで、各施策を全体像の中に位置付けた。この制度的枠組み分析から明らかになった現状から、高齢者の「住まいとケア」施策の持つ課題を導出したい。

第1節 多様な「住まいとケア」施策

　第1節では、現在ある高齢者の「住まいとケア」施策を、誰が・誰に・何を・どのようにして・どれだけという社会福祉の制度論的枠組みと、根拠法、目的、開始年次、自己負担、現在取り上げられている課題で整理する。以下、類型A・B・C・Dの順番に、それぞれの制度の現状について述べていく。なお、これ以降出てくる施設数及び入居者数（利用者数）については、厚生労働省から出される各年次の「社会福祉施設等調査」と「介護サービス施設・事業者調査」「介護給付費実態調査」（各年5月審査分～翌4月審査分）、「介護保険事業状況報告」によるものである。

1. 24時間ケア施設（A）

24時間ケア施設については、住まいとケアを一体的に提供する、24時間体制の施設を位置付けた。具体的には、特別養護老人ホーム（新型特養）、老人保健施設、療養型医療施設（療養病床）と、グループホームである。

グループホームについては、介護保険制度では地域密着型サービスに位置付けられているが、24時間体制の住まいとケアが一体的に提供されていることからAに位置付けた。以下、特別養護老人ホーム、老人保健施設、介護療養型医療施設、グループホーム（認知症対応型共同生活介護）の順に現状を述べていく。

①特別養護老人ホーム（介護老人福祉施設）

特別養護老人ホーム（以下、特養）は老人福祉法において「65歳以上の者であって、身体上又は精神上著しい障害があるために常時の介護を必要とし、かつ、居宅においてこれを受けることが困難な者」を入所させ、養護することを目的とした施設である。介護保険法上では介護老人福祉施設として位置付けられ、「当該特別養護老人ホームに入所する要介護者に対し、施設サービス計画に基づいて、入浴、排泄、食事等の介護その他の日常生活上の世話、機能訓練、健康管理及び療養上の世話を行うことを目的とする施設」と規定されている。2012年10月1日現在の施設数は6,590施設、42万9,415人が暮らしている。1963年に制定されて以降、継続的に整備が進められてきた入所施設であり、高齢者施設の中で最も入居者が多い施設である。また現在ある特養のうち、約15％は築40年以上が経過しており、約50％の特養が20年以上前に建てられたものである。建物の老朽化への対策についても検討が必要な現状である。

2009年12月に厚生労働省は特別養護老人ホームの入所申込者を42万1,259人と発表した。それから約5年後の2014年3月に厚生労働省は再び入所申込者を発表したが、結果は前回より10万人増えた52万3,584人であった。申込者の概況をみてみると、前回・今回ともに要介護1～3が6割弱、要介護4・5が約4割程度であった。在宅で生活している方と在宅

でない方の割合も5割弱と、約5割と同程度であった。今回は在宅でない方がどこで暮らしているかの詳細が発表されていないが、前回は32.2％が介護老人保健施設、24.2％が介護療養型医療施設以外の医療機関（病院または診療所）、次いでグループホーム（5.94％）、介護療養型医療施設（4.7％）有料老人ホーム（1.5％）、養護老人ホーム（1.4％）軽費老人ホーム（0.9％）と続いていた。このほか、29.5％は入院・入所の施設種別が不明な者、居所不明の者であった。また、前回は待機者の約1割が東京都で約4万人あり、2番目は兵庫県で2万人、次いで神奈川や北海道が上位を占めており、今回も東京都が4万3,384人と一番多くの申込者がいたが、次いで宮城の3万8,885人、約2万8,000人の神奈川県、兵庫県となっている。大都市圏での申込者の多さはもちろんであるが、宮城県や福島県等が上位にあり、2011年の東日本大震災の影響が考えられるだろう。

　この数値をどうみるべきであるかは、序章でも取り上げた「死亡場所別死亡者数の推移と将来推計」とも関連するだろう。2009年6月8日付の朝日新聞の集計（Asahi.com）によると、特養の整備状況は全国の市町村で2006年から2008年度に5万4,000人分整備する計画であったが、実際には3万9,000人分（72％）しか整備が進まなかったことが明らかになっている。2010年4月26日に出された「地域包括ケア研究会報告書」の2025年の超高齢社会を見据えた課題認識でも、「入所待ち」の多さとともに、「量の面では、社会保障国民会議のシミュレーションでは、2008年度末から2025年までに施設サービスは34万床、居住系は21万床の更なる整備が必要とされているが、それだけの整備を行うのは特に都市部において、供給面・財政面でも現実的に可能なのかとの指摘がある」と述べている。介護を必要とした方の受け皿となるべき特養の整備がすすんでいないことで、行き場を失い、介護難民につながるのではないかとの懸念の先には、15年後には約40万人といわれる死亡者の死に場所さえもみつからない状況が示唆される。

　2012年度「介護保険サービス施設・事業調査」によると、特養の供給主体については社会福祉法人が92.4％と9割以上を占めている。次の地方公共団体は4.7％にすぎず、特別養護老人ホームの運営のほとんどは社

会福祉法人が行っていると考えてよい。2002年には構造改革特区において公設民営方式・PFI（Private Finance Initiative：民間資金等を活用した整備）方式が認められ、その後、特区以外でも公設特養の民営化が認められている。その他の介護サービスのように民営化がすすんでいるとはまだまだいえないが、地方公共団体等の公的機関が設置し、社会福祉法人という限定があっても民間が運営する方向性が打ち出されたことは大きな転換点であった。特養の1施設あたりの定員数は72.2人、50人以下が5.3％、50〜79人が52.5％と一番多く、80〜99人が23.9％、100人以上も18.3％であった。

　2002年には、個室・ユニットケアの新型特養に対する整備補助が開始された。従来型特養の1人あたりの居室面積は10.65㎡以上、1部屋あたりの定員は4名以下だったが、この当時規定された新型特養の居室面積は13.2㎡以上、原則個室である。また2012年度の「介護サービス施設・事業所調査」によると、2012年10月1日現在6,590施設中、ユニットケア型施設の割合は36.1％で、そのうちユニット型は24.0％、一部ユニット型は12％であった。1施設あたりの平均ユニット数は6.1で、1ユニットあたりの定員は9.8人であった。入居者の居室については、2012年現在全居室のうち個室は67.5％で、2人部屋が9.5％、3人部屋が1.0％、4人部屋が21.8％、5人以上の部屋も0.2％であった。割合としては個室が一番多くを占めているが、入居者で換算すると、4人部屋で生活している高齢者が一番多いことになる。

　入所申込者の増大を重くみた政府は、2009年度の補正予算における介護基盤の緊急整備においては、多床室も整備対象とし、2010年4月16日には、特別養護老人ホーム等の介護施設の個室ユニット化推進のための大臣方針として、ユニット型施設の1人あたりの居室面積基準を13.2㎡から多床室と同水準の10.65㎡へと引き下げを行った。さらに2014年に特別養護老人ホームのユニット型施設割合を70％以上にすることを目指し、ユニット型施設の整備を推進するとしている。2011年に成立した地域の自主性及び自立性を高めるための改革を推進するための関係法律の整備に関する法律では、1部屋の定員を自治体が条例で独自に決定できるように

なり、利用者の居住費負担の面から地方自治体が4人部屋等の相部屋を容認できる状況である。高齢者の尊厳と待機者対策を天秤にかける姿勢がうかがえる。2005年の介護保険制度改正で地域密着型サービスに位置付けられた地域密着型介護老人福祉施設は、定員が30名未満の小規模な特別養護老人ホームであるが、2012年時点では954施設と、2006年の創設当初の43施設から比較すると約20倍にも上る。国から市町村への権限の委譲の影響か、2011年から2012年にかけての1年間に約500施設が整備されている。

　2006年10月からは、従来型、新型とも入居者に対して食費と居住費の徴収が開始されている。2012年10月1日現在の「介護サービス施設・事業所調査」結果によると、全国の1日あたり平均居住費は1,440円である。4人室の平均居住費が光熱水費相当分の344円であるのに対し、個室の居住費は平均1,966円であった。食費については、回答した6,092施設中、77.8％の施設が1,000～1,499円であった。1,500円以上も約1,000施設あり、平均食費は1,365円であった。500円以下は数％であった。居住費・食費については、所得段階により負担限度額が設定されており、低所得層へ対応している。しかし、個室に入居し、平均1,966円の居住費と1,365円程度の食費を毎日支払えば月々約10万円程度かかり、基礎年金のみの高齢者であれば実質利用できないだろう。在宅サービスで指摘されている利用制限と同様、所得により入居できる環境が異なる。2014年2月には、「地域における医療・介護の総合的な確保を推進するための関係法案」を閣議決定させ、その中で2015年8月以降は預貯金が単身で1,000万円以上、夫婦で2,000万円超えであれば食費や居住費の補助を打ち切るとしている。さらに多床室でも光熱水費分だけでなく室料も含めた居住費の徴収を始める検討も始められており、ニーズではなく、個人の経済的な状況で利用できるサービスに影響が出ることが懸念される。

　要介護別の在所者数（割合）は、2012年現在要介護1が3.0％、要介護2が8.6％、要介護3が20.5％、要介護4が32.6％、要介護5が35.3％と、2008年時点と比較して若干の重度化がみられる。医療処置を受けた入居者の割合についても、経管栄養を受けた者が2001年の4.9％から2006年

の7.2％へ、喀痰吸引でも3.6％から4.4％へと全体的に増加している。「認知症高齢者日常生活自立度」も、特にⅢが2000年28.7％から2010年38.1％へと10％も増加している。2006年の介護報酬改定では、看護体制の強化のため重度化対応加算が創設された。「地域包括ケア研究会報告書」(2013)でも、特別養護老人ホームにおける医療ニーズが増大していると指摘している。特養への入退所の経路については、2010年の介護サービス施設・事業所調査によると入所する経路は家庭が31.8％と一番多くを占め、次いで医療機関、老人保健施設であった。退所については、死亡が63.7％、次いで医療機関が28.9％であった。終の棲家としての役割と、提供できる医療が限られる中での看取りの必要性が表れている。特養への入所条件については、2013年より介護保険審議会でも取り上げられ、今後入所者の要件が原則として要介護3以上となる。特養の入所基準を変え申込みできる要件を狭めるだけでなく、多くの介護が必要となる以前の状態を支える手立てや、どこでどのように最期を支えるのかを含めて考えなければ、終の棲家としての特養さえも「たらいまわし」の一端を担い、最期を支える場所として機能しなくなるのではないだろうか。

②老人保健施設（介護老人保健施設）

　老人保健施設は1987年に老人保健法の改正により、在宅と施設、福祉と医療の中間施設として創設された。2000年以降の介護保険法上では、「要介護者に対し、施設サービス計画に基づいて、看護、医学的管理の下における介護及び機能訓練その他必要な医療並びに日常生活上の世話を行うことを目的とした施設」である。基本方針には、「入居者がその有する能力に応じ自立した日常生活を営むことができるようにするとともに、その者の居宅における生活への復帰を目指すものでなければならない」とされている。施設長は医師（常勤で1名以上）、看護師もしくは准看護師または介護職員は、常勤換算で3：1の配置基準で、看護・介護職員の7分の2が看護職員程度を標準とする等、特別養護老人ホームより看護師の配置基準が手厚いことが特徴といえる。1人あたりの居室面積は8㎡以上、定員は4名以下と定められており、2012年で3,931施設、30万1,539人が生

活している。特養に次ぎ、2番目に入居者数が多い施設である。ほか、特養では常勤換算看護職員1人あたりの在所者数が17.5に対し、老健では8.1と配置が厚い。

　供給主体は74.4％が医療法人であり、次いで、社会福祉協議会以外の社会福祉法人となっている。地方公共団体による供給は3.9％にすぎない。医療法人が多いのは、「介護保険施設の人員、施設及び設備並びに運営に関する基準について」（平成12年3月12日老企44号）で常勤の医師が1人以上配置されていなければならないと定められていることが関係している。

　定員規模は、2012年「介護サービス施設・事業所調査」では50人未満が6.6％、50～99人が42.6％、100人以上が51.1％と半数であった。1施設あたりの定員は89.6人で、特養と比べると規模が大きい。ユニットケアを実施している老健は全体の10.1％で、ユニット型と一部ユニット型が半数ずつである。平均ユニット数は5.2で、ユニットあたりの定員は10人であった。個室は居室総数の43.9％を占めており、2人部屋が12.6％、3人部屋が2.1％、4人部屋が41.5％であった。

　入居者の要介護度は、要介護1が2003年の12.3％から年々減少し、2012年には9.7％となった。要介護3は23.7％から2008年に28.4％と増えたが、2012年には24.1％となったほか、要介護5は2008年の17.7％から2012年の21.0％と徐々に増えている。2003年の「介護サービス施設・事業所調査」では老健の平均在所日数は230.1日（約8ヵ月）で、家庭からの入所が約45％、医療機関からの入所が約44％と家庭・医療機関からの入所で約9割を占め、退所は家庭が約40％、医療機関が39％であった。しかし、2012年には平均在所日数が329.2日（約1年）で、医療機関からが52.6％、家庭からは28.8％となっていた。退所先も家庭は23.6％で、医療機関が48.9％であった。入所期間も長期化し、医療機関から入院し、医療機関へと退所している医療機関間の中間施設となっている実態が明らかになった。「地域包括ケア研究会報告書」（2013）でも、介護老人保健施設の入所期間の長期化と同時に、老人保健施設の在宅復帰支援（リハビリ）機能が充分に発揮されていないと指摘している。

　また2006年度の医療改革で計画された療養病床の削減に伴い、現在療

養病床に入院している患者の老人保健施設への入居が期待されている。2008年度に国立保健医療科学院　施設科学部・経営科学部から出された『療養病床転換ハンドブック』では、療養病床から転換した老人保健施設について、「医療ニーズについて、既存の老人保健施設の基準では対応できないものがあり、一部機能を付加して対応する必要がある」とし、設備や人員配置、報酬等を考慮した経過型の療養病床とともに介護療養型老人保健施設が提示されているが、2009年7月16日付日本経済新聞によると2009年7月2日現在の療養病床の老人保健施設への転換状況は、従来型の老人保健施設が44施設であるのに対し、介護療養型老人保健施設は30施設という状況である。さらに政府は2014年に介護型療養病床の廃止を断念した。老人保健施設への転換が想定以上に進まなかったことも要因であるが、政策的に誘導したとしても経営・運営面からの側面と患者のニーズを考えると想定できた結果ともいえる。

③療養病床（介護療養型医療施設）

　療養病床は高齢者医療費無料化に伴う社会的入院や、1984年の特例許可老人病棟の導入を経て、1992年の第2次医療法改正で創設される。その後、2000年の介護保険導入に伴い、介護保険適用と医療保険適用の2つに分かれることとなった。2006年には入院患者の状況に大きな差はみられず、両者の役割分担が明確ではない（国立保健医療科学院 2008: 4）ことを理由に、2012年3月末までに医療保険適用の療養病床を22万床に、介護保険適用の療養病床を全廃することが検討された。しかし療養病床は2006年時点で約35万床、2009年に入っても33万床程度あり、政府の思うようには削減できていなかったといえる。結果、2014年1月には介護型療養病床を一律全廃するという政府方針を撤回することになった。今後、都道府県が介護型を必要と判断すれば容認する案等を検討している。さらに厚生労働省は2014年4月の報酬改定の中で、重症者向けの急性期病床の条件を厳しくし、2015年度末までに4分の1を削減する方針を打ち出した。2013年の「医療施設（動態）調査・病院報告」によると、療養病床を有する病院は3,873施設、診療所は1,231施設あり、病床数は、病院

が32万8,195床、診療所が1万2,473床であった。その内、介護保険適用の療養病床は全国に1,759病院あり、6万7,531人が入院している（2012年10月1日現在）。10年前の2002年に3,903病院に12万人以上が入院していたことを考えると、約半分に削減されていることになる。2012年時点の入居者の要介護は、要介護1～3を合わせて10％程度、要介護5が58.4％、要介護4が30％を占めていた。介護保険施設の中でも最も高い要介護度といえる。

　介護療養型医療施設の供給主体は81.8％が医療法人、市区町村立は4.3％であった。2012年度末までの病床再編とそれに伴う転換については、転換に伴う選択肢を拡大するため、経過的類型も創設し、医療法人による有料老人ホームや高齢者賃貸住宅の経営を認める等、施設基準の緩和や費用負担軽減の措置が講じられている。さらに、従来型の介護老人保健施設と療養病床の大きな違いである職員配置についても、医師の数や介護・看護職の配置基準に対し新しい報酬体系が創設されている。2009年7月16日付の日本経済新聞によると2009年7月2日現在の療養病床の転換状況は、従来型の老人保健施設に44施設、介護療養型老人保健施設に30施設、有料老人ホームに4施設、特別養護老人ホームに4施設であった。平均在所日数412日、75％が医療機関からの入所（転院）、死亡が33％、医療機関への転院が34.7％であった。老健同様、平均在所期間が延びている点と、患者（高齢者）が医療機関間での転院を余儀なくされている印象を受ける。

④認知症高齢者グループホーム（認知症対応型共同生活介護）
　介護保険法上、「要介護者であって比較的安定した認知症の状態にある者が、共同生活住居において、家庭的な環境の下で入浴、排泄、食事等の介護その他の日常生活上の世話及び機能訓練を行うことにより、利用者がその有する能力に応じ自立した日常生活を営むこと」を目的としている。1施設9名以下のユニットを、3ユニット（施策創設当初）まで設置が可能である。2012年現在の施設数は1万1,729施設、約15万人の認知症の方が暮らしている。現在は、施設数のみで比較すると特養を抜いて一番整備数の多い事業である。2001年から民間参入が認められ、整備も急速に進

んだ。特養数を抜いたのは 2004 年であるが、特養が 1963 年に創設され、40 年かけて整備されていることと比較しても、グループホームの急速な整備状況がうかがえる。2000 年に導入された介護保険制度では当初在宅サービスとして位置付けられていたが、現在は 2006 年の改正介護保険制度により市町村が指定・監督を行う地域密着型サービスに位置付けられ、第三者評価事業も義務付けられている。さらに、制度化してから数年が経過したことにより、医療の必要性が明らかになり、2008 年の診療報酬の改定で訪問リハビリ等も実施されている。改正では、グループホーム内で介護支援専門員をおくことや、1 施設での設置は最高 2 ユニットまでと定められた。そのため、利用者の規模は 1 ユニットが 37.4％、2 ユニットが 56.9％、3 ユニット以上が 5.7％、平均ユニット数は 1.7 で 1 ユニットあたりの定員は 8.9 であった。地方公共団体立グループホームの 86.7％が 1 ユニットのみで、医療法人立や営利法人立は約 6 割が 2 ユニットだった。一方、社団・財団法人立や協同組合立、NPO 法人立は約 6 割が 1 ユニットだった。社会福祉法人立のグループホームは 1・2 ユニットが半々だった。

　2012 年の「介護サービス施設・事業者調査」では、営利法人が 52.9％、次いで社会福祉法人の 23.5％、医療法人の 17.6％と続く。このほか、2008 年に老健局計画課で調べられた認知症高齢者グループホームに関する調査結果からは、事業所を運営する法人の種別は、有限会社が 27.5％と一番多く、次いで株式会社 25.2％、社会福祉法人は 22.5％、医療法人が 18％、NPO 法人 5.2％、その他が 1.5％の順であることがわかる。ユニット数の平均は 1.66 で、平均定員数は 14.7 人。また、事業形態は単独が 6,171 施設と 65.7％を占めていた。家賃は月額平均 4 万 1,980 円、食材料費は、1 事業所あたり平均 3 万 5,434 円であった。入居者はこのほかに、光熱水費や入居一時金（保証金）の支払いもある。ケアマネジャーは 303 施設（3.2％）が配置していない。看護師または看護師の資格を有する者については、1 名以上の配置が 5,146 施設（54.8％）、配置していないが 4,247 施設（45.2％）であった。また、看護師を契約により確保している場合（2,878 施設）の契約先については、訪問看護ステーションが 1,297 施設（45％）、病院・診療所が 1,363 施設（47.3％）と、この両者で約 9 割であった。

グループホームでは2005年に石川県で職員による虐待致死事件が起こり、また2006年に長崎県内のグループホーム、2010年3月に札幌市内のグループホームで火災が発生した。火災では、どちらも7人の方が亡くなっている。これら事件の背景として、特に夜間の職員配置基準や、対策の1つであるスプリンクラー等が一定面積以下では設置義務がなかった等が課題としてあげられ、後者についてはその後設置義務が強化された。厚生労働省が2010年3月に実施した緊急調査でも、スプリンクラーの設置が義務付けられている延べ面積275㎡以上の施設では、全体の46％、275㎡以下の施設では13％のみの配置であった。職員配置の面では、夜間の勤務体制で1ユニットにつき1名の夜勤職員が97％、2名体制は3％のみであった。「地域包括ケア研究会報告書」(2013) でも、2025年の認知症の高齢者数は323万人との推計が出されているが、「地域において認知症を有する高齢者の数や認知症を有する高齢者の支援ニーズに関する実態把握をしているところは少ない」と指摘したうえで、「介護サービス基盤をはじめ、在宅生活を支援するための体制が充分確保されていない」ためグループホーム等の整備をさらに促進すべきではないかと述べられている。
　以上のように、類型Aである24時間ケア施設は、政策に裏付けられ、規定されながら展開してきたといえる。

2．住宅施策と在宅ケア（B）

　類型Bは、自宅で生活する高齢者に対するケアを位置付けた。住まいについては、「住宅・土地調査」で住宅と位置付けられている持ち家や賃貸住宅、バリアフリー化・住宅改修等の住宅施策がある。在宅ケアについては、訪問系・通所系に加え、2006年以降に改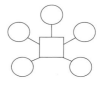
正された介護保険制度の小規模多機能型居宅介護や認知症対応型通所介護等地域密着型サービスが位置付けられる。ここでは住宅施策と在宅ケアの両方について述べるため、各施策の前に住宅施策は「住宅」、在宅ケアは「ケア」と付ける。

住宅①：公営住宅・公団住宅の高齢者仕様標準化や優先入居

　公営住宅は、公営住宅法に基づいた「住宅に困窮する低額所得者に低廉な家賃で賃貸するため、国からの補助により地方公共団体が供給・管理する住宅」である。本間は、「バブル崩壊以降、公営住宅、公団住宅の建設戸数は減ってきますが、戸数を減らしながらも、それら公共賃貸住宅の建設・供給は続いてきました。…中略…しかし、こうした住宅政策で政策の対象外とされた人たちの住宅確保は今日まで、なおされないでいます。若年及び高齢の単身者、公営住宅入居基準以下の低所得者層の人たちがそれに当たります」と述べている。つまり、経済不況等により住宅費が捻出できなくなると、セーフティネットとしての住まいが機能せず、路頭に迷う構造になっている。加えて「小泉構造改革が住宅政策から公的役割を撤退させ、国民の居住確保を全面的に市場にゆだねることになった」（本間 2009: 113）との指摘もある。

　公共賃貸住宅が減っていく中、高齢者に対しては、1964年から高齢者世帯の受け入れが開始されている。1980年の法改正で高齢者・障害者の単身世帯も入居可能になり、1991年からは新築の公営住宅等に高齢化対応の仕様が適応された。現在も高齢者世帯を優先入居の対象とする老人世帯向け公営住宅が供給されている。「平成20年住宅・土地調査」では、高齢者のいる主世帯84万7,000世帯が公営住宅で生活している。60歳以上の者については単身入居を認めるとともに、高齢者世帯の入居収入基準額を地方公共団体の裁量で一定額まで引き上げることが可能になっている。老人世帯向け公営住宅の建築戸数は、1990年は937戸、1999年には2,333戸、2007年には525戸が建築されている。

　その他、都市再生機構は、大都市地域等においてファミリー向け賃貸住宅を中心として供給している。高齢者同居世帯等に対しては、新規賃貸住宅応募時の当選倍率優遇の拡充や、既存賃貸住宅募集時の優先申込みの新設、1階またはエレベーター停止階への住所変更を認めている。2007年度末の管理戸数は約77万戸である。

住宅②:バリアフリー化・住宅改修

　住宅改修は、自宅で住み続けるための方策として実施されてきた。2000年の介護保険制度導入により。介護保険サービスの1つとして位置付けられ、支給限度基準額を20万円として要介護度にかかわらず支給されている。住宅改修の内容は、手すりの取り付け、床段差の解消、滑りの防止及び移動の円滑化等のための床材の変更、引き戸等への取替え、洋式便器等への便器の取替え、その他、以上の5つの住宅改修に付帯して必要となる住宅改修の6種類が該当している。2006年4月からは事前申請制度が導入されている。

　2013年の住宅・土地調査によると(図2-3参照)、2009年1月以降に高齢者等のための設備工事を行った世帯は430万世帯で、持ち家に居住する主世帯全体の13.3％となっている。このうち、高齢者のいる世帯は346万世帯(80.5％)で、工事を行った世帯の中で実際に高齢者のいる世帯の割合が高いことがうかがえる。高齢者がいる世帯の工事の内訳は、階段や廊下の手すりの設置が10.4％と最も多く、次いでトイレの改修が9.4％、浴室の工事が8.0％と続いている。

　住宅全体の基本としてバリアフリー仕様が明記されたのは、「第6期住宅建設5カ年計画」(1991～1995年)からである。1994年には、「高齢者、身体障害者等が円滑に利用できる特定建築物の建築の促進に関する法律(ハートビル法)」が成立している。1996年、住宅金融公庫等の公的融資の改正が行われ、住宅のバリアフリー化が基準金利の適用要件となり持ち家のバリアフリー化が進んだ。2000年には「高齢者、身体障害者等の公共交通機関を利用した移動の円滑化の促進に関する法律(交通バリアフリー法)」が成立し、2001年には「高齢者の居住の安定確保に関する法律」が成立したことで、高齢者の入居に適した居住環境が確保された高齢者向けの賃貸住宅が計画的に建設された。

　民間賃貸住宅でも、バリアフリー住宅のストック形成のため、地域住宅交付金により高齢者向け優良賃貸住宅(地域優良賃貸住宅・高齢者型)の整備費助成等を実施している。このほか、良質な持ち家の取得・改善を促進するため、勤労者財産形成住宅貯蓄を励行し、独立行政法人住宅金融支援機

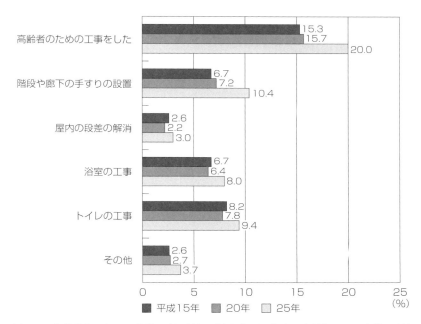

図 2-3　高齢者等のための設備工事の状況別持ち家に居住する高齢者のいる世帯の割合
（平成 15 ～ 25 年）
出典：平成 25 年住宅・土地統計調査（2014）第 5 章 高齢者のいる世帯　速報集計, p.31

構の証券化事業及び勤労者財産形成持家融資を行い、住宅ローン減税等の税制措置も講じられている。

ケア①：福祉用具

　1993 年に制定された「福祉用具の研究開発及び普及の促進に関する法律」では、「心身の機能が低下し日常生活を営むのに支障のある老人及び心身障害者の自立の促進並びにこれらの者の介護を行う者の負担の軽減を図るため、福祉用具の研究開発及び普及を促進し、もってこれらの者の福祉の増進に寄与し、あわせて産業技術の向上に資すること」が目的であり、福祉用具とは、「心身の機能が低下し日常生活を営むのに支障のある老人又は心身障害者の日常生活上の便宜を図るための用具及びこれらの者の機能訓練のための用具並びに補装具」と定義付けられている。2000 年に導

入された介護保険制度においては、福祉用具貸与と福祉用具購入費支給が居宅サービスの1つとして位置付けられ、車いすや特殊寝台等のレンタル、腰掛便座等の購入費を、年間10万円を上限に支給している（自己負担は1割）。2008年度の介護保険制度における特定福祉用具販売台数は、腰掛便座9,837個、特殊尿器295個、入浴補助用具2万1,984個、簡易浴槽42個、移動用リフトのつり具部分157個で、95％以上が営利法人による販売である。

介護保険制度の予防給付においては、2013年10月1日現在福祉用具貸与は7,671事業所、特定福祉用具販売は7,858事業所、介護給付においては福祉用具貸与は7,868事業所、特定福祉用具販売は7,902事業所であった。開設主体は福祉用具貸与の事業所の93％、特定福祉用具販売の事業所の94.6％が営利法人と、ほとんどの事業所が会社によって運営されていることがわかる。なお、介護保険制度においては、1割負担・購入の上限がある等、費用負担についての課題が指摘されている。

ケア②：訪問介護・夜間対応型訪問介護

1956年から長野県で始められた家庭養護婦派遣事業を契機に、大阪、東京でも制度が導入された。1960年代に全国的な家庭奉仕員の広がりを受け、国庫補助対象の福祉事業となった。1963年の老人福祉法で老人家庭奉仕員として制度化され、主に低所得の独居高齢者を対象にサービスを提供してきた。その後、所得制限を引き上げる、有料化にする等対象の拡大をはかってきた。1990年のゴールドプランで在宅三本柱の1つとして位置付けられ、ホームヘルパーという名称が用いられた。1992年にはチーム運営方式、1995年には24時間対応ヘルパー制度が導入され、柔軟で適切なサービス提供を整える方策が打ち出された。

2000年の介護保険制度では、居宅サービスの1つとして、訪問介護事業（ホームヘルプサービス）として位置付けられている。2013年10月1日現在、介護保険制度における予防給付の事業所は3万1,908、介護給付の事業所は3万2,761ある。利用者（年間実受給者数）については、予防給付では60万8,600人、介護給付では139万1,900人の利用者がいる。要介護・

要支援別利用者については、介護予防訪問介護は要支援1が46.6％、要支援2が53.9％と同等程度であり、介護給付では、要介護1が29.4％、要介護2が28.4％と1と2で半数以上を占め、要介護5は10％程度である。

　2005年の改正介護保険制度で地域密着型サービスとして位置付けられた夜間対応型訪問介護（通報に応じた訪問や夜間の定期的な巡回訪問）については、2013年10月1日現在で196事業所、利用者（年間実受給者数）は1万3,200人で、2009年度末の数字と比べると、事業者は1.7倍に、利用者は約6倍になった。日中―夜間の連続的なケアの必要性が指摘されるが、事業所不足や経営維持・専門職の確保の困難さ、ケアプランに盛り込まれないことで利用者が増加しない等の課題を持ち、「地域包括ケア研究会報告書」(2013)でも、高齢者のニーズに充分に対応できていないと指摘されている。さらに2015年4月から3年間で、要支援認定者に対する訪問介護が市町村による判断で実施されることとなり、地域支援事業としての位置付けとなる。

ケア③：訪問入浴

　1980年代に訪問サービス事業として位置付けられ「居宅要介護者等について、その者の居宅を訪問し、浴槽を提供して行われ」てきた。介護保険制度でも居宅サービスの1つとして位置付けられ、社会福祉法人を中心に供給されている。2013年10月1日現在予防給付では1,400人、介護給付では14万5,100人の利用者がいる。利用者の要介護・要支援構成割合は2008年度では、介護予防で80.4％が要支援2、介護給付では要介護5が51.4％、要介護4が26.1％と要介護4と5で75％程度となる。事業所は2013事業所、供給主体は社会福祉法人が53.8％、営利法人が40.5％であった。予防給付・介護給付とも利用者はその他の在宅ケアサービスに比べ、重度の利用者が多いサービスといえる。

　看護師と介護職の連携や入浴に伴う感染防止等についての課題が指摘されている。

ケア④：訪問看護

「居宅要介護者等について、その者の居宅おいて看護しその他厚生労働省令で定めるものにより行われる療養上の世話または必要な診療の補助」で、主治医による治療の必要性を認めたものに提供されるサービスをいう。医療保険による提供、介護保険による提供が行われているが、要介護認定を受けた高齢者では原則として医療保険より介護保険が優先される。例外として、末期がん、厚生労働大臣が定める疾病等、シャイ・ドレガー症候群、クロイツフェルト・ヤコブ病、後天性免疫不全症候群、頚椎損傷、人工呼吸器を使用している状態、急性増悪期の場合は医療保険から訪問看護を受ける。

2013年10月1日現在、介護保険上の訪問看護ステーションは予防給付が6,981事業所、介護給付が7,153事業所で、供給主体は医療法人が34.7％、営利法人が35.3％、社団・財団法人11.3％、社会福祉法人8％となっている。利用者は予防給付が約6万4,400人、介護給付では49万3,100人であった。2009年の厚生労働省の審議会資料では、介護保険・医療保険を合わせると30万人の利用者がいるという結果もある。2008年度の介護保険適用の訪問看護では、介護予防で要支援1が27.7％、要支援2が71.6％、介護給付では、要介護1・2・3で54.1％、要介護4・5で44.7％であった。さらに、訪問看護ステーションにおける要介護（支援）別の訪問回数をみると、要介護5は月に6.6回と最も多く、要介護度が高くなるに従い回数が多くなっている。

課題としては、「地域包括ケア研究会報告書」(2013)でも指摘されているように、他の介護サービスにおける利用者が増加する中で、利用者が横ばいであること、看護職員5人未満の訪問看護ステーションが全体の約53％であり、在宅における看取り、1人あたりの訪問件数、夜間・早朝の訪問件数が少ない等、効率的なサービス提供ができていないこと、また他の訪問系サービスとの連携がはかられていない、在宅医療に関わる医師との連携が必ずしも充分ではないこと、ほか、医療保険と介護保険の適用の調整についても課題があることが指摘されている。

ケア⑤：訪問リハビリ

　医療保険と介護保険で適用されるサービスである。介護保険制度では、「居宅要介護者等について、その者の居宅において、その心身の機能の維持回復を図り、日常生活の自立を助けるために行われる理学療法、作業療法その他の必要なリハビリテーションを行う」とされている。訪問看護と同様に、主治医による治療の必要性が認められた場合となっている。医療保険では月1回の訪問診療を実施しなければ訪問リハビリを実施できないが、介護保険の場合には訪問診療の必要はない。主治医による判断が前提となる。

　課題としては、事業所数に地域的な偏りがあり、他のサービスに比べ利用率が低い、他の訪問系サービスやケアマネジャーとの連携が不充分で一体的なサービス提供ができていない、職員の確保や経営等事業所運営について等が指摘されている。

ケア⑥：居宅療養管理指導

　介護保険制度上では、「居宅要介護者について、病院、診療所又は薬局の医師、歯科医師、薬剤師その他の厚生労働省令で定める者により行われる療養上の管理及び指導であって、厚生労働省令で定めるものをいう」とされている。医療保険上の医療機関や薬局等がそのまま介護保険のみなし認定となり、医療機関もしくは薬局で実施されている。医師・歯科医師・薬剤師・管理栄養士・歯科衛生士・保健師・看護師のみが事業を実施できるが、介護保険では高齢者の居宅へ訪問し指導等をすることではなく、ケアマネジャー等への情報提供を指す。他の福祉系のサービス事業所との連携やケアマネジャーとの連携によって利用が異なることが指摘できる。

ケア⑦：デイサービス（通所介護）

　1979年に寝たきり等の高齢者を対象とした通所サービスとして始まり、その後の訪問サービスとの整理の中で在宅三本柱の1つとして位置付けられた。1989年には老人福祉法の老人デイサービス事業として、デイサービスA型（重介護）、B型（虚弱）、C型（軽介護）が設置され、1992年には

D型(小規模)、E型(認知症)が加わり5類型となった。1998年には事業指針等を満たす民間事業所に対する委託が認められ、デイサービス数が増加することになる。2000年の介護保険制度においては、「居宅要介護者等について、厚生労働省令で定める施設または老人デイサービスセンターに通わせ、当該施設において入浴及び食事の提供その他の日常生活上の世話であって、厚生労働省令で定めるものならびに機能訓練を行うことをいう」と規定されている。2013年10月1日現在、予防給付は3万6,097事業所、介護給付は3万8,127事業所あり、社会福祉法人が29.0％、営利法人が56.3％、医療法人が6.6％、NPO法人が4.6％の供給を行っている。予防給付では67万1,900人が利用し、介護給付では174万7,500人が利用している。利用者の負担は1割と食費である。現在は類型が細かくなり、短時間や機能特化したデイサービスも出現している。2015年4月以降3年間で要支援認定者に対する通所介護が市町村による判断で実施されることとなり、地域支援事業の位置付けとなる。また、事業所の機能ごとに報酬を変化させることも検討されはじめている。

　2006年の介護報酬改定では通所介護に、難病等を有する重度要介護者を対象にした療養通所介護が加えられ、事業所として指定を受けられることとなった。療養通所介護は改正に伴うモデル事業として実施され、独立した事業としては実施されていない。2010年の社会保障審議会介護給付費分科会資料によると、事業所数は50事業所で、通所介護の利用者の約6割が要介護1・2であるのに対して、療養通所介護では要介護4・5が7割を超えているとしている。管理者が常勤の看護師であることや定員5名以内、緊急時対応医療機関は同一敷地内に属しまたは隣接しもしくは近接していなければならないとされていること等から、事業所が広がっていないのではないかとの指摘もある。その他、機能訓練部分が充分に提供されていない、送迎に関する課題や通所時間について、レクリエーションや日中活動についての課題が指摘されている。

ケア⑧：認知症対応型通所介護

　認知症の状態の方が通所し、入浴・日常動作の訓練・レクリエーション

等が受けられる。ほかに、入浴、個別機能訓練、栄養改善、口腔機能向上等認知症高齢者に配慮した介護や機能訓練を受けることができる。2006年の改正介護保険で地域密着型サービスの1つとして位置付けられた。そのため、事業所がある市町村の住民の利用が基本となる。

　認知症対応型通所介護は、2013年10月1日現在、予防給付は3,857事業所、介護給付は4,913事業所あり、46.7％が社会福祉法人、31.7％が営利法人、12.1％が医療法人による運営である。

　認知症高齢者グループホーム同様、認知症高齢者の在宅生活を支援する体制が不足していると指摘されている。

ケア⑨：デイケア（通所リハビリ）

　医療保険と介護保険において提供されるサービスであるが、介護保険においては「居宅要介護者等について、介護老人保健施設、病院、診療所その他の厚生労働省令で定める施設に通わせ、当該施設において、その心身の機能の維持回復を図り、日常生活の自立を助けるために行われる理学療法、作業療法その他必要なリハビリテーションを行う」と規定されている。利用に際しては、主治医による判断が必要となる。

　2013年10月1日現在、予防給付は6,832事業所、介護給付は7,047事業所あり、供給主体は医療法人が76.5％、社会福祉法人が9.3％であった。協同組合やNPO法人による設置は認められていないが、営利法人が運営する医療施設数事業所で実施されている。医療保険と介護保険の適用については、介護保険が優先されるが、重度認知症デイケアまたは精神科デイケアを利用している患者に対しては、同一の環境における利用が望ましいと考えられ、医療保険による適用となる。

　デイケアの課題としては、理学療法士等の人材の確保と算定について、また一人ひとりに対するリハビリ時間の少なさ等が指摘されている。

ケア⑩：ショートステイ（生活介護・療養介護）

　ショートステイは介護保険制度上で、生活介護と療養介護の2種類に分けられ、生活介護では「居宅要介護者等について、厚生労働省令で定める

施設または老人短期入所施設に短期入所させ、当該施設において入浴、排せつ、食事等の介護その他の日常生活上の世話及び機能訓練を行うことをいう」とし、療養介護では、「居宅要介護者等（主治の医師がその治療の必要の程度につき厚生労働省令で定める基準に適合していると認めたものに限る）について、介護老人保健施設、介護療養型医療施設その他の厚生労働省令で定める施設に短期入所させ、当該施設において看護、医学的管理の下における介護及び機能訓練その他必要な医療ならびに日常生活上の世話を行うことをいう」とされている。2013年10月1日時点の事業者数は、生活介護の予防給付が9,060事業所、介護給付が9,445事業所、療養介護の予防給付が5,199事業所、介護給付が5,377事業所である。供給主体については、生活介護は社会福祉法人が81.7％、営利法人が10.6％、地方公共団体が2.8％と次いでいる。療養介護は医療法人が76.9％、社会福祉法人が11.6％、地方公共団体の4.1％と続いている。自己負担は利用料の1割のほかに、食費と滞在費が必要となる。短期入所生活介護事業所におけるユニットケアの状況をみると、全事業所7,347事業所のうち、ユニットケアを実施している事業所は約23％の1,677事業所であった。2007年度は1,321事業所であったので、1年で350事業所がユニットケアを開始したことになる。

　課題としては、居宅サービスのうち、多くの家族が希望するサービスとしてあげられているものの、利用できるベッドが足らない等の理由で利用ニーズに対応できない場合が多いこと、在宅からの急な利用になるためアセスメントが充分でなく、継続的なケアが提供できないこと、また慣れない環境での入居となるために転倒等の事故が起こりやすいことが指摘されている。ほか、ショートステイのうち生活介護では、医療依存度が高いケースに充分対応できないことも指摘されている。

ケア⑪：在宅療養支援診療所

　2006年の医療法改正により高品質の在宅医療の提供を目的に「患者の在宅療養に対する主たる責任を有し、必要に応じてほかの医療機関、訪問看護ステーション、薬局などとの連携を図りつつ、24時間体制で往診や

訪問看護を実施できる体制を有する診療所」として創設された。保険医療機関たる診療所であること、当該診療所において24時間連絡を受ける医師または看護職員を配置し、その連絡先を文書で患家に提供していること、当該診療所においてまたは他の保険医療機関、訪問看護ステーション等の看護職員との連携により、患家の求めに応じて、当該診療所の医師の指示に基づき、24時間訪問看護の提供が可能な体制を確保し、訪問看護の担当看護職員の氏名、担当日等を文書で患家に提供している、医療サービスと介護サービスとの連携を担当する介護支援専門咽頭と連携していること等の要件を満たした診療所である。2007年7月1日現在1万477施設[1]ある。届出数の増加と実際の対応について（表明しているが患者を選定している）の指摘や、地域偏在についての指摘がある。在宅療養支援診療所だけで対応するのではなく、地域における在宅医療ネットワークの構築の構築について言及している報告もある。2014年に成立した「地域医療介護総合確保法」の施行を受け、在宅医療の充実を目指して診療報酬（加算）も高く改定されている。

ケア⑫：小規模多機能型居宅介護

　2006年の介護保険制度改正に伴い新設されたもので、「要介護者について、その居宅において、又は厚生労働省令で定めるサービスの拠点に通わせ、若しくは短期間宿泊させ、当該拠点において、家庭的な環境と地域住民との交流の下で、入浴、排せつ、食事等の介護その他の日常生活上の世話及び厚生労働省令で定めるものであって機能訓練を行うこと」により、利用者がその有する能力に応じその居宅において自立した日常生活を営むことができるようにすると規定されている。2013年10月1日現在で予防給付が3,670事業所、介護給付が4,230事業所があり、うち45.8％が営利法人、31.2％が社会福祉法人、13.1％が医療法人、7％がNPO法人である。2009年度末には2,353事業所となっている。原則として事業所が建つ市町村の住民のみが利用できる。三浦ら[2]によると、併設状況は回答494施設のうち、246施設が併設機能なし（49.8％）、83施設がグループホーム（16.8％）、53施設がデイサービス（10.3％）、51施設がグループホームとデイ

サービス・デイサービスとその他の事業等複合型施設（10.3%）であった。また奥田によると、小規模多機能ケアは、泊まり型・包括型・居住型・訪問型4つのタイプによって分類されているが、それぞれが介護保険適用の部分と自主的な事業を柔軟に組み合わせながらサービスを提供しているということであった（平野・高橋・奥田 2007: 54）。

　課題については、川越らが指摘しているように、小規模多機能型居宅介護では「通い」「泊まり」「訪問」を柔軟に提供するため専属のケアマネジャーを必置とした結果、「ケアマネジャーの変更が障害となり、小規模多機能を利用しないケースや、入院時から退院への連続的な移行に課題が生じている」、そして、「開設後数年を経て利用者の重度化が想定され、「居住」機能の確保が今後必要になると考えられ」、囲い込みとならない居住機能併設のあり方を検討する必要がある（川越・三浦 2008: 12）と述べている。

ケア⑬：定期巡回・随時対応型訪問介護・看護

　2012年の介護保険法改正で創設されたもので、重度者をはじめとした要介護高齢者を支えるため、日中・夜間を通じて、訪問介護と訪問看護が密接に連携しながら、短時間の定期巡回型訪問介護と随時の対応を行う。

　厚生労働省の発表によると、2013年10月1日現在は281事業所で、49.6%が営利法人による経営であった。また厚生労働省老健局振興課の調べによると、2013年12月末現在で実施している自治体は184（1,580自治体のうち）で、全国に391事業所ある。訪問介護と訪問看護の一体型の事業所は139事業所、連携型は257事業所である（合計数が合わないのは両方のタイプで行っている事業所が含まれているため）。12月末時点の1日あたりの利用者は5,488人である。2012年の調査結果では、2012年9月中の1人あたりの利用回数が健康保険法等の利用を含めて1月あたり96.9回と毎日3回の訪問を受けていることになる。

ケア⑭：複合型サービス

　2012年から介護保険制度では小規模多機能型居宅介護と訪問看護等、

複数の居宅サービスや地域密着型サービスを組み合わせて提供する複合型サービスを創設した。2013年10月1日現在全国に74事業所のみで、医療法人による経営が32.3％、営利法人が43.5％であった。2012年9月中の利用者数は20.3人で、1人あたりの利用回数は57.2回と定期巡回訪問同様に1人あたりの利用回数の多さが目立つ。

　類型Bの施策それぞれに着目してみると、非常に多種多様な施策・サービスが展開されていることがわかる。特に地域密着型サービスは在宅・施設の二分法を越えて地域生活を支えていくという意思が感じられる。しかし、これらの施策やサービスが一人ひとりの高齢者にとってどのような影響があるのか。介護の社会化を目指して創設された介護保険サービスが14年経ちどれくらい実現できているのだろうか。さらにこのように多種多様なサービスをマネジメントするケアマネジメントは機能しているのだろうか。また、Bのうちケアについては特に介護保険制度における居宅介護支援（ケアマネジメント）と介護予防支援[3]が大きな役割を持っているといってよいだろう。居宅介護支援事業所は2008年度現在、2万8,121ヵ所あり、営利法人、社会福祉法人、医療法人等が170万4,996人の利用者に対して居宅介護支援を提供している。利用者の要介護度をみると、1・2・3で78.5％を占めている。一方介護予防支援は地域包括支援センターが担っており、全国に3,782ヵ所、社会福祉法人、地方公共団体、医療法人等が70万8,948人に提供している。今後はますます、介護サービスだけでなく、新しい地域支援事業も含めてマネジメントすることが求められる。課題としては、個別ニーズに対する公平・中立なマネジメントの困難性や介護報酬との乖離、事務処理の煩雑さがあげられている。

3．居住系施設（C）

　居住系施設としては、養護老人ホーム、軽費老人ホーム・ケアハウス、介護付き有料老人ホームを位置付ける。これらは、介護保険制度における特定施設入居者生活介護として適用可能な施設と重なる。つまり類型Cは、24

時間の居住機能を持ちながら、入居者に対して施設内外からのケアを提供する施設といえる。

①養護老人ホーム

　老人福祉法により規定される施設で、「65歳以上の者であって、環境上の理由及び経済的理由により、居宅において養護を受けることが困難な者を入所させ、養護するとともに、その者が自立した日常生活を営み、社会的活動に参加するために必要な指導及び訓練その他の援助を行うことを目的とする」施設である。Cに分類した4種の中では唯一老人福祉法以前から法律で規定されていた施設であり、1963年以前は養老施設であった養護老人ホームが多く、1963年は673施設からスタートしている。しかし、1976年には新設をしないとの行政指針が出され、その後は950施設程度で横ばいの状況である。2012年10月1日現在では全国に953施設、5万6,860人が入居している。養護老人ホームの2012年の在所率は92.1％である。2005年の介護保険制度改正で、指定基準を満たせば、特定施設入居者生活介護事業所の指定を受けることができ、入居者は外部から介護保険サービスを利用できるようになった。2007年現在、特定施設入居者生活介護として認定される9万5,698室のうち、養護老人ホームは8.6％の8,262室であった。指定を受けるためには、50人以上の人員を入所させることができる規模を有しなければならず、居室は原則として2人以下、1人あたりの床面積は、収納設備等を除き、3.3㎡以上とされている。職員は、生活指導員、支援員及び看護師または准看護師等が配置されている。

　設置主体は公立が約50％、社会福祉法人が約50％である。経営主体については公営が約33％、社会福祉法人が約67％となっているため、15％程度は地方自治体が設置した施設を社会福祉法人が運営する、公設民営の形を取っているといえる。盲養護老人ホームについては、2施設が都道府県による設置のほか、ほとんどの施設が社会福祉法人による設置・運営である。2014年1月27日付の朝日新聞では養護老人ホーム「措置控え」が指摘されていた。行政の判断としてすべてを公費で賄う養護老人ホームではなく、少しでも自己負担が伴う特養等への入所を進めているのであろう。

同紙面には「21世紀・老人福祉の向上を目指す施設連絡会」の調査結果が示され、回答した301施設のうち、定員割れは60％で最も多い原因は「行政による措置控え」という回答であった。公的責任を改めて問い直す必要がある。

②軽費老人ホーム（A・B型）とケアハウス
　軽費老人ホームは、1963年の老人福祉法により「無料又は低額な料金で、老人を入所させ、食事の提供その他日常生活上必要な便宜を供与すること」を目的として創設された。軽費老人ホームにはA型とB型があり、利用者はどちらも60歳以上の者または、夫婦どちらかが60歳以上の者で、身寄りのない、家庭の事情により家族との同居が困難な者が対象とされている。B型は、上記の対象者に加え、自炊ができる者を対象に住まいと相談・給食・臨時的介護サービスを提供できる施設として1974年に創設された。1990年には、自炊ができない程度の身体機能の低下と、高齢等のため独立して生活するには不安が認められるものであって、家族による援助を受けることが困難な者を対象に、新しいタイプの軽費老人ホームとしてケアハウスが創設される。ケアハウスでは、60歳以上の一定所得以下の高齢者を対象にしている。軽費老人ホームA型・ケアハウスは3食付きである。食費を含めた利用料は全額自己負担である。
　軽費老人ホームA型は、1980年代中頃までに約250施設が整備され、それ以降は大きな増減がなく推移していたが、2006年頃から微減している。2012年度現在で215施設、1万1,392人が生活している。軽費老人ホームB型は、創設から約10年で30施設が整備され、その後1980年代までは38施設で推移していたが、2000年に入り少しずつ減り、2012年現在で24施設、718人が生活している。ピークの時期と比較するとA型が15％程度、B型は35％程度減っていることになる。
　軽費老人ホームの居室はどちらも個室であり、1人あたりの居室面積は、A型が6.6㎡以上、B型が単身で16.5㎡、夫婦で24.8㎡以上とされている。ケアハウスの定員規模は20人以上、居室は個室で単身者の場合は21.6㎡、夫婦の場合は31.9㎡以上である。軽費老人ホームを建て直す場合は、軽

費老人ホームではなく、ケアハウスでの整備となる。ケアハウスは2012年現在1,943施設、6万8,451人が生活し、軽費老人ホームA型・B型とは異なり、施設数、入居者数とも増加している。さらに、軽費老人ホームは2000年の介護保険制度導入以降、介護保険制度の居宅サービスが可能な特定施設入所者生活介護の事業者指定を受けることもでき、2007年度で、特定施設入居者生活介護として認定される9万5,698室のうち、軽費老人ホーム（ケアハウス）が8,668室の約9％を占めている。

軽費老人ホームA型は、公立が27施設、私立が202施設ですべてが社会福祉法人による設立である。B型は、公立が16施設、私立が15施設と半々である。経営については、A型が公営11施設、私営218施設と95％が私営、B型は公営5施設、私営26施設と84％が私営であった。軽費老人ホームについては、私立私営はすべて社会福祉法人によるものである。さらに、2002年からは、ケアハウスの整備にPFI方式が導入され、自治体や社会福祉法人に限定されていた設置主体が、民間にも規制緩和されることになった。2008年現在のケアハウスの設置主体は、公立56施設、私立1,779施設で、私立の98％が社会福祉法人立であった。一方、経営主体は、公営16施設、私営1,819施設で、私営の98％が社会福祉法人による経営であった。その他、医療法人28施設、その他の法人3施設、社団・財団・日赤が1施設を経営している。

③介護付き有料老人ホーム

有料老人ホームは、1963年の老人福祉法に規定される社会福祉施設の1つとして、「老人を入居させ、入浴、排せつ若しくは食事の介護、食事の提供又はその他の日常生活上必要な便宜であつて厚生労働省令で定めるものの供与をする施設」と位置付けられ、設置しようとする者は都道府県への届出が必要である。2006年4月の老人福祉法改正で、10人以上という規定ははずされ、①食事の提供、②入浴、排泄または食事の介護、③洗濯、掃除等の家事、④健康管理のいずれかを提供している施設はすべて対象となった。2012年現在、7,519施設、22万1,907人が生活している。2003年以降の整備が顕著であるが、特に2011年からの1年間で3,000施設が増

えている。2011年に創設されたサービス付き高齢者向け住宅との兼ね合いの中で、旧高齢者専用賃貸住宅のうち、有料老人ホームに該当するサービスを提供する場合は有料老人ホームとして届出が必要となったためと考えられる。このことで有料老人ホームは特養数を上回った。有料老人ホームの類型は大きく分けて、「介護付き有料老人ホーム」と「住宅型有料老人ホーム」に分かれているが、かつてはさらに「健康型有料老人ホーム」という類型もあった。本類型Cに該当するのは、このうち、「介護付き有料老人ホーム」である。介護付き有料老人ホームは、介護や食事等のサービスが付いている施設であるが、介護保険制度で創設された特定施設入居者生活介護の事業指定を受けている事業所のみが「介護付き」と表示できる。介護は、施設内の職員により受ける場合と、外部サービスによる場合（外部利用型特定施設）がある。2007年現在、9万5,698室認定されている特定施設入居者生活介護のうち、約82％の7万8,550室が有料老人ホームである。

　2012年の「社会福祉施設等調査」によると、2012年現在の有料老人ホームの運営主体は、公立は2施設で、社会福祉法人424施設、施設医療法人481施設のほか、営利法人を含むその他の法人による経営が6,588施設あり、87.6％を占めていた。また定員規模は49人以下が69.6％で、50～100人が25.2％、100人以上は4.8％であった。在所率をみてみると82.3％と、その他の高齢者施設と比べて在所率が若干低いことがわかる。ただ、2006年以降の推移をみてみると、74.3％から徐々に増加しており、全体的な需要は高いといえる。

　2005年の「社会福祉施設等調査」によると、有料老人ホームの75歳以上の入居者の割合は、1999年に約70％であったが、2005年には約84％であった。うち67.6％が要介護認定を受けている。入居期間は平均4.1年で、1999年の調査結果6.5年に比べると短くなっている。入居者の子の有無別にみた入居を決めた理由については、子のある者は「体力の衰えから自立した生活が難しくなった」が43.1％と一番で、次いで「家族に負担をかけたくない」40.9％、「病気になっても安心」が35.7％であった。子のない者では、「病気になっても安心」が48.8％で一番多く、次いで「老

後の生活設計として入居を決めていた」が46.9％、「体力の衰えから自立した生活が難しくなった」が30％であった。施設で受けているサービスについては、掃除・洗濯が約90％で、入浴・清拭が74％、通院等の外出時の介助が61.5％であった。また、寝たきりになった場合の今後の生活については、約70％の入居者が現在のホームで生活したいと回答している。

　有料老人ホームの整備については、市町村が3年単位で入居者の定員を決める権限を持つ。2006年からは、定員を上回る分の開設を自治体が拒否できる総量規制が導入されたため、介護保険の負担増への懸念から開設数が抑えられたが、2009年4月に政府がまとめた追加経済対策で介護施設の前倒し整備に2,500億円の予算を計上し、自治体にも開設希望を認めるように促したことで、再度整備がすすんだ。一方で、2007年には療養病床の転換施策の1つとして医療法人による有料老人ホームの経営を認可し、2008年からは診療所に併設された有料老人ホーム等の居住者に対する診療報酬が設定された。2011年に創設されたサービス付き高齢者向け住宅の台頭により、供給が滞るかもしれないが、ケアが必要になっても暮らし続けられる介護付き有料老人ホームは介護難民や待機者問題に対する対策としても、必要性はますます高くなるだろう。ただ、施設ごとに入居一時金や月額の支払金額が異なるため、支払い能力の有無（経済状況）によって入居が制限されるという問題を抱えている。

④特定施設入居者生活介護

　類型C①②③に共通するところは、特定施設入居者生活介護の指定を受けることができる点にある。特定施設入居者生活介護は、介護保険法により規定されているサービスで、「特定施設」の入居者に対し、当該特定施設が提供するサービスの内容等を計画し、その計画に基づき提供する、入浴、排泄、食事の介護その他の介護サービスをいう。「特定施設」は、当初有料老人ホーム、軽費老人ホームのみであったが、2006年の介護保険制度改正により養護老人ホームと有料老人ホームに入居している要介護者についてもサービスが提供されるようになった。2006年度以降には地域

密着型特定施設入居生活介護も創設され、2008年には91施設で1,590人がケアを受けている。供給主体は58施設が営利法人、25施設が社会福祉法人、その他4施設ずつをNPO法人と医療法人が運営していた。

特定施設入居者生活介護は2007年に調査した2,617事業所のうち、専用型が702事業所、混合型が1,541事業所であった。また、ホーム内の職員による支援を行う一般型が2,212事業所、外部利用型が362事業所であった。供給主体は、営利法人が68.7％、次いで社会福祉法人の26.1％で、この2つで全体の約95％を占めている。

特定施設入居者生活介護の課題の1つとしては、養護老人ホーム以外の軽費老人ホーム、有料老人ホームそれぞれの設置される要件が異なる上、特定施設入居者生活介護の指定を受けることが事業所の判断に委ねられているため、事業所ごとに設備や職員体制、住まいとケア機能が異なることである。

4. ケア外付け住宅（D）

ここでは、公営住宅や高齢者向け優良賃貸住宅等これまでの住宅政策で整備されてきた住まいと、それに付設もしくは近接するケア拠点により、高齢者が自ら必要なケアを購入し生活しているサービスを位置付けた。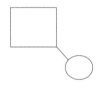

①健康型有料老人ホーム・住宅型有料老人ホーム

健康型有料老人ホームは、有料老人ホームのうち、生活支援等のサービスが付いた高齢者向けの施設で、介護が必要な場合は、入居者と事業者の契約で外部からサービスを受け生活を継続できる有料老人ホームである。そして、住宅型有料老人ホームは、食事等が付いた高齢者向けの居住施設で、介護が必要になった場合は退去しなければならない有料老人ホームである。2007年度現在の有料老人ホーム入居者数11万4,573人に対し、介護付有料老人ホームが7万8,550室であるため、全室個室を前提とすれば、約3万6,000室が健康型もしくは住宅型の有料老人ホームであるといえる。

これまで限られた供給主体が供給していた高齢者施設であったが、2006年以降に有料老人ホームが整備されるようになったことで、高齢者自身が自宅以外の場を選択する選択肢が増えたといえるだろう。

しかし一方で、厚生労働省は、2009年3月19日に群馬県渋川市の高齢者向け住宅「静養ホームたまゆら」で入所者10人が死亡した火災を受け、都道府県を通じて有料老人ホームの状況に関する緊急調査を行った。調査結果によると、3月27日時点で、有料老人ホームとみられる無届け施設は全国で579施設あることが明らかになった。これは、2007年2月の調査で明らかになった377施設から大幅に増加した結果となった。有料老人ホームの都道府県への届出義務は法律で定められており、罰則規定もある。2006年4月の老人福祉法改正により、それまで有料老人ホームの範囲外であった施設も該当し、届出義務が生じているが、設備基準を満たしていないこと等を理由に届出がされない無届け施設が存在している。2009年1月に厚生労働省がはじめて実施した調査により、無届けの老人施設等に入居している生活保護受給者が43都道府県で1万4,268人に上ることが明らかになった。また、生活保護を支給している市町村のある都道府県以外の施設に入居している人が11都県で617人おり、うち517人は東京都の受給者である。無届け施設は行政の目も行き届きにくく、法的に位置付けられていないため、指導や監査の対象にならない。居住環境や支援体制等、入居者の生活が保障されるよう対策を講じる必要がある。

②シルバーハウジング（高齢者世話付住宅）

シルバーハウジングは、1986年に厚生省・建設省の研究会で構想が出され、住宅施策と福祉施策を連携させ1987年から試行的に開始された。地方公共団体、地方住宅供給公社、住宅・都市整備公団による賃貸住宅で、高齢者の身体特性に配慮した設計の住宅、付帯設備とLSAによる相談・安否確認、また緊急時対応サービスを提供している。60歳以上の高齢者が契約により入居する。2008年時点で869団地・2万3,298戸がある。

③サービス付き高齢者向け住宅

　サービス付き高齢者向け住宅は、2011年の「高齢者の居住の安定確保に関する法律」の改正で創設された登録制度で、これまで整備されてきた「高齢者向けの賃貸住宅又は有料老人ホームであって居住の用に供する専用部分を有するものに高齢者を入居させ、状況把握サービス、生活相談サービス、その他の高齢者が日常生活を営むために必要な福祉サービスを提供する事業」と定められている。登録基準には、各専用部分の床面積は原則25㎡以上、バリアフリー構造であること、ケアの専門家による安否確認サービスと生活相談サービスがあること、その他契約に関するものがある。サービス付き高齢者向け住宅事業を行う者は、建築物ごとに都道府県知事の登録を受けることができ、5年ごとの更新が必要となる。

　ここでいう高齢者向けの賃貸住宅には、それまで整備されてきた高齢者円滑入居賃貸住宅・高齢者専用賃貸住宅・高齢者向け優良賃貸住宅が含まれる。

　高齢者円滑入居賃貸住宅は、高齢者の賃貸住宅への円滑入居の1つとして、2001年高齢者の居住の安定確保に関する法律を根拠に開始された。高齢者であることを理由に入居を拒まない賃貸住宅であり、都道府県知事が申請に基づいて登録し、登録簿を一般の閲覧に供するものである。2009年度末で、1万2,624棟、18万3,279戸の登録が行われていた。

　次の高齢者専用賃貸住宅とは、高齢者の入居を拒まない高齢者円滑入居賃貸住宅のうち、専ら高齢者を賃借人とする賃貸住宅を指す。2009年度末時点で1,684棟、4万3,294戸があった。2006年厚生労働省告示第264号の要件は、①各戸の床面積が25㎡以上、②原則として各戸に台所、水洗便所、収納設備、洗面設備及び浴室を備えたものであること、③前払家賃を受領に対する保全措置があること、④入浴・排泄もしくは食事の介護、食事の提供、洗濯、掃除等の家事または健康管理を実施している賃貸住宅であることである。これら要件を満たした場合、有料老人ホームの定義から除外され、有料老人ホームの届出が不要となり、都道府県知事に届け出ることにより、介護保険法に規定する特定施設入居者生活介護の対象となる。適合高齢者専用賃貸住宅については、2007年に医療法人による一定

の賃貸住宅の整備・管理が認められた。『月刊シニアビジネスマーケット』の編集部により 2008 年に発表された高齢者専用賃貸住宅の分析結果では、供給主体の 8 割が営利法人であった。部屋の広さは 25 ㎡が 44 ％、50 ㎡以下は 87 ％である。家賃は 85 ％が 9 万円以下で、敷金は 74 ％が 20 万円以下であった。高齢者専用賃貸住宅のうち、特定入居者生活介護の指定を受けた住宅は全体の 4 ％にすぎなかった。さらに 2007 年現在、特定施設入居者生活介護として認定される 9 万 5,698 室のうち、この適合高齢者専用賃貸住宅は 218 室、0.2 ％であった。

　最後の高齢者向け優良賃貸住宅は、60 歳以上の単身・夫婦世帯等が安全に安心して居住できるようバリアフリー化され、緊急時対応サービスの利用が可能な賃貸住宅である。供給事業者は、2001 年に公布された高齢者の居住の安定確保に関する法律に基づき、各種の支援措置を受けることが可能である。2008 年には、地域優良賃貸住宅制度（高齢者型）が見直され、医療法人による高齢者向け優良賃貸住宅に対する助成の拡充を実施した。このことにより、在宅高齢者に対して、医療や看護に関するノウハウを活かした賃貸住宅の供給が期待されている。2009 年 3 月末時点で、807 団地、3 万 6,726 戸あった。

　以上の 3 種の高齢者向け賃貸住宅が制度上廃止され、サービス付き高齢者向け住宅として一本化された。シルバーハウジング以外で厚生労働省と国土交通省が連携・共同して施策を講じているという点にも大きな特徴がある。制度開始当初は 30 棟、994 戸であったが、2014 年 2 月末現在全国に 4,524 棟、14 万 5,736 戸が登録されている。一般社団法人すまいづくりまちづくりセンター連合会による 2013 年 8 月末時点の「サービス付き高齢者向け住宅の現状と分析」では、住宅事業を担う法人等については、株式会社が 55.6 ％、有限会社が 13.7 ％、医療法人が 14.5 ％、社会福祉法人 7.7 ％であった。住宅戸数では、50 戸未満が全体の 8 割以上を占め、専用部分の床面積は 25 ㎡未満が 7 割以上を占めていた。登録基準には各専用部分の床面積は原則 25 ㎡以上と定められているが、居間や食堂等その他の住宅の部分が共同して利用するため十分な面積を有する場合は 18 ㎡以上と但し書きがあるためである。提供されるサービスのうち、必ず行わな

ければならない状況把握・生活相談サービスは、回答した3,765すべての
サービス付き高齢者向け住宅で実施されており、その他食事の提供サービ
スは95％、入浴等の介護サービス、調理等の家事サービス、健康の維持
増進サービスについては併設施設用からのサービス提供も含めて約半数の
サービス付き高齢者向け住宅で提供されていた。常駐するケアの専門家は、
ホームヘルパー2級以上の資格を有する者が54.7％で、次いで居宅介護
サービス事業者の職員が30％、そのほかは運営している社会福祉法人や
医療法人、委託を受けている社会医療法人の職員であった（複数回答）。24
時間常駐は74.1％で、そのほかは夜間緊急通報サービスの利用であった。
併設されている事業所がない住宅は22.3％で、残りの約8割は何らかの
事業所を併設している形で提供しているが、通所介護事業所が50％と一
番多く、次いで訪問介護事業所42％、居宅介護支援事業所29.9％と続い
ていた。中には介護保険施設、定期巡回・随時対応型訪問介護看護、病院
等との併設もあった。ただし住宅ができる速度とケアが整備される速度が
一致していないとの指摘もあり、また有料老人ホームとの棲み分けがわか
りにくい等、未だ模索中といえる。

　その他、「高齢者の居住の安定確保に関する法律の一部を改正する法律」
では、住宅施策と福祉施策の連携を通して、高齢者が安心して暮らし続け
ることができる住まいの確保を目指している。具体的には、高齢者生活支
援施設（デイサービスセンター等）と一体となった高齢者向け優良賃貸住宅供
給促進である。また、一体型施設で支援する社会福祉法人等が、住宅部分
を認知症グループホームとして運営することを可能とした。さらに、高齢
者住宅の入居者に対するLSA派遣の人件費に対する助成もあり、福祉と
住宅の連携が弾力的に進められている。賃貸住宅に介護施設等を合わせて
整備する際、費用の一部を国が補助する制度も新設された。住宅が住宅と
してのみ存在するのではなく、ケアと連携しながら一体的に運営すること
により、可能な限り自立かつ安心して在宅生活を営むことができることが
目指されている。そのことにより、例えば、公営団地と小規模多機能や一
時保育施設の組み合わせ、高齢者住宅の下の階に病院と介護施設、特別養
護老人ホームや通所施設と高齢者住宅が一体となった賃貸住宅、地域の廃

校を改造し、高齢者住宅と地域の高齢者が集う場が一体化されたもの等の実践が出てきている。つまり、これまで住宅施策と福祉施策が別々に運営されていたものが、高齢者の「住まいとケア」が一体的に運営されることで、一人ひとりに対応できる、より柔軟な取り組みとなっているのである。日本経済新聞（2009.7.12付）によれば国土交通省は2012年には住まいとケアの一体型運営が30万戸程度に増えると見込んでいる。一方厚生労働省でも、「地域介護・福祉空間整備等施設整備交付金」により、公営住宅や都市再生機構の賃貸住宅等の改修や建て替えと合わせ福祉のサービス拠点を整備する「安心住空間創出プロジェクト」を推進している。

　以上のほかに、おおむね60歳以上の高齢者であって、同一屋内で食事等、お互いに生活を共同で行うグループリビングや「地域の中で、その人らしく一人ひとりが自ら折り合いを付けながら生活することを支える」共生ホーム・小規模多機能ホーム等の取り組みも類型Dに位置付けられるだろう。グループリビングは共同の住まいと必要なケアを組み合わせて提供され、共生ホームや小規模多機能ホームは一人ひとりの必要に応じて住まいとケアを組み合わせながら提供するサービスである。どちらも法律で整備が裏付けられているのではなく、実践の中から広がってきた施策といえる。グループリビングは厚生労働省の介護予防・生活支援事業の「高齢者共同生活支援事業」、阪神・淡路大震災を契機に広がり、共生ホーム・小規模多機能ホームは1997年に制度化されたグループホームや地域医療、地域福祉の考え方から広がってきた。Dのケア外付け住宅の課題としては、重度化への対応、事業運営・経営の安定化、利用者の自己負担と格差、提供されるケアの質の担保等があげられるだろう。

第2節　高齢者の「住まいとケア」施策の全体像

　前節で明らかになったように現在高齢者に対して様々な施策が講じられているが、施策が多様化することで高齢者のニーズにどれだけ応えられているのであろうか。本節ではこれらの高齢者施策が、一人ひとりの高齢者をどれだけ支えているのか、また支えられていないのかを明らかにしたい。

まず、誰がどれだけ供給しているのかという数に着目し考察する。次いでケアの提供範囲と自己負担という軸を用いてそれぞれの施策を位置付け、施策の全体像を明らかにすることでどのような特徴がみられるかを考察する。最後に前節の4つの類型別の現状と課題を捉えたい。なお、本節で使用する施設数及び入居者数、利用者数等はすべて厚生労働省が出している各年次の「社会福祉施設等調査」「介護保険事業状況報告」「介護サービス施設・事業者調査」によるものである。

1. 誰がどれだけ供給してきたのか

　まず誰が（供給主体）それらのサービスを提供しているかであるが、前章でも明らかになっているように、供給主体は国から地方へ、公から民へと移行している。日本では1945〜1950年の間に宗教法人、学校法人、医療法人、社会福祉法人等、一般の法人よりも税等の面で優遇される公益法人が創設された。社会福祉法人は、民間社会福祉事業の中で唯一収容型施設等の第1種社会福祉事業を行うものであるとされたが、実態的には第1種社会福祉事業のみならず、通所施設分野でも優位を占め、制度創設半世紀近くを経過して、社会的信頼も獲得した。このように、高齢者福祉に関するサービスは、自治体等による実施だけではなく民間団体等によっても提供され、特別養護老人ホームをはじめ、高齢者施設も民間立（特に社会福祉法人）が圧倒的な割合を占めるようになった。さらに、公立・公営の施設の割合は年々減少し、2012年では、都道府県・市町村立の特別養護老人ホームは全体の5.5％となっている。高齢化の進展に伴い、1980年以降は在宅サービスの推進が進められたが、この供給に社会福祉協議会、ボランティア団体、生活協同組合、農業協同組合、地方公共団体が設立する社会福祉事業団・福祉公社、民間企業等が参入した。1989年のゴールドプラン策定以降はますます在宅福祉サービスの供給が進められ、1990年の福祉関連八法改正で在宅福祉サービスが措置事務化されたことで、サービス供給主体も拡大された。しかし、民間団体への公金支出は難しく、北場は「特に在宅福祉ニーズを担うようになった法人格を持たない小さなグループは公的助成を受けることができないままでサービスを提供していた

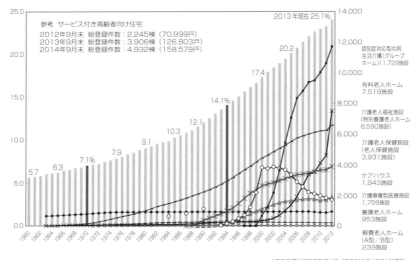

図 2-4　高齢化率と高齢者福祉施設数の推移

出典：介護保険サービスは厚生労働省『介護サービス施設・事業所調査』、それ以外は厚生労働省『社会福祉施設等調査』を参考に筆者作成。ただしサービス付き高齢者向け住宅の数値は、一般社団法人 すまいづくりまちづくりセンター連合会「サービス付き高齢者向け住宅情報提供システム」を参照。

といえる」（北場 2005: 295）と指摘している。1998 年には、特定非営利活動促進法が制定され非営利活動法人制度が創設されたことで、NPO 法人は、住民参加型在宅福祉サービス等のような、自発的に事業を展開する在宅福祉サービスの供給主体として大きな役割を担っている。

　2000 年の介護保険制度導入に合わせ、認知症高齢者グループホームに対する助成が行われ、2001 年には、供給主体が市町村・社会福祉法人・医療法人のみから、一定の基準を満たしたNPO 法人、農業協同組合、消費生活協同組合等にも拡大した。2002 年になると、公設のPFI 方式が認められ、ケアハウスの整備に導入された。また特別養護老人ホームについても構造改革特区において自治体・社会福祉法人以外の民間団体が事業を行うことが可能になった。さらに、1990 年代頃から積極的に整備されるようになった高齢者に対する住宅施策の供給については、ほとんど民間企業が供給主体となっており、高齢者をターゲットとしたシルバービジネスとして注目されていることがわかる。

このように、かつては公共性の高い団体が供給していた高齢者に関わるサービスは、現在、様々な供給主体が担っている。その分、公費による設立は削減され、ますます公的機関が福祉の供給から離れることにつながったといえる。北場は、社会福祉法人について、公共性を活かした活動をすべきであり、「利用者である住民の立場に立ち、地域福祉の観点から各事業者間の連携を図り、各地域の公益・共益的な人的・組織的資源を掘り起こしながら、地域にふさわしいサービス網を構築していく必要がある」（北場2005: 298）と述べている。2014年7月には厚生労働省から「社会福祉法人制度の在り方」についての報告書も出され、地域の福祉に貢献する活動の実施や、経営の実態を明らかにする財務諸表の公表等義務付ける方向で改革のための検討が進められている。

　次に、第1章の政策の変遷で用いた時期区分に応じてどれだけ供給されたかをみてみたい。ただし、在宅サービスは動態的に捉えにくいことと施策類型Dはまだ新しいため、施策類型A・Cを中心に述べる。
　まず、高齢者福祉創設期（1963〜1974年）で中心的に整備された養護老人ホームは、それまでの養老院・養老施設からの転換が多く、1963年の老人福祉法制定時点で673施設、4万6,297人の方が生活されていた。その後、毎年約20施設程度ずつ増加し、1974年には941施設、6万6,462人の方が生活する施設となった。特別養護老人ホームは、1963年に1施設が認可され、83人の入居から始まった。その後、1970年の社会福祉施設緊急整備5カ年計画により重点的に整備され、それまで20〜30施設のペースで整備されていたものが、50→100→150と年を追うごとに多くの特別養護老人ホームが整備されることとなった。それに伴い、入居者も1,000人→1,500人→3,000人と増加し、1974年には451施設、2万7,285人が生活する施設となった。この頃の1施設あたりの平均定員数は、養護老人ホームが約70〜75名、特別養護老人ホームが約73〜80名程度であった。軽費老人ホームについては、1963年に16施設、893人から始まり、1965年頃までは年に10施設程度増加していた。その後一桁ずつの増加を経て、1974年には85施設、入居者5,492人が生活する施設となった。

有料老人ホームについては、創設当初の施設数が不明であるが、1966年には45施設あり、その後1年に数施設程度の増加で、1974年には67施設という推移であった。以上4施設の入居者合計を高齢者人口と比較すると、約1.2％程度の高齢者しか高齢者施設で暮らしていないことがわかる。

　次の福祉見直しと施設整備期（1975～1984年）では、養護老人ホームについて1976年に新設をしない方針が出され、その後は特別養護老人ホームを中心に量的整備が進められた。養護老人ホームの数は1975年の934施設から1979年の942施設までは増加するが、その後施設数は増加していない。入居者数も6万7,848人から6万8,000人程度まで増加するものの、1980年代に入ると入居者数は減少することとなる。1980年になると養護老人ホームの施設数・入居者数ともに特別養護老人ホームに抜かれることとなった。特別養護老人ホームは、1975年は539施設、4万3,207人が生活し、1984年まで年々100施設程度増加している。入居者も約7,000人ずつ増加し、1980年代以降は最も多くの施設と入居者が入居する施設となった。軽費老人ホームA型については、毎年10～20施設程度が増加し、入居者も6,032人から1万4,420人と約1万人近く増加している。1974年に創設された軽費老人ホームB型については、1970年代には1年に数施設は整備されていたが、1980年に入ると増加することはなく、1982年に38施設、1,584人となった以降は2000年まで数が変化していない。有料老人ホームについては、1975年の73施設から顕著な増加はせず、年に数施設がつくられる程度で1984年には92施設となったが入居者は2,499人から6,325人になり、1施設あたりの定員数が40名程度から65名程度へと増加していることがわかる。高齢者が総人口のうち7％～10％へと増加した中、高齢者人口のうち、施設入居者は約1.2～1.7％であった。

　在宅ケアサービス移行期（1985～1996年）が始まる1985年は激動の年ともいわれ、そのような激動の中で養護老人ホームは1、2件の新設のみで変化はなく、入居者も6万6,058人から6万6,136人と100名も増加していない。特別養護老人ホームは、1987年時点で1,855施設、13万4,461人が生活している。その後1年に150施設～250施設創設され、1996年には3,458施設となる。入居者も13万4,461人から23万4,946人と約10万

人増加することとなった。養護老人ホーム及び特別養護老人ホームのこの時期の平均定員数は、ともに約70名前後となっている。1987年には最低基準が改正され、施設で整備すべき設備が減ったことで、居住スペースの確保が可能となった。1994年には1居室に入所させる人員が養護老人ホームは4人から2人以下へ、特別養護老人ホームは8人から4人以下へと改正された。個室加算もつくられ、個室化への取り組みも始められたといえる。高齢者施設が生活の場へと転換するため具体的に基準が整備されていくことにつながった時期といえる。軽費老人ホームについては、A型・B型とも施設数は増加しておらず、入居者数は減少している。1990年に創設されたケアハウスの設置ペースは非常に速く、1年で倍近くの施設が整備された。この時期すでにA型の施設数を超え、入居者も1万4,628人とA型の入居者数と同等の人数が生活することとなった。有料老人ホームについては、年に20施設程度のホームが創設され、9,148人だった入居者も2万669人となった。平均定員数は75名程度である。また、1993年に制度化された療養病床は、41ヵ所から年々増加し494ヵ所となった。

　住まいとケア施策多様化期（1997～2004年）の施設数及び入居者数は、養護老人ホームが1997年で949施設、入居者64万6,584人で前年度比100名程度の増加だったが、2004年には962施設、6万3,913人と減少している。特別養護老人ホームについては、1997年に3,713施設、25万9,482人から年々約200施設ずつ増加し、2004年には5,291施設、35万7,891人となっている。2002年度以降に整備が進められた新型特養等におけるユニットケアの実施施設は、2004年度の「介護サービス施設・事業所調査」の結果によると全体の約7％の272施設であった。軽費老人ホームについては、A型・B型ともに減少し、A型が1997年に251施設、1万4,112人、B型が38施設、1,436人であったのが、2004年でA型243施設、1万3,296人、B型が34施設、1,168人となった。一方ケアハウスは1997年に623施設、2万180人の入居であったものが年々増加し、2004年には1,651施設、6万1,215人が生活する施設となり、養護老人ホームの入居者を上回る勢いで増加している。有料老人ホームは、1997年に281施設、2万1,351人の施設であったものが、2000年を契機に急増し、

2003年には年に400施設が整備され入居者も2万1,351人、2004年度には1,045施設、5万5,461人となり、入居者は約2倍になった。老人保健施設は1,853施設、16万2,971人であったが、年間約100施設程度増加したため、2004年には3,131施設、25万6,809人と25万人を超える入居者数となった。これは特別養護老人ホームに次いで2番目に多い入居者数となる。介護療養型医療施設については、2000年の介護保険導入での介護保険適用の病床が10万2,966床あり、その後増加と減少を繰り返し、2004年度には3,717病院に12万9,111人の方が入院していた。この頃はまだ老人保健施設よりも療養病床を持つ病院数が多い。

最後の地域居住期（2005年～）におけるサービス量であるが、養護老人ホームが減少に転じ、2005年の964施設から2012年の953施設となっている。入居者も6万3,287人から5万6,869人と約6,500人が減少している。これは養護老人ホーム自体が一定の役割を終えた、もしくはそれ以外の施設が台頭してきたためと前向きに捉えるか、養護老人ホームでは入居できない何らかのケアを必要とする方が増加してきた、または公的資金で賄われる施設を減らすことで増大する介護費用を抑えたいと考える政府の方針のためと捉えるかで大きく見解が異なるだろう。いずれにしても特別養護老人ホームへの申込者状況をみる限りでは、養護老人ホームの果たす役割はまだ終わっておらず、より必要性が高まっていくのではないかと考えられる。特別養護老人ホームについては、2005年で5,535施設、37万6,328人であったが、2012年には6,590施設、42万9,415人へと増加している。ただ、待機者の問題を含めて対応が求められている割には整備量が少なく、公的な資金が注入され、かつ介護保険料へと反映される特別養護老人ホームの整備を控えたいと考える自治体は多いと窺われる。新型特養等におけるユニットケア実施施設は、2012年度の「介護サービス施設・事業所調査」結果をみてみると全体の36.1％の施設となっており、8年前の調査結果から5倍程度となっていた。軽費老人ホームについては、2005年にA型が240施設1万3,153人、B型が33施設1,080人であったが、2012年にはA型が215施設1万1,366人、B型が24施設718人とどちらも減少している。一方ケアハウスは2005年に1,693施設、6万3,240人が生活す

る施設となり、2012年には1,943施設、6万8,451人が暮らしている。養護老人ホーム、軽費老人ホームに比べると、ケアハウスは現在も整備が続けられている数少ない老人福祉法上の施設といえるだろう。この時期からケアハウスは養護老人ホームの入居者数をついに上回っている。有料老人ホームは、2005年に1,406施設、6万9,867人の入居者数であったが、2012年には7,519施設、22万1,907人が暮らす場所となっている。特に2011年から2012年にかけての増加率が高く、1年間で約3,000施設が整備されている。これはサービス付き高齢者向け住宅の創設に伴い、食事の提供や入浴・排泄等の介護、健康管理のいずれかを提供しているものは有料老人ホームとして届け出なければならなくなったことも大きく影響しているだろう。老人保健施設は、2005年は3,278施設、26万9,352人が入所し、2012年でも3,931施設、30万1,539人が入所している。療養型医療施設については、2005年には介護保険適用の療養病床を持つ病院が3,400病院あったが、2012年には1,759病院、6万7,531人まで減少している。2006年や2014年に出された政府の方針転換の影響であるが、今後も診療報酬改定等の影響で変化が予測される。グループホームについては、2005年の7,084施設、9万4,907人から2012年の1万1,729施設、14万9,559人へと大きく増加し、施設数は特養を抜いている。

　以上、自宅以外で暮らす方に着目しその施設供給量をみてきた。もちろん、高齢者が皆これらの施設等で暮らしている訳ではなく、在宅で暮らしている方が多数を占めている。図2-5は高齢者の住まいとケアの現状把握としてそれぞれの供給状況を表したものである。A、C、Dに入居している高齢者は対高齢者比では決して多くないが、要介護認定を受けている高齢者比でみると3分の1が自宅以外で暮らしていることがわかる。このほかにも医療保険適用の療養病床や一般病床、精神科病院への入院患者にも高齢者がいると考えられる。さらに厚生労働省は2012年に示した「死亡場所別死亡者数の年次推移と将来推計」で、2030年には現在より死亡者が約40万人増加すると見込んでいる。しかし、それらの方々が最期を迎える場所が確保できていない。最期をどこで迎えたいか選べるどころか、迎えられるのかという現実がある。だからこそ改めて最期をどこで迎えた

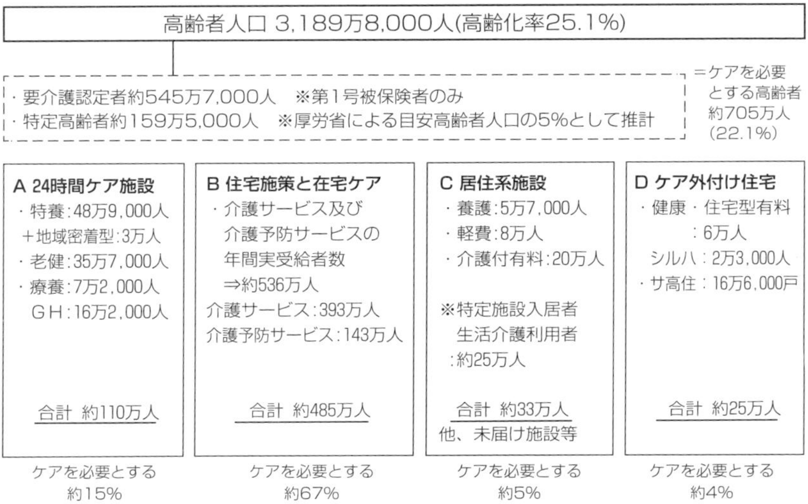

高齢者人口 3,189万8,000人(高齢化率25.1%)

- 要介護認定者約545万7,000人　※第1号被保険者のみ
- 特定高齢者約159万5,000人　※厚労省による目安高齢者人口の5%として推計

=ケアを必要とする高齢者 約705万人 (22.1%)

A 24時間ケア施設
- 特養：48万9,000人
  ＋地域密着型：3万人
- 老健：35万7,000人
- 療養：7万2,000人
  GH：16万2,000人

合計 約110万人

ケアを必要とする 約15%

B 住宅施策と在宅ケア
- 介護サービス及び介護予防サービスの年間実受給者数
  ⇒約536万人
  介護サービス：393万人
  介護予防サービス：143万人

合計 約485万人

ケアを必要とする 約67%

C 居住系施設
- 養護：5万7,000人
- 軽費：8万人
- 介護付有料：20万人

※特定施設入居者生活介護利用者：約25万人

合計 約33万人
他、未届け施設等

ケアを必要とする 約5%

D ケア外付け住宅
- 健康・住宅型有料：6万人
  シルハ：2万3,000人
- サ高住：16万6,000戸

合計 約25万人

ケアを必要とする 約4%

図2-5　高齢者の住まいとケア施策の現状

注1：特養＝特別養護老人ホーム（介護老人福祉施設）
　　老健＝老人保健施設（介護老人保健施設）、療養＝療養型医療施設（介護保険適用）
　　GH＝認知症高齢者グループホーム（認知対応型共同生活介護）
　　養護＝養護老人ホーム、軽費＝軽費老人ホーム（A・B型）、ケアハウス
　　介護付有料／健康・住宅型有料＝有料老人ホーム
　　シルハ＝シルバーハウジング、サ高住＝サービス付き高齢者向け住宅

注2：高齢者人口は2013年現在
A：厚生労働省「介護サービス施設・事業者調査」の2013年10月1日現在の数値
B：年間実受給者数は、厚生労働省「介護保険事業状況報告（年報）」の、2013年4月から2014年3月の受給者の名寄せを行った数値
C：特定施設入居者生活介護利用者は、厚生労働省「介護保険事業状況調査（年報）」。それ以外は、厚生労働省「社会福祉施設等調査」の2012年10月1日現在の数値
D：シルバーハウジングの数値は、国土交通省住宅局（2010）「高齢者住宅施策について」、サービス付き高齢者向け住宅は、一般社団法人すまいまちづくりセンター連合会「サービス付き高齢者向け住宅情報提供システム」より2014年12月末現在の数値

ほか有料老人ホームの数については、厚生労働省「社会福祉施設等調査」によると2012年10月1日現在31万5,234人の定員が確保されているが、在所率は82.3%で約26万人程度の入居者と予測される。2007年に特定施設入居者生活介護が適用される有料老人ホームが8割を占めていたことから、2012年の数値で換算すると介護付き有料老人ホームが20万となり、残りの6万人が健康・住宅型有料老人ホームに入居していることになる。

いかを考え、そのために何が必要かを考えて1つひとつ進めていかなければならない。

　高齢者の「住まいとケア」の供給は、供給主体が多元化されている制度が供給量を増やし、さらに、施設と自宅で暮らす高齢者だけではなく、高齢者住宅や地域密着型サービス等新たに創設された制度での供給も進められているといえる。第1節で行った施策類型別にみてみると、これまで政

策の中心であった類型Ａの供給は停滞気味で、類型Ｃは民間参入しているサービスのみ供給が進んでいる。類型Ｂでは、高齢者の経済状況に左右され、居住の貧困といわれる状況が浮かび上がる。一方で、在宅ケアでは新たなサービスも創設されており、自宅以外の住まいで生活し続ける高齢者自体は増加していくだろう。類型Ｄについては現在供給が進められている施策であり、2011年に創設されたサービス付き高齢者向け住宅の登録数は2012年9月末現在で全国に2,245棟、7万999戸であったが、2014年9月末現在では4,932棟、15万8,579戸と2年間で約2倍となっている。ただ、設備やサービス・人材、さらには入居金一時金等に関わる事件や事故が生じており、特に生活保護受給者を対象にした貧困ビジネスが無届けの高齢者住宅で展開されていることは見逃してはならないであろう。市場化された中では公的機関の介入が難しく、質の担保について課題が残るといえる。

2. ケア×自己負担による配置

これまで述べてきた高齢者の「住まいとケア」施策を、制度ごとのケアの提供範囲と利用者の自己負担額の2軸（座標）にプロットしたもの（図2-6）を作成した。なお、サービス種別ごとの枠の大きさは、事業者数や規模を表すものではなく、ケアの必要性と自己負担の2軸の位置と範囲を客観的に把握できるように考慮した。また、ケアの提供範囲は、要介護度や認知症日常生活自立度、ADL、医療依存度等様々な指標があるが、主に制度を利用している高齢者の平均要介護度等を勘案して検討している。

(1) ケアの提供範囲からみた位置付け

個々の制度におけるケアの提供範囲から、まず、ケアが提供される部分が多い領域に、Ａの24時間ケア施設を位置付けた。平均要介護度の観点から、療養型医療施設、老人保健施設、特別養護老人ホームの順に位置付けた。グループホームについては、介護の必要性に関しては意見が分かれるところであるが、認知症高齢者の特性をふまえ、より専門的なケアが必要であると考えケアの提供が多い領域に位置付けた。一方、持ち家や公営

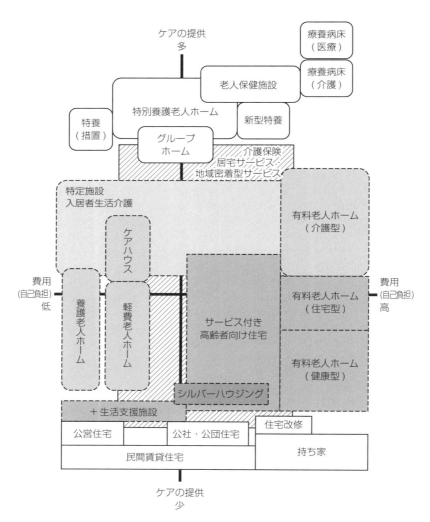

図 2-6 高齢者の「住まいとケア」マトリックス

出典:平均要介護度については厚生労働省「介護サービス事業所調査」を、自己負担については朝日新聞（2009年2月19日付）「備えるケアのある住まい②『高齢者の主な施設』」、タムラプランニング＆オペレーティング、神奈川県高齢福祉課資料、財団法人高齢者住宅財団「高齢期の安心居住について」をもとに筆者作成。

住宅等の住宅を一番下に位置付けている。これは、住まいとケアの全体像を捉えるうえで、持ち家や公営住宅を介護等のケアが付いていない独立した住まいであると位置付けたためである。

これらをケアの提供が少ない領域に位置付けることで、そこで暮らす高齢者がケアを必要とした場合、どのような住まいとケアの選択肢があるのか把握できることを意図した。例えば持ち家や公営住宅等で暮らす高齢者は、ケアが必要になった場合、住宅改修、またグループリビング等への居住環境の変化が考えられる。公営住宅であれば介護保険制度の居宅サービス等利用のほか、高齢者居宅生活支援施設が併設されている住宅への移動である。その他、所得・資産、地域のサービス整備状況等により養護老人ホームや有料老人ホーム、サービス付き高齢者向け住宅等を利用することができる。施策分類であればC・Dにあたるこの部分では、高齢者自身の要介護度やニーズに沿って介護保険制度の居宅サービスを利用するか、特定施設入居者生活介護内で提供できる範囲のケアを受けることが可能である。例えば有料老人ホームであれば、健康型、住宅型、介護型があり、ケアが必要になった場合は、健康型であれば退去が求められる可能性もあり、住宅型であれば外部から利用し、介護付きであれば外部もしくは施設内のケアサービスを受けて生活を継続させることができるだろう。

4つの類型別にみてみると、Aはケアの提供が多い領域に位置し、一方でDはケアの提供範囲が少ない領域から多い方へと対応できるように縦に展開されてきているといえる。Bは住宅施策を中心に展開し、そこにケアを付設もしくは近接する等、福祉施策と住宅施策の融合する動きが指摘できる。Cについては、ケアの提供が一番少ない領域にあり、基本的には自助努力による自宅の確保や必要な住宅改修が行われ、ケアについては要介護度に応じて介護保険制度のサービスを中心として、個別に居宅サービスや地域密着型サービスを組み合わせながら生活を継続することになる。施策の流れとして、自宅で暮らす高齢者のための居宅サービスだけではなく、地域密着型サービスにみられるような地域における包括的なケアの提供が展開され、ケアの必要性に対する対応が幅広くなっているといえる。

しかし、特にB・Dで明確な、所得に応じた施策や、高齢者の心身状態

の変化に応じてサービス間の移動等も生じるだろう。さらに、ケアの必要性が高い領域にはやはり24時間ケア施設が位置付けられており、それ以外の領域での重度化や医療依存度が高い高齢者への対応は未確立であるといえる。今後は特養の入所基準が要介護3以上になることで、現在以上に特養入所者の重度化が予測でき、ますます機能別に分化していくだろう。

(2) 自己負担からみた位置付け

次に、サービスを利用する際に必要な費用を自己負担の高低として高齢者の住まいとケアサービス全体に位置付ける。まず、住まいについては、公営住宅が自己負担の低い領域に、持ち家・民間賃貸住宅が自己負担の高い領域に位置付けられる。公営住宅と持ち家等の間には、公社・公団住宅と民間賃貸住宅が位置付けられる。次に、住宅改修については、介護保険制度で一定の補助がされているが、上限が設けられていることや一割負担が必要なことから自己負担の高い位置に付けている。養護老人ホームは老人福祉法上においても、制度設計の経緯からみても救貧的な意味合いが強く、軽費老人ホームは所得に応じた低額の費用で入所できる施設である。一方、有料老人ホームは住居費やサービス料だけではなく、入居一時金や契約金が必要な場合が多く、自己負担は高額となりやすい。

特別養護老人ホームについては、措置による入所と契約による入所、所得に応じて自己負担額が異なり、また介護保険制度上の施設であるため、ほかに1割負担と食費・居住費の支払いが必要となる。加えて個室・ユニットケア化した新型特養については、居住費を施設ごとに設定することが可能であるため、多床室が中心となる従来型の特養と比べ高額に設定されている。生活保護受給者の利用は実質的に難しく、低所得者層の新型特養の利用は制限されている。介護保険制度の居宅サービスに関わる費用負担については、受益者負担が取り入れられており、介護度によって設定されている利用限度額と、サービス利用の1割負担の両方がかかるため、支払う能力に応じて利用を制限することが考えられる。さらに今後の制度改正で所得に応じた負担の増額も予定されている。制度の持続可能性を重視し、対象を制限しているのであろう。

4つの類型別にみてみると、Aは医療施設では診療報酬の改定等の影響もあって、長期の療養が必要な高齢者の費用負担が高額となり、特別養護老人ホームはそれに比べ負担が軽いといえる。ただし、特別養護老人ホームにおける個室化・ユニットケアへの方向性が居住費の設定と関連することで、所得に応じた費用負担や自己負担能力の違いによっては利用ができないという事態が起こっている。Bについては、基本的には持ち家、民間賃貸住宅等の購入等に関してはすべて自己負担で行われている。ケアの必要性に対するサービスの利用についても、介護保険制度上のサービス利用については1割の負担で利用が可能である。しかし、これまでに繰り返し述べている通り、要介護度に応じた利用限度額とサービスを利用する際に必要な自己負担額をふまえながらサービスを利用することが求められており、限度額以上のサービス利用や、制度にのっていないサービスの利用については全額自己負担となる。

　Cについては、養護老人ホームから有料老人ホームまで幅広くサービスが配置されているといえるが、養護老人ホームや軽費老人ホームの整備は実質的にケアハウス以外進んでおらず、自己負担の高い有料老人ホームを中心に整備が進んでいる状況である。Dについては、高齢者に対する住宅と福祉政策が融合したサービスといえるが、住まいに対する費用負担については公営住宅から公団住宅、サービス付き高齢者向け住宅等に応じた費用が設定されている。さらに、公営住宅や公団住宅等については、これまでの政策の中で整備が伸びているとはいえず、むしろ公的機関にかわって市場による介入に委ねているといえる。加えて、高齢者自身が必要なケアに関しては一体的に運営されている訳ではないため、必要に応じて在宅ケア等を利用する必要がある。ケアサービスの利用にあたっては、上述の通りサービス利用料の1割負担と要介護度に応じた限度額が関連し、自己負担の量と支払い能力に応じてサービス利用を制限する必要が生じる。

　自己負担の高低のみでいえば、Bはサービスの利用料によって異なり、その他はAからC・Dに向かって自己負担が増えていく。また、居住費や食費等、Aの中でも負担額によって利用できるサービスが異なる状況もある。さらに現在多床室における居住費の徴収や高所得者の自己負担割合の

拡大等も検討されているため、より経済状況に応じたサービスの利用が顕著になると考えられる。なお、高齢者の「住まいとケア」マトリックスは、現在の「住まいとケア」サービスを捉えたものであり、今後の政策や社会の変動等により変化するものである。

3. 高齢者の「住まいとケア」のゆくえ

ここでは、これまでの施策分析をもとに類型A〜D別に改めて現状を紹介し、その課題を明らかにしたい。

A. 24時間ケア施設

Aは、24時間のケアが提供される施設として、介護保険3施設とグループホームが位置付けられる。1963年の老人福祉法制定に合わせて創設された特別養護老人ホームを中心に、介護・医療等のケアが必要な高齢者が入居し、ケアが24時間体制で受けられる場所である。2008年度現在特別養護老人ホームには41万6,052人、老人保健施設には29万1,931人、療養型医療施設には9万2,708人、グループホームには13万8,431人の合計80万691人が生活している。入居者は全体として年々増加しているものの、特養は新型特養のみが整備を進められ（2009年度の整備は一部多床室も整備可能）、介護保険適用の療養型医療施設は療養病床の再編を含めた医療制度改革により、減少している。Aの入居者は、原則要介護認定を受けている高齢者のみであり、ケアを必要とする高齢者の約15％がここで生活している。一方、2012年に発表された特養待機者は約52万人であり、24時間ケア施設への需要は非常に高いといえる。

24時間ケア施設への入居にあたっては、外山のいう地域から施設へ移った時主人公が経験する3つの苦しみ（一番身近な人が亡くなる苦しみ、地域を離れる苦しみ、生活の落差の苦しみ）とその生活の5つの落差（空間的落差、時間の落差、規則の落差、言葉の落差、役割の喪失の落差）がこれまでに指摘される（外山 2000: 70-77）等、入居に伴う環境変化が個人に与える影響は大きく、変化に配慮したケアの必要性が指摘されてきた。現在、個室化・ユニットケアの導入等、ハード面・ソフト面両面からの取り組みがなされているが、

個室化については、2005年10月以降の居住費及び食費の徴収により、一人ひとりの入居者の自己負担が変化したことで、対象の限定が起きた。その上、居室タイプにより居住費が異なるため、個室等への低所得者や生活保護受給者の入居は困難になり、所得に応じたサービス利用の制限が起こったといえる。加えて、2010年4月の厚生労働省の「特別養護老人ホーム等介護施設の個室ユニット化促進のための大臣方針」にみられるように、居住水準を下げてでも量的に確保できるような方向転換となる可能性があり、住まいとしての質の担保が、待機者による量の問題に転化されたといえる。

　さらに、老人福祉法制定から50年近く経過した現在の特養を中心とした施設は老朽化が進み、時代に即さない居住空間であることが指摘できる。しかしながら措置から契約へと転換したことにより、補助金や介護報酬に加えて、事業所の経営状況が施設運営に大きく影響をする。ケアの質の担保と事業所ごとの人材の確保・育成、居住空間の確保、継続的な事業運営を事業所ごとに実現させることが求められているのである。

　「地域包括ケア研究会報告書」(2013) では、「特別養護老人ホームなどの施設は、身体介護、医療ケア、食事及び生活支援等がパッケージで確保されている安心感がある一方、在宅ではこうした24時間の安心が充分確保されていないという現状がある」と指摘している。さらに、施設と同様なサービスを提供できる基盤整備のため、「施設整備を検討する際には、在宅支援の強化や高齢者向け住宅の整備をあわせて進めていくことが必要」であり、介護保険施設については、「在宅復帰施設、認知症対応、医療ニーズへの対応等の機能を重点化することが必要ではないか」と述べている。施設の整備が直接社会保障費の増大や介護保険制度財政に影響を与え、保険料や自己負担に関わってくる現在の仕組みでは、施設の積極的な整備は難しいといえる。しかしながら、24時間ケア施設への需要は高く、さらに要介護者の増大や重度化が想定されるこれからの社会においては、その他のサービスと合わせて高齢者が今以上にケアが必要となった場合も、必要に応じて提供できるケア体制を構築する必要があるだろう。

　Aの24時間ケア施設では、特養待機者数の多さにみられるような供給

不足や入居者の重度化、医療依存度の向上、さらに施設経営と人材確保についての課題が明らかになっている。前述した通り、2010年に厚生労働省から方針が出され、居住面積を狭くして個室化を進め、数を確保する方策が検討されている。これは、特養待機者、また低所得者層への対策として講じられた施策であるといえるが、低所得者は狭い居室でよいというような劣等処遇につながる考え方であるし、高齢者の人権を尊重する施策とはいえない。これまで高齢者の人権確保に奔走し、個室化やユニットケアの導入、居住水準を拡大してきた方向とは逆行しているだろう。さらに、グループホームでは、建築面積によってスプリンクラーの設置義務が分かれており、小規模施設では設置義務がなく、実際に設置している施設も1割程度の設置にとどまっている。安全対策としての住まいの水準を再検討する必要がある。

　今後の方向性としては、特別養護老人ホームを含めたすべての施設が居住環境の向上を目指すべきであるし、低所得者も必要に応じて入居できるような施策が最重要課題である。さらに、重度化・医療依存度が高くても入居し続けることができるような医療との連携やターミナルケアを提供できるような体制を整える等、特にケアの必要性の高い高齢者と、低所得者層に対する施策が求められる。

B．住宅施策と在宅ケア

　自宅で生活する高齢者は、3,189万8,000人いる高齢者人口（2013年度）からA・C・Dを利用している高齢者を引いた約3,021万8,000人と考えると、全体の95％を占めている。「平成20年度　住宅・土地調査」によると、高齢者のいる主世帯（1,819万8000世帯）のうち83.4％（1,517万4,000世帯）が持ち家、公営の借家に4.7％（84万7,000世帯）、都市再生機構・公社の借家に1.6％（28万9,000世帯）、民間の借家に9.6％（174万4,000世帯）、給与住宅に0.3％（4万9,000世帯）が暮らしている。さらに、高齢者のいる主世帯のうち、高齢者の単身世帯は22.7％、高齢者のいる夫婦世帯は28.1％で、全体の約50％が単身世帯もしくは夫婦世帯といえる。単身世帯の住まいは、持ち家が64.8％、公営の借家9.8％、都市再生機構・公社

の借家3.0％、民営借家21.2％、給与住宅0.3％であった。夫婦世帯は、持ち家が86.1％、公営の借家が4.5％、都市再生機構・公社の借家が1.7％、民営借家が7.1％、給与住宅が0.3％であった。高齢者のいるその他の世帯と比較すると、その他の世帯→夫婦世帯→単身世帯へと変化することで持ち家率は低下している。供給は公営住宅・公団住宅等以外は民間の営利法人である。これまでにも指摘している通り、日本では、住宅政策は経済政策の一環として位置付けられ、基本的には自助努力によって居を構えることを前提としている。そのため景気や自身の就労状況によって住まいが左右され、固定される等居住の貧困が起こる。公営住宅は219万戸のストックがあるといわれているが、公的な住宅供給は、1970年代中頃をピークに供給量が減少し、特に小泉政権以降は公共住宅の供給から公的機関が撤退し民間への委託が進んだ。

　Bにおいては、住宅は個人の資産であり、「第7回高齢者の生活と意識に関する国際比較調査」（内閣府 2010: 47）においても日本の戸建持ち家率の高さが際立っている。一方、企業がそれまで保障してきたものが昨今の不況等の影響で保障されなくなり、リストラ等で職業を失うと同時に住まいも失うといったことも起こっている。これまでに自助努力により整備されてきた持ち家は、単身・夫婦のみ世帯へと移行することで住み続けられなくなり、空き家に関する課題も指摘されている。日本では公的な住宅の整備は諸外国と比較しても限定的であり、不足していることが先行研究でも指摘されている。現在の状況では、収入がなければ、住まいもケアも受けられない居住の貧困やセーフティネットの崩壊もあり得る。在宅ケアについては、介護保険制度の導入で一応にケアサービスがそろった状況であるといえるが、二木（2007）が指摘しているように、要介護度によるサービス利用限度額の増加や、利用にあたって支払う利用料や食費、居住費等の自己負担が減少しない限り、在宅サービスを限度いっぱいに使っても在宅生活を継続することが難しい。所得に関わらず必要に応じてケアを受けることができるような認定と提供の仕組みづくりが急務である。二木はさらに、在宅生活の継続を困難にしている要因の2点目として、家族介護の難しさをあげている。これまでにも、介護保険制度自体の課題と合わせて、

介護と労働の問題や介護負担を背景とした介護殺人や心中事件等も起こっている。家族に対する支援の充実が求められる。

C．居住系施設

　Cの居住系施設では、養護老人ホーム5万9,000人、軽費老人ホーム・ケアハウスで8万人、介護付有料老人ホームで20万人の合計、約33万人の方が生活している。さらにその他生活支援ハウスや未届の有料老人ホーム等も含めるとそれ以上の高齢者が生活していると考えられる。整備状況については、自己負担の比較的高い有料老人ホームの整備が進んでいる。自己負担の低い養護老人ホーム・軽費老人ホームの整備については停滞しており、特定施設入居者生活介護の事業指定やケアハウスの整備で展開されている。この流れは、住まいとしての施設や住宅の整備に対する民間活力を進めていくという意味と同時に、ケアの必要性に対して、既存の施設の範囲を超えてケアを外部から購入するという形へと転換していることが指摘できる。ただ、外部からケアを購入する場合は、高齢者本人の経済能力によってケアが受けられるかが決定される。さらに、有料老人ホームのように健康型・住宅型・介護型に分類されていることで、例えば健康型で高齢者が介護を必要とした場合や住宅型で重度化し常時の介護が必要になった場合等に退去しなければならない可能性がある等、高齢者の状態の変化（特に重度化した際）への対応や、同じ制度でも事業所ごとの判断によって入居していられる期間や提供されるサービスの水準が異なる等の課題がある。

　今後の方向性としては、重度化に対応できるケア体制の強化と量的整備の推進があげられるが、営利法人によって運営されている有料老人ホームだけではなく、養護老人ホーム等の公的な施設の整備が求められているのではないだろうか。さらに、資源が豊富な都市だけではなく、限られた資源で生活を支えている農山村においても、供給できる仕組みを検討する必要がある。

　Aに比べ、住まうことに比重がおかれた施策といえるが、所得に応じた施策が別々に講じられているため、居住性は必ずしもすべて高いとはいえ

ない。しかも、ケアが必要となった時には外部からケアを購入して住み続けるため、経済能力が大きく関係する施策である。市場原理を導入した供給がすすむ有料老人ホームは供給量も増加しているが、事業間のばらつきに関する指摘もなされ、また介護報酬の不正受給等の事件や事故も起こっている。今後も養護老人ホームや軽費老人ホーム等の供給が増加することは少ないと考えられるが、待機者数の増大を背景に、特定施設入居者生活介護等を活用した重度化等への対応が広がると考えられる。

D．ケア外付け住宅

Dのケア外付け住宅については、現在最も発展を期待されている類型といえる。特養待機者が52万人いることに対し、在宅生活の継続や施設の新設が難しい中、ケア外付け住宅が発展することで待機者が解消すると期待されているのである。現在、類型Dは健康型・住宅型の有料老人ホームが6万人分、シルバーハウジングが2万3,000戸、サービス付き高齢者向け住宅が16万6,000戸が設置されており、合計25万人である。このほか、公共住宅に併設された高齢者居宅生活支援施設（10万2,000世帯）や、全国的な実施数が確認できていないグループリビングや共生ホーム・小規模多機能ホームも含めるとDの拡大・拡充は未知数といえる。高齢者居住安定確保法の改正に伴い取り組みが開始された住まいとケアの一体的運営は、国土交通省によると2012年には30万戸程度になるとの見込みもある。一方、介護施設や有料老人ホーム等のように行政による監査や認可の必要がないことで、無届けで事業を実施している施設がある可能性もあり、事業所ごとの質のばらつきだけでなく、生活保護者や待機者等が表からはみえにくい形で吸収されていることが指摘されている。さらに、住宅への入居や外付けのケアに対する利用料の自己負担を考えると、所得が安定し、必要に応じてサービスを利用できる者にはより使いやすいサービスとなり得るが、経済状況によりサービスが利用できないことを考えると非常に不安定な類型だといえる。行政による計画的な整備と住まいやケアの質に対する監督が非常に重要になってくる。

しかしながらDは、財政的な面からも政府が今後積極的に整備を進めた

い施策といえる。現在はまだ供給量が少ないといえるが、これから積極的に整備が進められるだろう。ただ、供給主体も運営も営利法人であることが多く、低所得者への対策が不充分となることが指摘できる。また、現在でも無届け施設が存在し、貧困ビジネスとして生活保護受給者を対象に、居住空間や支援体制が乏しい場所で生活させる事業所も摘発されている。公的な住宅の供給を充実させる等、一定の居住水準を保った住まいで適切なケアを受けることができるように体制を整える必要がある。現在は管轄省庁がまちまちで、届出や認可をしていない場合もあるが、自治体行政の責任として介入していく方策も検討すべきである。

　以上、A～Dの全体を通してみてみると、施策多様化期以降に供給主体が多元化された種別とそうでない種別では、供給量に大きな違いが生じていること。利用者の支払い能力によって利用できるサービス内容が異なること。特に低所得者のサービス選択の幅が限定され、ニーズに基づいた利用にはなりにくいこと。重度化や医療の必要性が変化することで、種別や事業所間の移動が必要になることを考慮すべきであること等が明らかになった。特に自己負担については、介護保険制度上は利用料の1割負担、さらにその他居住費や食費を支払う必要がある。BとDの住宅部分、またCの大半は、基本的には全額自己負担である。在宅ケアについては、自己負担と利用の関係やケアマネジメントとの関係について課題が指摘されている。これらは、本間（2009）のいう「居住の貧困」に共通する課題で、「住まいとケア」の貧困とも指摘できる現状であった。さらに、現在の「住まいとケア」に関わる制度は、種別や開設時期だけではなく、事業所のレベルでみても様々に混在している。施設か自宅かの二元的な施策であったものから、施設中心のAから在宅推進のBを経て、地域で住み続けるための施策CDへと展開しているといえる。ただ、施設や在宅での課題の解決や「住まいとケア」の確立なくしては、CDの充実はない。AとBがCDに移行することで待機者等の課題が解決するのではなく、個々の事業所が課題解決へと取り組み、それらの取り組みが自治体全体として実行できてこそ課題解決へと向かうのではないだろうか。それぞれの種別で抱える課題については、1つのサービス種別や事業所で抱えて解決に導くこ

とは難しく、一人ひとりの「住まいとケア」を捉えたうえで、地域全体として取り組んでいく必要性があるといえる。

第3節　高齢者の「住まいとケア」施策を取り巻く課題

　最後に高齢者の「住まいとケア」を取り巻く課題として、1．高齢者の状態変化と移動、2．自己負担と利用の制限、3．地域間の資源と地域性の3点でまとめたい。

1．高齢者の状態変化と移動

　まず、高齢者の状態変化と移動についてであるが、高齢者に限らず、多くの場合、身体的・精神的な状態は変化する。しかし、現在の高齢者の「住まいとケア」制度では、状態が変化するために移動を余儀なくされたり、生活し続けることができなくなる可能性がある。例えば、健康型や住宅型の有料老人ホームに入居している場合、介護が必要になった場合は基本的に退去することとなる。それは、軽費老人ホームや養護老人ホームでも同じであろう。また、居住費等が支払えなくなった場合もサービス付き高齢者向け住宅や有料老人ホーム等には生活し続けることができない。

　これらの解決手段として、例えば、軽費老人ホーム・養護老人ホームであれば、軽費老人ホームからケアハウスへ移ることや、ケアハウスや養護老人ホームの特定施設入居者生活介護指定を受けることで一部対応が可能になっている。たとえ介護が必要になっても、ある程度は生活し続けることが可能になる仕組みである。また、金銭的な保証はないが、シルバーハウジングや有料老人ホームでも、LSAの派遣を受けられたりするものや、また介護付きや終身タイプで、介護が必要になっても住み続けることができるように配慮されているものもある。介護保険制度改正で創設された小規模多機能型居宅介護のように継続的なケアを重視し、地域にある住まいに対応可能なケアを柔軟に付けて暮らし続ける可能性も広がるだろう。「住まいとケア」の組み合わせ次第では一概には状態の変化による転居へとはつながらないのである。

しかしながら、すべての施設や住宅で上記のような取り組みが進められている訳ではなく、取り組んでいない事業所へ入居した場合、その場所では対応できなくなった場合はやはり移動することが求められる。また、最期の場として終の棲家になっている場所は特別養護老人ホームと療養型医療施設と想定されるが、どちらにおいても、介護が必要にならなければ（もしくは医療ケアが必要だと判断されなければ）入居することは不可能である。外山のいう落差、一人ひとりの移動による影響（リロケーションエフェクト）を最小限に抑えるための方策として早めの住み換えがあるが、これら最期の場はあくまでも最期の時であるため、早めに住み換えることができない。この状態の変化に対して継続的に関わることができないところに、現在の高齢者の「住まいとケア」に関わる大きな課題がある。そのため、種別や形態を超え、地域で住まい続けることを前提に、地域の中でどのような住まいがあり、支援があるのかを再考し、移動に伴う衝撃を緩和しながら地域全体で検討する必要があるのではないか。そして継続的に関わることができるケアマネジャーのような存在が求められるのではないだろうか。

2. 自己負担とサービス利用

次に、図2-6でも明らかである通り、現在の高齢者の「住まいとケア」は、自己負担の度合いによって、その選択肢が異なる状況といえる。例えば、自己負担を多く払うことができる高齢者にとっては、自宅に生活できにくくなっても、そして、たとえ介護が必要になったとしても、多少のリスクはあったとしても、「住まいとケア」の選択は充実している。しかし、自己負担できない高齢者にとっては、住まいは公営住宅か養護老人ホーム等に限られ、介護が必要になった場合は、基本的には特別養護老人ホームへの措置入所か、従来型の特養への入居しかない。つまり、経済状況によって住まいの選択肢は大きく変化することになる。在宅での生活においても同様で、どれだけの支払いが可能かで、利用できるサービスが変化する。介護の必要性・ニーズだけではなく、支払い能力によっても利用や入居できる住まいや居室等が大きく影響されている。

供給主体の多元化が進み、高齢者と事業所の契約によるサービス利用と

なったことを否定するつもりはないが、支払い能力に関係なく、介護の必要性やニーズによって必要なサービスが利用できることが重要であり、そうでないのは大きな問題である。まずは、高齢者自身に何が必要で、どのようなサービスを利用することが必要であるかの判断を、高齢者自身だけでなく、客観的に判断することも必要である。

なお、生活保護受給者をターゲットにしたいわゆる「生活保護ビジネス」として、社会福祉関連法には法的に位置付けられない無届けの施設が問題視されている。劣悪な居住環境や法外な居住費についても指摘されているが、法的に位置付けられていないことで監査等の介入ができないという課題もある。地域における「住まいとケア」を検討する際には、これらの施設もふまえて議論する必要があろう。

3. 事業種別及び地域間の格差

高齢者に対する居住系の施設や住宅施策の発展は都市圏が中心である。それ以外の大部分の地域における高齢者の「住まいとケア」については、地域単位で選択肢が少ないというような地域格差が指摘されている。

ここまで述べてきた通り、これまでの高齢者の「住まいとケア」施策は種別ごとに根拠となる法律が異なり、また施策の時代背景も異なり、そして整備する主体や提供される内容も異なる。つまり、誰が、どこで、何を供給しているかで高齢者が受けられるケアが違うのである。これは一見それほど問題ないように感じられるが、種別ごとにそして事業所ごとに提供される範囲や負担が異なるということは、高齢者自身がこれらを把握し選択することが可能だともいえるが目の前にある（自分の住む地域にある）ものを受け入れざるを得ないということにもなる。これは地域間の格差、どこにいるかで受けられる施策が異なるということにもつながる。

さらに、前章で述べてきたようにこれまでの政策の変遷では国から地方自治体への地方分権の流れがあるが、都市と地方の都鄙格差や人口流動についての課題も指摘されるように、地方自治体ごとに大きく状況が異なることが指摘できる。たとえ高齢者の「住まいとケア」施策が全国レベルで充実し整備されたとしても、各地方自治体の財政規模や抱える課題の違い

によって供給できる主体の確保や整備できる種別が異なるのである。これはどのように捉えるべきか。単なる地域性による差と片づけることはできないのではないだろうか。地方自治体の地域性はもちろん存在するし、地方自治体の実情や地域性をふまえずして施策を講じることはできないが、資源の豊富な都市部のみに様々な施策が存在し、そうではない場所で暮らす高齢者は非常に選択肢が限られた状況の中で暮らさなければならないのか。そうではないだろう。たとえ過疎地域で暮らしていても、住み慣れた地域で住み続けたいと願う高齢者に対して最期まで住み続けられる施策を講じることが求められる。

　本章の施策の現状分析では、現在ある高齢者の「住まいとケア」施策が4つに分類できること、その類型や種別に応じて供給量に大きな違いが生じていることが明らかになった。さらに利用料等の高齢者自身の支払い能力によって利用できるサービス内容が異なり、特に低所得者のサービス選択の幅が限定され、選択に基づいた利用にはなりにくいことが指摘できた。また、一人ひとりの状態に応じて利用できる施策が異なるため、例えば重度化や医療の必要性によって種別や事業所間を移動する必要があり、一人ひとりに応じた連続性を持った体制として確立しているとはいえず、移動に伴う影響を考慮すべきであることも明らかになった。さらに、現在の「住まいとケア」に関わる制度は、分類や種別だけではなく、開設された時期や事業所単位で同じ種別であっても異なる運営を行っている可能性がある。つまり、どのようなサービスレベルの事業所にあたるかはその時になってみないとわからないのである。これは、本間のいう「居住の貧困」に加えてケアにも関連しているため、「住まいとケア」の貧困というべき状況である。一方、事業所においても経営から人材確保、育成に至るまで、運営と同様事業種別間の競争が生じている。事業所任せにするのではなく、質の高いケアを整える仕組みが必要である。例えば、質を保つために第三者評価や情報公表事業等が開始されている。評価事業については、24時間ケア施設であるグループホーム以外は事業所判断によるため、評価が浸透しない。自治体全体で評価する体制を構築することが望まれる。

これからの超高齢社会に向けて、要介護高齢者の増大、高齢者の単身世帯・夫婦のみ世帯が増加すると考えられている。現在重度の高齢者の受け皿となっている特養等の24時間ケア施設だけではなく、それぞれのサービス事業所の中で入居者が重度化していくことが想定される。特にケアを付けていない住宅やケアの提供範囲を限定している住まいが、重度化していく過程でどのように対応するのか。特別養護老人ホームのような高齢者の生活の場と位置付けられている施設でより重度化が進むことで、終末期や重度者のみとなった場合のスタッフの配置や提供されるケアはどう変化するのか。養護老人ホーム等のケアの必要性が低く、自己負担が低い場所で生活する高齢者が、今後重度化した時に入所できる施設が特養のみであるという現状の中、待機者の問題、重度化への対応等に対する検討が急務である。

注
1) 2008年7月16日の第132回中央社会保険医療協議会総会資料（総-2）
2) 小規模多機能の併設状況については、三浦研・山田健太郎・石井敏による2006-2007年度　JIHa「小規模多機能施設の計画ガイドライン作成に関する調査研究事業」『医療福祉建築』160号、p.33、2008によるものである。複合については、①グループホーム＋特定施設入居者生活介護、②＋デイ、③＋デイと有料老人ホーム、④＋デイとその他、⑤＋その他、⑥地域密着型特別養護老人ホーム＋デイ、⑦＋その他、⑧療養型医療施設＋デイ、⑨デイ＋有料老人ホーム、⑩＋その他という構成である。
3) 居宅介護支援は、介護保険法において「居宅要介護者の依頼を受けて、心身の状況、環境、本人や家族の希望などを勘案し、在宅サービス等を適切に利用するために、利用するサービスの種類・内容等の居宅サービス計画を作成し、サービスの提供確保のための事業所等との連絡調整その他の便宜の提供等を行うとともに、介護保険施設等への入所が必要な場合は施設への紹介その他の便宜を行う」と規定され、介護予防支援は「居宅要支援者の依頼を受けて、心身の状況、環境、本人や家族の希望等を勘案し、介護予防サービスや地域密着型介護予防サービスを適切に利用するための介護予防サービス計画等の作成、介護予防サービス提供確保のための事業者等との連絡調整その他の便宜の提供を行う」と規定されている。

引用文献
川越雅弘・三浦研（2008）「特集：世界の高齢者住宅とケア政策　我が国の高齢者住宅とケア政策」『海外社会保障研究　No.164』国立社会保障・人口問題研究所，pp.4-16

北場勉（2005）『戦後「措置制度」の成立と変容』法律文化社
絹川麻里・高田光雄・三浦研（2004）「要介護高齢者の施設入居前の生活実態から見た在宅生活の意義と限界」『日本建築学会計画系論文集』第528号，pp.9-16
厚生労働省（各年）『介護サービス施設・事業所調査』
――――（各年）『社会福祉施設等調査』
――――（2004）（2007）（2012）『介護事業経営概況調査』
高齢者住宅財団『シルバーハウジング・プロジェクト実績』http://www.koujuuzai.or.jp/
国土交通省（各年）『住宅・土地調査』
国立保健医療科学院　施設科学部・経営科学部（2008）『療養病床転換ハンドブック』
小山秀夫（1986）『中間施設の潮流　保健医療と福祉の課題』中央法規
財団法人高齢者住宅財団／人にやさしい建築・住宅推進協議会　建設省住宅局住宅整備課監修（1998）『高齢社会の住まいと福祉のデータブック』風土社
地域包括ケア研究会（2009）『平成20年度　老人保健健康増進等事業　地域包括ケア研究会　報告書～今後の検討のための論点整理』
――――（2010）『平成21年度　老人保健健康増進等事業　地域包括ケア研究会　報告書』三菱UFJリサーチ＆コンサルティング
東京都（2008）『介護人材の定着・確保に向けた介護報酬のあり方等に関する緊急提言』
――――（2008）「特別養護老人ホーム等経営実態調査結果」
東洋経済新報社（2010）『週刊東洋経済』2010年5月15日号
外山義（2000）「特別講演――生命力をしぼませない施設づくり」きらくえん編集委員会『もう「施設」はつくらない―特別養護老人ホームを地域のケア付き住宅に―』社会福祉法人尼崎老人福祉会法人事務局
内閣府共生社会政策高齢社会対策（2010）「平成22年度　第7回高齢者の生活と意識に関する国際比較調査　結果」内閣府
二木立（2007）『介護保険制度の総合的研究』勁草書房
野口定久（2003）「福祉施設と地域社会」牧里毎治『地域福祉論―住民自治と地域ケア・サービスのシステム化―』財団法人放送大学教育振興会，pp.79-88
――――（2008）『地域福祉論―政策・実践・技術の体系―』ミネルヴァ書房
野口典子（2003）「老人福祉法制定前後における"新しい老人ホーム"の構想と実際」『日本福祉大学大学院社会福祉学研究科研究論集』第16号，pp.1-9
平野隆之・高橋誠一・奥田佑子（2007）『小規模多機能ケア実践の理論と方法』筒井書房
本間義人（2009）『居住の貧困』岩波新書
三浦研・山田健太郎・石井敏（2008）2006-2007年度　JIHa「小規模多機能施設の計画ガイドライン作成に関する調査研究事業」『医療福祉建築』160号，p.33
嶺学編著（2008）『高齢者の住まいとケア――自立した生活、その支援と住環境』御茶の水書房

横関真奈美・近藤克則・杉本浩章(2006)「特別養護老人ホーム入所待機者の実態に関する調査」『社会福祉学』第47巻第1号,pp.59-70

第3章

社会福祉法人きらくえんによる地域包括ケアシステム

本章では、設立から30年以上の歴史があり、5つの特別養護老人ホームを中心に地域に様々な事業を展開している社会福祉法人きらくえんの取り組みを通して地域包括ケアシステムを考える。本書で社会福祉法人きらくえんの実践を取り上げるには以下の2つの理由がある。1つは、社会福祉法人きらくえんは特別養護老人ホームの開設を基点として事業を展開しているが、これら5つの特別養護老人ホームの開設時期が本書で明らかにした政策の変遷や展開段階それぞれに位置付けられることである。1983年に開設された「喜楽苑」は施設整備期に、1992年に開設された「いくの喜楽苑」と1997年に開設されたあしや喜楽苑は（阪神・淡路大震災の影響で1995年に開設予定が2年遅れた）在宅移行期に、2001年に開設された「けま喜楽苑」は施策多様化期に、そして2012年に開設された「須磨きらくえん」は地域居住期にそれぞれ開設されている。つまり、社会福祉法人きらくえんのこれまでの実践に着目することで、開設当時の政策や制度との関連、そしてその後の現在に至るまでの変化について明らかになると考えた。

　もう1つの理由は、これらの特別養護老人ホームが同じ兵庫県内の異なる地域に立地している点である。「喜楽苑」は市街化区域・準工業地域といった市街地にあり、「いくの喜楽苑」は2005年の市町村合併前の人口5,000人に満たない過疎地域に、「あしや喜楽苑」は全国的にも有名な高級住宅地に、「けま喜楽苑」は喜楽苑と同じ市内であるが、阪神南地域にある中間的な地域であり、喜楽苑とは異なる地域性を持つ第1種高層住宅専用地域に立地している。そして「須磨きらくえん」は神戸市須磨区という政令指定都市内に立地する都市部の特別養護老人ホームなのである。つまり、異なる地域でどのように事業が展開されてきたのかという視点からも分析できると考えた。

　本書のもととなった博士論文「地方分権社会における高齢者の『住まいとケア』に関する研究」では、社会福祉法人きらくえんの実践を①法・制度、②立地・地域、③建物・設備、④基本理念及び実現性、⑤サービスの内容、⑥入居者の生活、⑦職員（集団）、⑧家族との関係、⑨住民・ボランティア等との関係、⑩地域・関連サービスとの関係の10項目[1]で分析し

第3章 社会福祉法人きらくえんによる地域包括ケアシステム 129

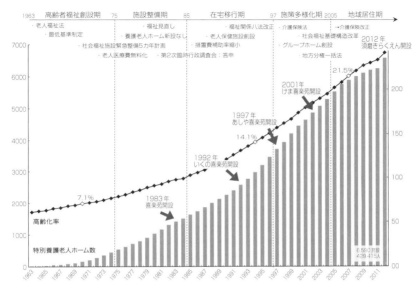

図3-1 特別養護老人ホーム数の推移と「きらくえん」の位置付け
出典：筆者作成。

た。しかし本書では、これら10項目による実践分析をふまえたうえで、特に社会福祉法人きらくえんが各地域で事業を開始した時期から現在までの時間軸による分析と、地域に応じた事業展開に着目することとする。政策によって大きく左右される日本の高齢者施策の分析では、現在ある事業の分析だけでなく、開設から現在に至るまでの時間軸による分析が求められることと、地域の実情に応じてどのように事業展開しているかを明らかにすることで、地域の実情に応じた地域包括ケアシステムの実践例が具体的にみえてくると考えたためである。

　第1節では、高齢者の「住まいとケア」施策の時期区分に沿って社会福祉法人きらくえんがどのように事業を展開してきたかについて述べる。第2節では、地域の実情に応じた社会福祉法人きらくえんの取り組みを通して、地域包括ケアシステム例を4つ提示する。第3節では、地域包括ケアシステムの構築に向けた方策の材料となるポイントをまとめる。

第 1 節　きらくえんにおける 30 年間の実践分析

1．福祉の見直しと施設整備期における実践（1975 ～ 1984 年）

　福祉の見直しと施設整備期は、家族形態の変化や今後の高齢化社会の進展を見据え、様々な高齢者施策が講じられた時期といえる。また、福祉を一部の生活困窮者だけのものではなく、広く高齢期にある方々を対象に広げる等の転換がみられた。養護老人ホームの新設が止められ、特別養護老人ホームの整備を進めたところにもその表れがあるだろう。1983 年には医療費の無料化が廃止され、利用者の自己負担が増え自己責任型の福祉へと変わりつつあった。

　そのような時期に社会福祉法人きらくえん（以下、きらくえん）は、特別養護老人ホーム（以下、特養）建設のため 1982 年に法人格を得た。元々は全日本労働組合尼崎支部によって遺児を抱えた戦争未亡人のために、職業安定所の横に託児所が設置されたことを始まりとしたものであった。託児所はその後利用者の減少に伴い廃止され、1970 年頃には戦争未亡人であった母親たちが高齢化し、老後が大きな問題となってきた。この頃は特養の建設用地取得に補助がなく、特養は山の中等辺ぴな場所に建っていることが多かったため、尼崎市内には特養がなかった。そのため、家族も面会しやすく便利で安心して老後を送れるように「住み慣れた市内に施設を」というスローガンで住民運動に広がり、尼崎市ではじめて街の中心部に特養が設置されることになった。開設までには 1970 年代から住民運動が大きな力となり、社会福祉法人設立の実績づくりのための訪問入浴も実施され、1983 年に尼崎市内はじめての特別養護老人ホーム（以下、喜楽苑）が設立された。

　1983 年に建てられた喜楽苑は、1982 年に制定された老人保健法の影響で病院からの入所が多く、医療的な関わりを必要とする人や、要介護度の重い入居者が大半を占めていたという。建物は 1,431.66 ㎡の敷地に 970.82 ㎡の鉄筋コンクリートの 4 階建て、2 床室が 3 室、4 床室が 11 室であった。施設内の設備は 1966 年の最低基準に準じており、居室に個室はなく、個人のスペースはカーテンで区切られた空間のみで、浴室に脱衣所もなかっ

た。「第4回　全国老人ホーム基礎調査」の結果によると、1982年度人員規模別居室数は6人部屋が25.2％、4人部屋に至っては全体の55.3％であった。この頃の人員規模別居室数は4人部屋が主流であったことがわかる。1983年当時の喜楽苑の定員は50名で、訪問入浴のほか、ショートステイ、翌年デイサービスも開始された。

　1980年代の老人福祉施設について丸尾は「基本理念は選別的で生活保護的、隔離主義的で立地も居住地から離れた立地が多い。職員に対しての教育や研修が不十分であり、入居者に対して措置者・収容者としての扱い、プライバシーを軽視した日常生活との乖離が大きい」（丸尾 1985: 129）と述べている。喜楽苑も開設当初は主婦のパート的な考えの職員や施設運営上の課題もあり、組織としては未熟な部分もあったという。しかし、当時の生活指導員の市川氏（現社会福祉法人きらくえん理事長）を中心とした職員の働きかけもあり、1988年からは運営方針を「人権を守る」「民主的運営」と掲げ、実現に向けて取り組んだ。例えば、職員は入居者に対し敬語かつ依頼形（「〜してもよろしいですか」等）で話す。そして話をする時は目線を合わせるか、下から話しかける。居室に入る時はノックし「失礼します」、出る時は「失礼しました」という言葉の言い直し運動は、約6年間の歳月をかけて徹底された。また、排泄時等特にプライバシーに配慮が必要な時は、360度きっちりとカーテンを回しきり、介助時は介助に関係ないことを話しかける等して羞恥心に配慮する。その後も職員採用試験を厳しくする等して職員の質の向上に努めた。さらに新人研修では理念・運営方針の理解を徹底し、先輩職員について1ヵ月研修を行った。職員配置についても、最低基準で定められた配置にとどまらず「職員は宝だ」と独自に人員を増やし、「職員の人権が守れないと利用者の人権は守れない」と、1986年に職員労働組合も結成された。

　入居者の生活は、市川氏の言葉を借りると「およそ考えられることは何でも自由」である。外出や買い物、タバコやお酒等、様々な理由で規制されやすいことが何でも自由なのである。個人専用の電話も引くことができ、2008年時点では7名の入居者が個人専用電話を持っていた。また、施設の中に地域住民が多く関わるだけではなく、地域に出かけ、地域の老人会

や行事等にも積極的に参加することで、市民的生活の保障を目指した。居室についても備え付けの家具を廃止し、家具や私物の持ち込みを可能にした。認知症高齢者の徘徊行動についてもその他の入居者と同様、外出として捉えて対応した。例えば玄関を通る時に職員が声をかけ、決して無理やり外出を妨げず、散歩に付き合う。時には職員が気付けずに警察や近所の方々にお世話になることもあるが、開設から月日を重ねることで地域に理解も広がり協力的になった。このことは1992年NHKで「今日もお散歩でっか」として放映されている。このほか喜楽苑では、開設当初から家族と入居者の関わりを重要視し、開設年次に設立準備会を立ち上げ、翌年には家族会が発足した。家族会設立後、家族と職員の「飲む会」が結成されたほか、家族の理解と協力を得られるよう入居者本人、家族、職員の三者で居室別懇談会を開始した。懇談会を通して、改めて入居者の代弁者としても、地域の福祉の担い手としても家族は欠かせない存在であると認識された。家族会には入居者のほとんどの家族が入会し、行事等に積極的に参加している。1988年には入所者が亡くなっても喜楽苑に関わることのできる家族OB会（日本初）が発足し、行事の応援や食事介助等のボランティアに関わってもらっている。また併設の在宅サービスでの介護当事者の会の必要性からアンケートを実施し、多くの賛同を得て1989年には在宅サービス等の地域福祉センターの家族会も発足された。在宅での介護の悩みや介護に関する情報交換等を行っている。

　そして当時の制度で対象となる生活困窮者だけでなく、「誰でも、いつでも、必要とする時にサービスが提供できるようにしたい」という考えから、デイサービス等の費用徴収を開始し、対象を広くしてサービスを提供した。訪問入浴とデイサービスはのちに地域福祉センターとして統合され、1993年からは市の委託事業として配食サービス、訪問介護を開始する。この配食サービスは30世帯のみのモデル事業であったが、1995年の阪神・淡路大震災でも途切れることなく実施できる等大きな役割を果たしたといえる。このように、喜楽苑は立地や、地域での暮らしを重視したケア等に特徴があり、メディア等でも多く取り上げられた。

2. 在宅ケアサービス移行期における実践（1985～1996年）

　在宅ケアサービス移行期は、ゴールドプランや福祉関係八法改正等により施設整備と在宅サービス整備が積極的に進められ、国から市町村へと権限が委譲された時期であった。また、社会保障制度審議会将来像委員会第1次報告では「貧困からの救済」から「広く国民の安心できる生活保障」へと変化していること、社会保障の各分野で公的部門と私的部門の役割分担を見直し、民間サービスの活用を推進する方針を出している。しかし一方で、この頃の在宅サービスは従来の入所施設にショートステイやデイサービス等が併設されただけだという指摘もある。1997年の「第5回全国老人ホーム基礎調査」でも、特別養護老人ホームの33.1％がホームヘルプサービス、86.1％がデイサービス、97.0％がショートステイを併設しているという結果であった。

　1983年に開設した喜楽苑でも、開設直後からホームヘルプサービスやデイサービス、ショートステイを併設している。また配食サービスや訪問入浴等の在宅ケアサービスも提供している。1990年に夜間入浴が開始されるが一旦中断、1999年に再開され認知症高齢者への効果も確認された。1996年には夕食の時間を18時からに変更し、様々な方法で高齢者に当たり前の生活ができる場であることが目指された。1994年には入居者によって「喜楽苑での生活をよりよくするため」に自治会が結成される。開設当初から実施されている年1回の入居者・家族・職員の居室別懇談会に加え、自治会が結成されたことで入居者本人が直接施設運営についての意見をいえる場が保障されたことになる。入居者一人ひとりのプライバシーの徹底や生活を支援するためには最低基準での職員配置では対応できないため職員を多く配置し、入浴や食事介助時にはパートを配して職員配置を2：1に近い状態にした。1987年に入居者自治会のメンバーが職員とともに参加した老人問題研究会全国集会で「もっと高齢者自身の声を聞きなさい」と会場でスピーチし、会場から拍手が沸き起こったというエピソードもある。ただ、この後1992年にいくの喜楽苑、1997年にあしや喜楽苑が開設されるたびに職員が異動し、それに伴い介護現場が混乱することもあった。

いくの喜楽苑は1992年に開設されたきらくえんとして2つ目の特別養護老人ホームである。特養が50名定員で、翌年にはショートステイ、デイサービスセンター（B型）「かいわ苑」が併設される。町の要望を受け、町の単独事業の介護ホームも開設された。1996年からデイサービスに訪問入浴を付けて運営し、2000年からは介護保険制度上のサービスとなる。ショートステイ・デイサービスは開設当初から利用希望が多かった。ショートステイの利用者のうち、町内利用者が約75％を占めていたことが考慮され、1994年に町から人件費の補助が開始された。加えて1996年には、デイサービスで訪問入浴を実施している現状がふまえられ、国の加算を上回る委託料を受けた。1992年の国会で「福祉人材確保法」が成立するが、従事者の確保に関する指針の策定や人材センターの指定、福利厚生センターの設置等が主な内容で、現場の人材確保につながるには程遠い内容であった。兵庫県の郡部に位置する旧生野町に建てられたいくの喜楽苑も、開設当初からの利用の急増に対する職員配置に苦慮していた。当時の職員配置基準によると、50名の入居者に対し、11名の援助員と1名の介助員の計12名であった。

　いくの喜楽苑の設計コンセプトは市川氏をはじめとする職員のスウェーデン訪問や、外山の『クリッパンの老人たち　スウェーデンの高齢者ケア』(1990)の影響から、スウェーデンの「ロカーラシュクヘム計画指針」[2]を参考にしている。鉄筋コンクリートの2階建て、1階部分に特養とショートステイ、2階部分にデイサービスが配置されている。外観は町並みに調和するように屋根はすべて石州瓦、壁は白壁、窓には格子戸等の民家の雰囲気を取り入れている。この建物は社団法人兵庫県建築士事務所協会の「くすの木建築文化賞」を受賞している。居室は、個室10室、2床室8室、4床室11室であるが、2床室、4床室は居室面積を広めにとって板戸で区切り、個室化を試みている。また、居住エリアを3分散させ、今でいうユニットケアのような形を取り、西日本ではじめての全室準個室化・居住エリアが分散化された施設であったといわれている。1987年に改正された最低基準では、施設全体で整備しなければならない部屋の種類が減少したため居室の面積が広く取れるようになった。また、1992年に

は全室個室であれば 1 人あたりの国庫補助基準面積が 30.83 ㎡となり、ゆとりを持った建設が可能となった。しかし、個室化については、建築当初から予算の問題や、孤独にならないか等の個室に対する不安から反対も多く、いくの喜楽苑でも完全な個室にすることはできなかった。1992 年の「第 4 回　全国老人ホーム基礎調査」の結果でも、1 人部屋は 7.9％で、全国的にも個室が広がっているとはいえず、6 人以上の居室が減少しているが 4 人部屋は 60％を超えている。さらにいくの喜楽苑では、職員体制等の影響で居住エリアを活用できず、全職員による全入居者に対するケアが行われていた。食堂はエリアごとに計 3 ヵ所あったが、2004 年までは 2 ヵ所のみであった。1996 年には食堂兼デイルームに畳も設置（2004 年に拡大）され、入居者や家族が自由に使えるキッチンも設置した。トイレはエリアごとに 1 ヵ所ずつ配置、居室にはすべて洗面台を設置し、居室の入り口には住所と個々人の表札を付けた。浴室は 1 ヵ所で、一般浴室は大浴槽と岩風呂、特殊浴室は機械くささを廃するため下から浴槽が上がり座ったままで入れるタイプのものを採用している。1994 年には入居者の生活（入浴等）に合わせた職員の組織整備をはかったが、職員寮や給与面での改善に課題も残り、人材確保はいくの喜楽苑が抱える継続的な課題であった。

　しかし喜楽苑同様施設内での生活に取り決めはなく、喜楽苑で培われた入居者への姿勢が職員に徹底され、徐々に理念を具現化した支援や居室担当職員による個別支援が行われるようになった。例えば喜楽苑で実践されていた希望に応じた外出や食事、買い物、タバコやお酒にも取り組み、それまで全国でも少なかった全室準個室化・居住エリアの分散化された施設を活かしたケアを追求していく取り組みが進められた。開設後しばらくすると、入居者から「自分の部屋の鍵をかけたい」という申し出があった。入居者が自分自身の空間を自分自身で管理したいという意思の表れであり、個人の空間を確保した効果が出ている。さらに入居者同士の関わりも増え、近くの入居者を「近所の人」という入居者もいたという。居室への家具や私物の持ち込みの推奨を開設当初から行っているため、居室には嫁入り道具の桐のたんす、仏壇、電話、電化製品等すべて持ち込まれている居室もあった。ユニットごとにあるキッチンは入居者同士や家族の来苑時に自由

に使えるため、おやつづくりや、中庭で取れた野菜等が調理され、食の楽しみが広がっている。食事時間も7時半から、12時から、18時からと大まかな時間だけを設定し、料理もバイキングや選択メニューを取り入れる等、家庭と同じように個人の生活を実現している。浴室は庭園に面した温泉風のもので、名称も鉱山の街らしく「ぎんの湯」「すずの湯」と名付けられている。入浴日も固定ではなく、月曜日から土曜日までの毎日を入浴日とし、少人数でゆっくり入浴できるようにした。希望者には夜間入浴にも対応した。また全体で一斉に排泄介助を行うのではなく、ゾーンごとに排泄介助を行う等排泄時の工夫等様々な試みもされたことで、認知症の入居者が穏やかになった事例もある。いくの喜楽苑ではペットとして「あんこ」と「きなこ」という2匹の犬も飼っていたことがあり、入居者と犬のふれあいだけではなく、犬に会いに小学生が来苑して入居者と小学生の自然な交流も生まれた。また入居者は、外食や買い物、歌謡ショー、公園、町の健康福祉祭等、積極的に外に出かけている。入居前に面接を実施し、入居前の生活を理解することに努め、行きつけの美容室や居酒屋、喫茶店等本人の希望を聞き、できるだけ実現することで、地域や家庭での生活を継続しようとしている。ほかに1泊旅行やキャンプ、ふるさと訪問も実施された。また、特養とショートステイはいつでも外出しやすいように1階に設置された。開設から2年目の1993年に特養の家族会が発足した。役員を中心に行事への参加、喜楽苑の家族会との交流が行われており、役員からは積極的に要望も出され納涼盆踊りの実行委員会にも参加している。また、1997年に入居者と家族の交流会がはじめて実施された。

　きらくえんの3つ目の特養であるあしや喜楽苑は、元々1990年頃から芦屋市での開設計画が持ち上がり、芦屋市主催のコンペできらくえんが設置主体に決まり、1995年の開設に向けて建設が進められていた。そのためいくの喜楽苑の開設を進めている時期とあしや喜楽苑の建設を進める時期が重なっている。そして開設間近の1995年1月17日、阪神・淡路大震災が起こる。あしや喜楽苑の建物は1mも傾く大きな被害にあい、開設は2年後となった。被災は建物だけにとどまらず、すでに雇用していた職員も職場がなくなることとなった。きらくえんでは、避難所の支援や建てら

れていく仮設住宅の状況をみて「ケア付き仮設住宅」の必要性を感じ、県や市に建設を要望する。そして芦屋市でグループホーム型の高齢者・障害者地域型のケア付き仮設住宅（4棟56人）、LSA派遣型のケア付き仮設住宅（7棟）、加えてふれあいセンターを運営した。これらは、被災者支援となるとともに、採用が決まっていたあしや喜楽苑の職員の働く場所にもなった。その後、尼崎市でも2棟の運営を受託する。ケア付き仮設・ふれあいセンターは3年2ヵ月運営され、1998年に恒久化が望まれたが実現できず、後に生活支援型のグループハウス「きらくえん倶楽部大桝町」の開設へとつながる。そして1998年にはこの取り組みを発展させるべく、芦屋市陽光町に建てられた南芦屋浜災害復興公営住宅814戸（県営414、市営400戸）に組み込まれた230戸のシルバーハウジングに加えて、芦屋市の自立支援事業として450戸余りの見守りも行い、合計約600戸へのLSAの派遣を行う。

　本項冒頭で、この頃の在宅サービスは従来の入所施設にショートステイやデイサービス等が併設されたものであったと述べた通り、喜楽苑だけでなく、いくの喜楽苑でも、1995年に開設される予定であったあしや喜楽苑でも入所施設に併設する形で在宅ケアサービスが実施され、地域で暮らす高齢者に対するケアの拠点としての役割も感じられた。さらに災害時のケア拠点としての力も発揮された。

3. 住まいとケア施策多様化期における実践（1997〜2004年）

　住まいとケア施策多様化期はまさしく、介護保険法が制定され第1期の事業期間となっている。介護保険制度は2000年に開始されるが、当時は「走りながら考える」という言葉に象徴されるように状況をみながら展開されていった。

　開設から約20年を迎えた喜楽苑は、2000年に増設され、ショートステイの個室が13室増えた。またそれまでは食堂は大食堂が1ヵ所であったが、フロアごとに1ヵ所ずつ配置されるようになった。トイレはフロアごとに1ヵ所配置されているが、洗面所は各居室内に設けられ、増設された個室には居室内にトイレが設置された。その後2005年にも改修が行われ、

脱衣所やトイレのほか、デイサービスが1階に新しく設置された。ただ、個室以外の居室は現在も多床室で、一人ひとりの入居者のプライベートゾーンは確保されにくく、常に他人と顔を合わせて生活している状態といえる。そのため、ベッドとの間に木調のスクリーンやカーテンを多用しプライバシーへの配慮を行っていた（現在は障子で仕切っている）。このように喜楽苑においてはソフトでは補いきれないハードの困難さが、ケアに大きな影響を与えているといえるだろう。2001年からはユニットケアを始め、ショートステイ・2階・3階の3つのユニットそれぞれ職員を固定している。ユニットケアを始めたことで入居者に対してより個別な対応が可能になり、入居者や家族も職員に話しかけやすくなった。入居者一人ひとりへの観察や把握が行われていることは、日誌やミーティングでの変化で現れてきた。

　開設から10年を迎えるいくの喜楽苑では、介護保険導入の影響も懸念される中1998年に東京で開催された「介護保険このまま実施してもよいのでしょうか？全国施設長会議」に職員・家族とともに出席した。介護保険制度が導入された2000年には居宅介護支援事業所が開設される。2001年より、ショートステイから特養転換され、特養が定員58名、ショートステイ12名となり、デイサービスとショートステイの一体的運営が開始された。2003年からは完全に特養から切り離され、ショートステイユニットとして固定化されることになる。2004年からはデイサービスが日曜日も稼動し、お正月等を除いた360日の稼動となったが2005年に廃止。訪問介護は早朝・夜間の利用ニーズが増加し、適宜職員配置を変更して対応した。2004年から実施したホームヘルパー2級養成講座は、地域の福祉力向上だけでなく人材確保の意味もあったが、自分や家族の将来のための受講が多く直接的な人材確保にはつながらなかった。2004年1月以降は配食サービスにも取り組み、おおむね65歳以上の高齢単身世帯、高齢者世帯を対象に昼食・夕食を1食650円で希望があれば毎日提供している。朝来市地域支援事業（ミニデイサービス等介護予防事業）を受託する等、これら在宅サービスは2005年の介護保険法改正以降にすべて介護予防事業に指定されている。その他、2000年に安心して暮らしていける住まいを目

指し、当時では全国的にも数少ない公設民営で「ケアハウス竹原野」(定員15名)と、地域高齢者の生きがい活動支援通所事業を開設した。また身体障害者の訪問入浴、通所介護事業、2002年には訪問介護事業、2003年に身体障害者デイサービスを開始した。2005年には認知症対応型共同生活介護「グループホーム竹原野」を定員18名で開設し、2006年には小規模多機能型居宅介護「たまき喜楽苑」を開設している。小規模多機能居宅介護の登録者は25名、1日の利用定員は通い15名、泊まり9名である。同年、朝来市地域包括支援センターのブランチとして在宅介護支援センターを受託運営している。

　特養内での取り組みとしては、1997年に疥癬がおき、施設内は医療管理体制になった。その後、エリアを活かして小さな単位で体制を整えるゾーン化を試みるが、職員を定着させたのではなく、全員の入居者に対して全職員で対応するという体制のままのゾーン化であったため、約半年で断念することになった。1998年は清掃専門のパート職員が導入される等、介護保険制度に対応するため非常勤・パートの割合が増えることとなり、教育の徹底も難しく介護の質の低下が起こった。2002年以降には京都大学外山研究室の財団法人大同生命厚生事業団　平成14年度地域保健福祉研究助成「既存特別養護老人ホームにおけるユニットケアの導入に伴う改善プロセスに関する調査研究」の一環[3]としてユニットケアに取り組んだ。ユニットケアでは、ユニットごとの担当職員を決め取り組んだことでスタッフの動線も短くなり、食堂や居間での滞在割合とスタッフ間のコミュニケーションが増加した。入居者とのコミュニケーションも増えることで入居者への気付きも増え、文化的な行為の増加にもつながった。また「ニコッ(ˆ-ˆ)toさーくる」と呼ばれるワークショップ形式の定例会議を設け、入居者の訴えや生活上の出来事を職員間で共有し、意識化させた。参加者は施設長、事務長、相談員、看護師、管理栄養士、ユニット主任、現場ユニット職員、京都大学大学院生である。この会議からは、ユニットケアが目指すものは単なるスタッフの勤務体制や空間の小規模化ではなく、一人ひとりが個性を持った個人の集合体として生活してもらうためのシステムや介護であることが確認でき、これらの成果は職員により研修会等で

発表されている。2003年に入浴設備の改修工事を行い、脱衣所やくつろぎ空間を増築し、個浴を2ヵ所、特殊浴槽を2つ新しくして、それぞれを壁で仕切ることで1つの浴室に脱衣所を設置した。洗面所は居室1つに1ヵ所ずつ設置されている。ナースコールは音ではなく光を採用し、職員の動線上必ずみえる天井に設置した。入居者自治会についてもユニットケア導入後にユニットごとに結成しているほか、2002年に家族OB会が、ケアハウスにも自治会が組織されている。2002年からのユニットケア導入により、居室担当職員も明確になり、家族とのコミュニケーションもはかりやすくなった。また2005年には併設のケアハウス竹原野、グループホーム竹原野の家族会も設立され、年1回の定期総会も開催している。

　阪神・淡路大震災の影響で開設が1997年になったあしや喜楽苑は、個室加算が2割から3割になる等個室化を進める動きが活発になる時期に開設された。建物は鉄筋コンクリートの4階建て、外壁は白磁をイメージしたタイル壁である。しかし建築計画は1990年の初頭から進められていたため、建築・設備面では大きな飛躍をみることはなく建設されている。特養の居室は2、3階にあり、2階はショートステイゾーンと特養ゾーン、3階は北と南の2つの特養ゾーンに分かれ、4階はケアハウス（30名）の入居者が暮らしている。個室が26部屋、2人部屋が13部屋、4人部屋が12部屋である。あしや喜楽苑でも居室の面積を大きく取り、板戸により個室化の空間づくりを行った。板戸はいくの喜楽苑での教訓から吊り下げ式のものを採用し、居室内での音にも配慮した。すべての居室に洗面台を備え付け、内側からの施錠も可能とした。トイレは4～8人に1ヵ所、食堂はフロアに2ヵ所ある。前述した通り、あしや喜楽苑の建設はいくの喜楽苑の開設と重なり、管理職が手薄になったこと、コンペでの建設決定から申請までの時間が短く設計に時間をかけることができなかったことから、ハード面ではいくの喜楽苑で実現しはじめていた個室化・ユニット化から後退する形となった。しかし、その後のユニット化や改修を経ることで高齢者の生活単位での支援が進められている。また家具や設備は北欧から輸入し、庭には緑や花が多く植えられ、施設内も外からの光が多く入ることで、明るい雰囲気をつくっている。加えてあしや喜楽苑では、1階に1991

年に加算が付けられた地域交流スペース、そしてギャラリーと営業認可を受けた喫茶店を設け、文化活動、その他ホームヘルパー2級養成講座、介護ボランティア入門講座を実施した。この地域交流スペースがあることで、現在でも月間延べ3,000～4,000人の地域住民・地域の関連団体等が利用している。在宅ケアサービスについては、政策の影響を受け、開設当初からショートステイ、デイサービス（一般型・認知症対応型）、機能訓練事業も実施する等、在宅ケアサービスが充実している。訪問介護事業は開始当初、ケアハウス入居者への提供から開始され、ショートステイは開設当初特養の付随事業であったが、1998年からは、特養のユニットケア化の一環としてショートステイ20床のエリアを固定し、職員を専任とする形で独立させ、2000年より地域福祉センターの事業として位置付け、2005年からデイサービスとの連携をはかっている。そのほか、1999年には機能訓練事業、訪問看護・訪問介護とともに配食サービスを開始した。1食500円で週3回の昼食と夕食を単身世帯、高齢者のみ世帯、それに準ずる世帯の65歳以上の方で家族介護を充分に受けられず、食の自立支援事業により配食サービスが必要と認められた高齢者を対象にしている。2000年には居宅介護支援事業を開始し、一方で訪問入浴事業を廃止している。同年ケア付き仮設の恒久化に対する要望から、賛同者が資金を出しあい、趣旨に賛同した夫婦の土地の貸与により建てられたグループハウスきらくえん大桝町が開設された。グループハウスには3階から5階に16世帯17名が暮らしている。居室はトイレやキッチンも完備した24㎡～29㎡の個室である。1階は交流スペース、2階は2007年に改修され、小規模多機能型居宅介護が開設された。グループハウスきらくえん大桝町は、駅も近く、公園や買い物、食事を楽しむ場所が徒歩5分圏内にある。入居者は自分でできることは自分でし、できないことを常駐の職員に手伝ってもらうといった自立した生活を送っている。また、要介護認定を受けられた方はあしや喜楽苑の在宅ケアサービスの提供を受けている。開設から10年以上が経過し、環境や生活にも慣れ、ボランティアの支援により買い物や散歩に出かけられ、ごく普通の市民生活の継続が実現できている。ただ、自治体による補助が受けられなかったことで、出資できる高齢者のみの入居となり、

誰でも入居できるケア付き住宅にはならなかった。入居が困難であった入居者も含めたケア付き仮設住宅の元入居者の多くは、南芦屋浜団地にあるシルバーハウジングに入居している。

　1997年のあしや喜楽苑開設後は介護保険制度導入前夜ということもあり、行政との関係に苦慮した。職員配置の充実と人件費の増大、建物に関わる経費等、充実したケア体制と事業経営のバランスを考えなければならなかったシルバーハウジングに対するLSAの派遣については、24時間体制での派遣を芦屋市が決め、きらくえんへ委託された。また、震災後の入居で入居者の重度化が深刻であり医療的ケアを必要とする入居者の割合が高いが、医療が制度上制限されているため、日常的な対応に加え、通院介助等に追われる事態となった。さらに国の人員配置基準の1.7倍を上回る職員を確保し支援を進めていたことで、人件費による財政上の逼迫もあった。1998年には「全国老人ホーム施設長アンケート呼びかけ人会議」が結成され、入居者の家族も加わり、厚生省（当時）や国会議員、関係機関への要望書の提出等を行っている。2003年には介護保険給付単価の改定に伴い、4.1％の減収となった。また施設内では「介護保険対策委員会」を立ち上げ準備を進めた。市からはデイサービスについて「人件費補助方式」と「事業費補助方式」の選択について要請される等、事業運営の転換が求められた。特養の職員については、配置基準の1.7倍の人員を確保したが、阪神・淡路大震災の後で特に重度の方が多いことや、水回りの関係で少人数で利用できる空間が取りにくい設計のため、広い施設内を走り回らなければならない状況であり、残業も多く、労働実態は厳しいものであった。そのため開設2年後の1999年では平均在職年数は1.5年で職員の離職率が同法人の中でも最も高く、2002年時点でも介護職の平均年齢は25.8歳であった。しかし、これまでの喜楽苑での実践を引き継ぎ入居者の生活を中心に考え取り組んでいく姿勢は強く、議論や研修を重ね、「学ぶ職員集団の確立」をスローガンに個別援助の徹底に取り組んでいる。1999年には完全にエリア分けをし、それぞれに職員を配した。このエリア分けにより、入居者はよく顔を知っている職員が継続的に関わる安心感を得られることとなった。その他、1999年には認知症の94歳（当時）の

元音楽大学教員の入居者が常勤の音楽療法士とともに練習を重ねてショパンを演奏できるようになり、演奏を披露した事例もある。2002年の10月に職員体制が変化したが、あしや喜楽苑ではバイト、ボランティア、パート等様々な職務形態の活用のほか、2000年から取り組んでいるユニットケアを2003年からは3ユニットから4ユニットにし、その中で比較的ADL（日常生活動作）能力の高いユニットに夜勤のない職員を配置し、子育て等をしながらでも仕事をし続けることができるような工夫を行った。さらに、2001年の4月からは洗濯や入浴で関わっていたパートの年配者をユニットに配し、入居者とよりよい関わりが行われている。ユニット化により職員もすべての入居者を担当するのではないため、1人の入居者をより深く理解することができるようになった。しかし同時に、他のエリアについての情報が不足すること、また、職員の欠勤への対応が困難であること、一人ひとりの職員の力量が問われること等が明らかになった。個々の職員の力量を上げる1つとして職員研修にも積極的に取り組み、ターミナルケアや権利擁護、平和や芦屋の歴史について学ぶ機会を設けている。2001年には、日本福祉大学介護サービス・マネジメント研究会と共同で「看護職と介護職の業務内容について」「財務分析調査」「副施設長と相談員の参与観察調査」「業務分析調査」等を行い組織体制の構築に努めた。しかし小笠原が指摘しているように高層化・大規模化することにより「職員の増員が必要になり、事業ごとの職員の勤務実態や給与等が異なり、利用者の処遇上の問題も生じる」（小笠原 1993: 28）点はあしや喜楽苑にもあてはまるだろう。

　その他、2000年以降はターミナルケアへのニーズも増え、その仕組みづくりと対応が進められた。小規模多機能居宅介護事業では主治医の協力を得て、1年で3名のターミナルケアを行った。2003年以降は特養でもターミナルケアのニーズが高まり、検討が進められる。2005年以降は夜間の看護師へのオンコール体制も確立した。2006年4月からターミナルケアの制度化に伴い加算を付けている。シルバーハウジングへのLSA派遣では、11名のスタッフが24時間常駐し安否確認、訪問や緊急通報への対応、関係機関との連携を行っている。シルバーハウジングの入居者

(230戸)以外も様々な問題を抱え生活し、問題が顕在化しないままで深刻な状態になっていることから、これらの方も合わせ計600戸の通報にも対応している。また地域の情報収集もかねて地域の自治会や祭り等にも積極的に参加しているほか、ボランティア等との懇談や食事会・お茶会を開催している。毎月2回関係機関(行政、保健師、地域包括支援センター職員等)とケースカンファレンスを実施し、課題の共有化をはかっている。このカンファレンスは1998年の事業開始当初に開始され、職員のメンタルサポートとしても効果を発揮している。

1995年の阪神・淡路大震災で被災し、ボランティア元年と呼ばれた時期に開設を進めていたこともあり、あしや喜楽苑では開設当初よりボランティアの数も多く、入居者もボランティアや職員とともに買い物や散歩、外食に出かけた。さらに喜楽苑、いくの喜楽苑と同様、施設内は飲酒、タバコ等が自由であることや、夜間入浴への取り組みに加え、芦屋市の地域の課題である周辺の緑化やポストの設置等の解決にも積極的に関わる等、入居者の市民的生活の保障も行われている。ただ、特養開設直後の家族との関係は、始めから良好であったとはいえず、不満を市に直接訴えたケースもあったという。背景には、施設における医療ケアやリハビリについての期待や、マンツーマンではない職員の対応等についてであった。このことに対し、再三の話し合いを持ち、相互の理解を深めるよう努めた。その後、施設全体で居室別懇談会(カンファレンス)を実施する。家族会については、1997年の大掃除終了後の家族懇談会で有志が呼びかけられ結成された。結成当初から80名の入居者のうち、70名の家族が参加されている。活動内容は入居者の生活交流と家族間の交流を目的にした親睦会や懇談会の実施や苑の行事、大掃除への協力、意見交換会や学習会等である。また、年に数回は役員会や家族介護者教室等も開催されている。家族OB会も結成され、ともに活動を行っている。このほか、ケアハウスでは1997年10月から自治会、地域福祉センター「ハーブあしや」家族会、小規模多機能型居宅介護きらくえん倶楽部大桝町の家族会「はなみずきの会」も結成された。「はなみずきの会」では、認知症サポーター養成講座を開催し、認知症についての理解も深めた。また小規模な家族会のため、職員と家族が

一杯飲みながら交流する会合も開催され、親睦が深まっている。地域福祉センター家族会は利用者の死去等で家族会活動が中断する時期もあったが、2004年に約30％の加入率で再編成された。2005年からのこまめな電話連絡の実施により、家族の理解につながるようになった。

　この時期、喜楽苑が設置されている尼崎市にもう1つの特養が開設されることになる。2002年に開設されたけま喜楽苑である。けま喜楽苑は、法人で唯一開設時から介護保険施設としての運営となった。そのため、運営基準も「指定介護老人福祉施設の人員、設備及び運営に関する基準」により、看護職員等の職員配置基準は3：1、居室面積は10.65㎡以上であったが、けま喜楽苑では2：1、13.5㎡で運営した。また2002年度から助成対象となる全室個室・ユニット化された「新型特養」としても制度に先駆けて取り組んだ。過去開設してきた3つの特養での取り組みや特にハード面での課題、またケア付き仮設住宅等への取り組みから得た施設でも在宅でもない「住まい」の重要性から、きらくえんの取り組み18年間の集大成として設立が進められた。2002年5月時点で新型特養は全国に5ヵ所であったが、けま喜楽苑は2003年の4月の介護報酬改定から新型特養として指定された。敷地面積2,076.52㎡、建築面積は1,241.26㎡の鉄筋コンクリート地上3階・地下1階建てである。1階にデイサービスとショートステイが一体的に運営され、在宅生活を総合的に見守ることを目指している。2、3階が1フロア25名の全室個室・ユニットケアの特養である。ショートステイ利用者の居室もすべて個室である。開設2ヵ月でショートステイ5床を特養に転換したため、定員は特養55名、ショートステイ15名となった。建物の基本的な考え方は「和のしつらえで洋の暮らし方」をすること。これは、高齢者の住み慣れてきたこれまでの環境を大切にすることと、常時の介護を必要とする心身に重度の障害を持つ人たちであることから、その人たちが暮らしやすい設備・備品でなければならない。そしてケアをする職員の身体的負担の軽減を考慮することが理由であった。建築指導監修には京都大学外山義氏、設計は永野一生氏が担当した。ユニットは8名程度の7ユニットであり、それぞれのユニットは独立しているのではなく、ユニット間を行き来できるつくりにしている。建物内には、外

山が大事にした4つの領域である。13.5㎡の個室を「プライベートゾーン」、居室のそばにある10人程度がゆっくり話をしたり、朝ごはんを食べられる「セミ・プライベートゾーン」、クラブ活動やおやつづくり等をグループで行う「セミ・パブリックゾーン」、地域の方々も集えるバー「スコール」等の「パブリックゾーン」が適切に配置されうまく機能しあっている。さらに、気兼ねなく家族が入居者を訪問できるよう玄関を職員用と入居者・家族用の2つを配置する等、様々な工夫で住まいづくりを進めている。ほかにも極力手すりを廃し、組み立て可能な低床のモジュラー型の車いすを導入し、一人ひとりの体型に合わせたものを使用している。使いやすさの追求と骨折や嚥下等の事故防止の観点から洗面所、浴室、トイレ、車いす、ベッド、テーブル、椅子等の設備・備品を低床化する。ベランダはほとんどが1住戸ごとに区切り、各住戸に玄関アプローチがつくられ、まっすぐに並ぶ部屋をなくした。居室にはそれぞれ入居者の住所と氏名が書かれた表札もある。食堂はフロアごと2ヵ所ずつ、計5ヵ所配置し、個別対応が可能になるようクックチル方式（厨房で料理を真空パックに入れ、各ユニットで個別に温めることが可能）を採用する。このことで、食事も朝食であれば居室近くの数名で過ごせるセミ・プライベートゾーンで取る方が多くなり、7時半から10時頃等個人のタイミングで食事が可能である。昼食・夕食も10～15名程度で食べることができ、1時間半程度の時間の中で食事に来るため職員も個別に対応することができるため、ゆっくりと食事ができている。誕生会は月に1度ではなく、誕生日当日に本人の希望に添ってお祝いの会を行っている。浴室はフロアごとに一般浴槽、個浴槽、特殊浴槽があり、浴槽はすべてヒノキで、一人ひとりで入浴できるようになっている。そのため1人の職員が1人の高齢者に対して誘導から衣服の着脱、入浴支援を担当することができ、個人の好みの温度や湯量、ペースで入浴することができる。トイレは55室中42室に設置され、そのうち34室にはシャワーも付設されている。排泄介助においても一人ひとりの尿量やパターンを把握し、オムツも30種12タイプのオムツの中から一人ひとりに合ったオムツを使用することで、夜中の排泄介助で眠りを妨げられることを減少させた。各フロアに5ヵ所の中庭と吹き抜けを配置し、採

光と、被監視感のない人の動きの覚知を目指している。フロアにも格子状のついたてがあり、人の気配を感じさせる工夫がなされている。照明は間接照明やダウンライトを使用し落ち着いた雰囲気をつくっている。床はすべてなら材もしくは桜材のフローリングとし、木のぬくもりと住まいとしてのグレード感が感じられ、事故防止にも効果がある。クラブ活動も活発で、料理サークルや生け花、茶道、書道クラブ、ほかにも音楽を楽しむ会等が複数発足している。さらに体操の会や俳句クラブ等の入居者自身による自主的な活動も発足し、入居者同士の自然な関わりも生まれている。2001年の京都大学外山研究室の調査でも、「個室化の進んだ施設と4人部屋と6人部屋が中心の施設の入居者の滞在率を比較すると、個室型のほうが多床室よりも居室での滞在率が低い。個室によって、自分の身の置き所が確保されて始めて、人は他人と関わる意欲を持つからではないか」(外山 2002: 34)とまとめられている。2003年には入居者自治会が発足し、入居者自身の意見が運営に反映される仕組みができている。居室以外にも和室が3ヵ所(うち茶室2ヵ所)あり、交流の場や家族の宿泊所として活用されている。また施設内にバー「スコール」(週3回の開店)があり、特養入居者だけでなく、ショートステイ利用者やグループホームの入居者も利用している。2007年度の調査では1年で294名の利用があった。2003年に医療福祉建築賞と尼崎まちかどチャーミング賞を受賞している。

　けま喜楽苑では入居に際し、入居前面接を2回行っている。1回目は入居対象者に対し、入居の必要性の確認と心身状況に関する面接、2回目はけま喜楽苑での暮らし方や運営方針等の説明と、思い出の品々の持ち込みを勧める等、できる限り環境変化のショック(リロケーション・エフェクト)を緩和するための面接である。また入居者の現在の住環境等を撮影し、撮影した写真は入居日前に他の職員と共有して心身状況や家族関係等の報告を行い、受け入れ直後の対応についての認識を深めた。2001年の平均持ち込み数は5.89点であるが大きな家具が中心で、また小さな調度品の持ち込みも多く、家族の写真や仏壇のある部屋、部屋やベランダを花いっぱいにしている入居者や、自らが描いた俳画や俳句を飾る入居者もいる。

　そしてこれまでの法人での取り組み実績をふまえ、家族との継続的な関

わりが開設当初より重視されている。そのため開設当初より家族会の設立を目指し、家族懇談会、ユニット懇談会を経て 2002 年に 55 名中 54 名の家族で発足する。さらに家族会 OB も継続して行事等へ参加している。家族会では有志による和太鼓サークルもあり、行事ごとに集まって練習し、披露している。2003 年に在宅介護者家族会「ながつきの会」も発足している。「ながつきの会」のながつきは長いお付き合いをという意味を込めており、毎月の定例会や意見交換・学習会等を実施し、定期的な情報発信も広報等で行っている。

　その他のサービスについても、デイサービスセンターでは一般型の通所介護に加え、開設 2 ヵ月で認知症型も実施、現在は障害者自立支援日中活動サービス事業も実施している。グループホーム「いなの家」(9 名×2)では、介護保険上の認知症対応型共同生活介護（介護予防）と短期利用共同生活介護が実施され、開設から 2 ヵ月程度で定員が埋まった。グループホームは数寄屋風の設えにより、なじみやすい環境づくりが進められている。例えばトイレの入り口の戸を高齢者になじみの深いものにし、室内の照明も吊るす紐式の照明を使う等昔から繰り返し体得した動作になじむものを使っている。2 ユニットとデイサービスにキッチンを配し日常家事への復帰を目指し、書院窓といわれる障子の小窓をつくる等、職員・入居者ともお互いの気配を感じることのできる設えを施している。玄関は格子戸で、居室の入り口には表札がある。また中央に中庭（秋草の庭）があり四季の移ろいを感じることができ、すべての居室に縁側を配置することで外界との接触や開放感を持たせる建物づくりである。認知症対応型通所介護との一体運営を行い、在宅からグループホームへの移行がスムーズに行くような工夫もなされている。グループホームいなの家でもこれまで利用していた喫茶店やスーパーでの買い物や美容室等を引き続き利用でき、入居者は昔通っていた教会や旅行、家族等との外出にも積極的に出かけている。また、一人ひとりの生活習慣を尊重した生活リズムができるような体制をつくり、与えられた生活ではなく自分自身の生活と実感できるような役割づくりを大切にしている。また 2002 年の開設 2 年目で入居者自治会が発足し、月に 1 回「自分たちの暮らしは自分たちで決める」を合言葉に様々

な内容が話し合われている。2004年の国際アルツハイマー病協会国際会議で取り組みを発表し、2006年には日本認知症ケア学会で「読売認知症ケア賞　奨励賞」を受賞し、授賞式では入居者がスピーチを行った。あるグループホーム入居者は入居わずか1ヵ月で問題行動と呼ばれる認知症高齢者の行動がほぼなくなった。2002年のけま喜楽苑開設当初から在宅介護支援センター（2006年度からは尼崎市武庫東地域包括支援センター）が、開設から半年でヘルパーステーションが開設された。

　介護保険制度の影響は大きく、書類の作成や提出等事務作業が非常に増加したことや介護報酬やサービス体系の改定は運営に直結し、事業所全体に大きな影響を与えた。制度発足後の制度改変により新会計基準が遅れ、数ヵ月は予算が立てられない状況もあった。開設1年目の総括では「質の高い社会福祉サービスの提供と、競争に勝って経営を守るという相反する事業運営に苦慮している」と記されており、市場化が進む中での人員削減や非常勤化・パート化の現場でどのように質の高いサービスを提供するかが大きな課題であることがうかがえる。特養の開設に先駆けてサービスを開始していた居宅介護支援事業所では、近隣にはすでに多くの事業所もあり、事業開始当初はケアプランの作成数も数件程度であったという。また2006年度の介護保険制度改正を前に始められた居住費や食費の負担については利用者への説明等に追われることとなった。当時の事業総括の中には、介護保険制度との関連について、「脆弱化が進む家族介護の厳しい状況は一向に解消されず、在宅福祉サービスへの誘導であったはずの制度の趣旨に反し、特養に待機者が列をなしている」「低所得者が保険料と利用料の負担に堪えられない実態が数多くある」という文言もある。さらに認知症高齢者で親族がいない人たちとの契約（権利擁護）、利用者負担によるサービス利用が不可能になるケースについても言及し、制度のよりよい改善への参画も積極的に進めていくと書かれている。

　けま喜楽苑の職員はこれまでの経験がない新人を80％採用し開設当初は2人の高齢者に対し1名の職員配置でスタートした。2001年度現在平均年齢25.1歳であり、全室個室・ユニットケアに合わせた職員教育が行われた。具体的には、直接的援助では、①できる限り自立した生活を送る

ための援助を行う、②食事は食べる楽しみを失わない働きかけを行う、③入浴は流れ作業的な入浴介助（業務分担）をせず、同性介助・マンツーマンでの入浴を基本とする、④排泄は一人ひとりに合わせた排泄介助方法を確立し、実践する、である。結果として、何でも手を出し支援するのではなく、本人の行動を「待つ」ことのできる介助ができるようになっていた。また、一人ひとりに対応できるような建物や設備になっているため、自然に入室時にノックをして挨拶を行ったり、動線が短いためゆったりとした対応が実現できた。しかし、開設当初は新人職員を多く採用したことや在宅サービスでは非常勤の職員が多いため、理念の浸透や教育の徹底ができなかったことがあり、今後職員が長く勤務した時現在の職員配置２：１では人件費が多くかかる等の課題もある。また、個別援助が進むと、職員ひとりにかかる負担や求められる力量も多くなり、それにどう対応していくかということも大きな課題である。そのため、開設当初は職員間の会議や職員研修は職務に追われなかなか進まなかったが、研修の機会を年々増やしている。京都大学外山研究室等の研究機関（学生）との入居前面接や居室での姿勢、面会調査や、歩行器プロジェクト等を通して職員も学会や研修会での報告回数が増え、その成果の１つとしてけま喜楽苑からも書籍『ユニットケアの食事・入浴・排泄ケア　人権を守る介護ハンドブック』を発行した。

2003年に「勤務形態変更にかかる業務改善委員会」が援助員有志の発案で開催され、より入居者の暮らしにより添えるよう一人ひとりの入居者の１日の過ごし方を一覧表に表し、どの時間帯にどのようなケアが必要かを検討した。同時に援助員が極力担当ユニットに常駐できるよう役割分担を再編成している。一覧表からは、一人ひとりの入居者の他者との交流が決して単調になっていないことが明らかになった。例えば、「朝食はＡさんと、生花クラブはＢさんと、公園散歩はＣさんＤさんと、誕生日にすしを食べに行くのはＥさんと」といったように多様な人間関係である。さらに、「阪神タイガースファンの入居者がフロア単位で甲子園観戦に行く」といった取り組みもあり、生活単位を超え、生活歴をふまえた新しい交流を生んでいることがうかがえる。その他、京都大学外山研究室の調査から

は、喜楽苑と比べけま喜楽苑での家族の面会回数、面会時間は約２倍になっていることが明らかになっている（TOTO 2002: 40-41）[4]。2003年の事業総括には「入居者一人ひとりへの援助の蓄積が、新しいつながりを生み継続させる取り組みに発展していくこともけま喜楽苑型ユニットケアの特徴といえる」とまとめている。またターミナルケアについても開設当初から取り組み、毎年ターミナル期における、入居者・家族の意向確認を行っている。2003年にはテレビ取材も受け、2006年にNHKの特集番組で２回放映されている。放映された内容は『高齢者とともに生きる～「"最期"までの日々」より～』としてDVD教材化された。

4．地域居住期における実践（2005年以降）

　地域居住期は、介護保険制度が開始されてはじめての大きな法改正以降の時期である。この法改正により、これまでの要介護高齢者に対する居宅サービスと施設サービスに加え、地域密着型サービスが創設され、介護予防を目的とする要支援者の認定とサービスの提供が開始された。それにより、高齢者サービスを提供する事業所もさらなる展開を求められることとなった。

　きらくえんでも、最初に開設された喜楽苑が開設から30年が経過したが、特養部分が時代に合わせて改築が進められ、2005年の改修では脱衣所やドアのあるトイレができた。また、重度化・高齢化が進みふるさと訪問や頻繁な地域への外出が減少する一方で、ターミナルケアに取り組み、施設内での看取りを希望する利用者に対応している。喜楽苑は介護保険制度導入当初は措置による入所者が多く、制度の影響をあまり受けなかったが、2005年の介護保険制度の改正に伴い、特養以外の部分で影響が出てきた。2004年からは喜楽苑のサテライト事業として大物(だいもつ)ヘルパーステーションを立ち上げ、けま喜楽苑のヘルパーステーション（立花・塚口・むこのそう）、むこのそうケアプランセンターとともに喜楽苑ヘルパーステーションとして独立した。2006年からは武庫東地域包括支援センターを開設、シルバーハウジングへのLSAの派遣も継続して行っている。これら在宅サービスはすべて介護予防事業の指定を受け、さらに小田南地域包括

支援センターも設置されている。2012年には、9つの在宅サービスを「地域福祉センター あんしん24」として統合、独立させた。また、2013年には、兵庫県が認定する「地域サポート型特養」の第一号に認定されている。

　いくの喜楽苑でもユニットケアが定着し、入居者、職員にとって落ち着いた空間となっていたが、開設から10年以上が経過し、設備等の老朽化が進んだため、2006年にデイルームの床と壁を張替え、テーブル等も購入した。2007年の入居者の平均要介護度は4.1であり、重度化と医療依存度の高まりが課題であった。特養以外のサービスとしても、市町村合併があった2005年にグループホーム「たまき喜楽苑」を開設、2006年に小規模多機能型居宅介護を開始した。また民家や廃校等地域の資源を積極的に活用し、2011年には、幼児センターであった場所を一般型予防デイサービス「元気・とちはら」として開始する等資源を開発することを通してまちづくりに取り組んでいる。

　あしや喜楽苑では、2005年10月から導入された居住費・食費の自己負担に伴う介護報酬の改定により、施設全体で2,000万円の減収となり、徹底した経営効率化と戦略が求められることになった。また2005年には個人情報保護法の施行に伴い入退居時に誓約書・同意書を交わすようになる。地域における事業展開では、介護保険制度改正の2006年からは地域包括支援センターと介護予防事業を開始し、日・祝日稼動のデイサービスであること、訪問看護事業は理学療法士を含めた職員配置によりリハビリも可能な事業所としてPRし利用者を獲得した。2006年には介護予防事業を実施、作業療法士を1名増員（加算）した。また、2007年3月からはグループハウスの2階部分を改修し、改正介護保険制度で創設された小規模多機能型居宅介護事業を開設した。これは芦屋市の管轄の地域密着サービスとして、地域介護・福祉空間整備事業の交付金を受けて行っている。またグループハウスきらくえん大桝町の2階には5つの個室とデイルーム、キッチン、ヒノキの個浴等を設けた。1階は地域交流スペースで入居者や利用者、家族・地域住民等の交流が広がっている。登録者は25名、1日の利用定員は通い15名、泊まり5名で運営されている。2007年の4月にはケアハウス「エイールあしや」を特定入居者生活介護に移行したことで、入

居者30名が重度化しても暮らし続けることができる仕組みが整えられた。2004年には、在宅の要介護認定者の増加に伴い、あしや喜楽苑のサテライト事業として大東町にヘルパーステーションを立ち上げた。特養部分でも2007年には委託していた厨房業務を直営化し、けま喜楽苑と同じクックチル方式を採用し、各階フロアにもパントリーを設ける改修を行った。浴室は開設当初一極集中の大浴室であったが、2006年に改修を行い2階に一般浴室、特殊浴室、3階に浴室を2ヵ所設け、個浴を3つ設置した。2001年からは入居者懇談会、ユニット別懇談会が開催され、2007年には念願の「すずめ会」と呼ばれる自治会ができ、毎月1回役員会が開催されている。フロアが違っても、回を重ねるごとに顔なじみの関係になり、互いの日々の暮らしや食事、行事、外出等について話し合いが進められている。2003年から2007年に法人全体で取り組んだ組織・人事プロジェクトでも、あしや喜楽苑独自の組織体制が検討された。その結果、在宅部門での事例検討が実施されリスクマネジメント委員会が発足した。正規職員とパート職員の採用も改められ、それまで経営上の大きな課題であった人件費や超過勤務が変化した。2006年以降は職員の離職率が前年度比で減少している。

　2002年に開設されたけま喜楽苑では、開設されてから4年後の2006年9月に喜楽苑むこのそうケアプランセンター（居宅介護支援事業所）が開設されたほか、2003年10月から立花ヘルパーステーション、2005年5月から塚口ヘルパーステーション、2006年8月からは喜楽苑むこのそうヘルパーステーション・むこのそうケアプランセンターが、けま喜楽苑のサテライト事業所として開設している。前述した通り、2006年には喜楽苑の大物ヘルパーステーションとともに独立し、喜楽苑ヘルパーステーション事業として位置付けられている。このほか、2006年からはおおむね65歳以上の高齢の単身世帯、高齢者世帯等を対象に夕食のみを1食500円で提供している。

　法人全体としては、2006年以降、職員の資質向上のため研修等に力を入れた。法人主催の海外研修も実施され、北欧を中心に職員が研修に出ていることがその後の支援や事業展開に大きな影響を与えている。また、京

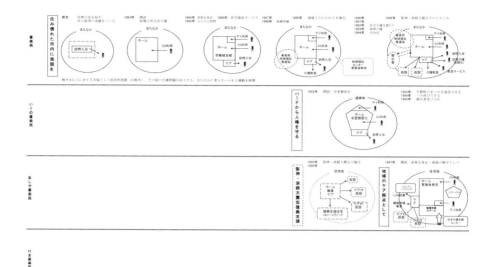

図 3-2　きらくえん 4 苑　事業展開図

出典：筆者作成。

都大学や日本福祉大学等、研究機関との共同で業務改善に取り組むことも多く、職員も調査結果をもとに各種研修会等で積極的に報告を行っている。

　最後に、2012 年に開設された社会福祉法人きらくえんの最も新しい特養である、須磨きらくえんについて述べる。須磨きらくえんが立つ須磨区は神戸市を構成する 9 区の 1 つである。2014 年 2 月 1 日現在、人口約 16 万 4,300 人で、神戸市の人口 153 万 9,500 人の約 1 割を占めている。1889 年の須磨村誕生から須磨町を経て 1920 年に神戸市に編入され、1931 年の政令指定により須磨区となった。南部の旧市街地と北部の振興市街地がある。須磨きらくえんは市営地下鉄妙法寺駅から車で約 5 分程度の山の手に位置し、周りには大きなマンション等も建てられている住宅地である。須磨区の介護サービスは、特養が 9 ヵ所、老健 6 ヵ所、ケアハウス 2 ヵ所、有料老人ホームが 8 ヵ所ある。このほか、小規模多機能型居宅介護 4 ヵ所、グループホーム 12 ヵ所、サービス付き高齢者向け住宅も 4 棟 87 戸が登録されている。また神戸市における地域包括支援センターである「あんしん

第3章　社会福祉法人きらくえんによる地域包括ケアシステム　155

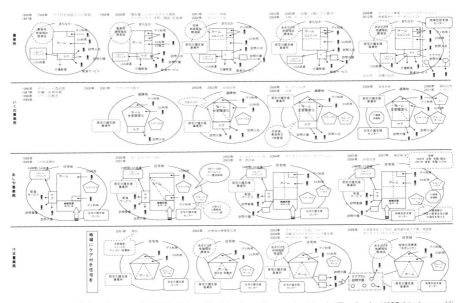

※拡大もできるPDFを明石書店ウェブサイト（http://www.akashi.co.jp/files/books/4157/kirakuen.pdf）
にご用意しています。

すこやかセンター」が8ヵ所も設置されている資源豊富な地域といえる。

　須磨きらくえんは、全室個室ユニット型の特養が定員100名で、その他ショートステイ20名、デイサービス一般型30名、認知症対応型が12名、居宅介護支援事業所、ホームヘルプサービスと文字通り高齢者総合福祉施設である。中でも非常に興味深いのは、特養等の老人福祉施設以外に今後周辺の敷地に有料老人ホームや障がい者センター、そして研修・宿泊施設の整備が構想されている。「高齢者」という枠を超えて地域の総合福祉施設としての展開が考えられているのである。社会福祉法人きらくえんは（図3-2）、当時珍しかった街中にある特養として出発した喜楽苑、全室個室の特養のいくの喜楽苑、震災時のケア付き住宅の発想を生んだあしや喜楽苑、ハード・ソフトで一人ひとりの暮らしを支えていこうと整備されたけま喜楽苑と常に時代の先端を走り続けてきた社会福祉法人であったが、またここでも壮大な計画が立てられている。この構想は「KOBE須磨きらくえん　ノーマライゼーション・ビレッジ」と名付けられ、今後順次整備

を進めていくという。今後の展開にも注視していきたい。

第2節　きらくえんによる地域包括ケアシステム

　第2節では、社会福祉法人きらくえんがそれぞれの特別養護老人ホームを基点として展開する取り組みを通して、地域の実情に応じた地域包括ケアシステムの実例として取り上げたい。ここでは、2012年に開設された須磨きらくえんは含めず、尼崎市の喜楽苑を①市街地における地域包括ケア実践として、朝来市（旧生野町）にあるいくの喜楽苑を②過疎地域における地域包括ケア実践、芦屋市にあるあしや喜楽苑を③住民が集える地域の拠点例として、尼崎市にあるけま喜楽苑を④一人ひとりの「住まいとケア」の実現例として述べていく。また、高齢者の「住まいとケア」施策の展開段階を表した図1-1（再掲）を用いて、きらくえん4苑の事業展開を整理し、政策・制度の展開段階と照らしてどのように展開しているのかを明らかにしたい。

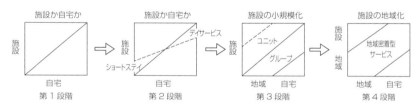

図1-1　高齢者の「住まいとケア」政策の展開（再掲）

1. 市街地における地域包括ケア実践（喜楽苑）

　喜楽苑がある尼崎市は2014年2月1日現在、人口が約44万8,500人で人口密度が県内で最も高い市である。中核市の指定を受けており、市全体は6地区に分かれている。喜楽苑があるのは、おおむね旧小田村域でJR尼崎駅周辺の南東部に位置する小田地区である。尼崎市は南部が工業地域、中南部が商業地域である。旧小田村と尼崎市は1936年に合併した。開設前史によれば、「住み慣れた市内に施設を」をスローガンにした約10年間の住民運動があり、喜楽苑は尼崎市初の特別養護老人ホームであったとい

第3章　社会福祉法人きらくえんによる地域包括ケアシステム　　157

う。元は託児所や職業安定所があった場所に立地し、現在も多くの民家が立ち並ぶ市街化区域、准工業地域である。2014年1月17日現在で市内に特養は28施設あり、ここには同法人のけま喜楽苑も含まれる。老人保健施設は12施設、介護療養型医療施設は2病院ある。特定施設入居者生活介護の指定を受けている施設は5施設であった。グループホームも21事業所あり、認知症対応型通所介護事業15、小規模多機能型居宅介護事業4、定期巡回・随時対応サービスも1事業所ある。この他、喜楽苑がある小田管内で介護サービスを提供している事業所は123もあり、うち特養は4施設、老健は1つ、グループホームは4ヵ所である。

　施設が街中にあることや、住民運動で建てられたこと、特に1988年からは「民主的運営」ということで地域住民とともに地域に根付いた施設を目指したため、地域住民と関わる機会は多く設けられた。それは開設当初から年間700～800人、現在では1,000人近くが、のべ2,000回の活動を行っているというボランティアの数にも表れている。ボランティアに対しては、1986年から「ボランティア感謝の集い」を開いている。住民に対しては、家族介護者教室やビデオの貸し出し、福祉の集いを開催し地域の福祉力の向上に努めた。2001年からはホームヘルパー養成研修会やガイドヘルパー養成研修も実施した。入居者についても、外出や散歩で日常的に地域に出かけるため、地域生活を断ち切ることなく生活できている。同時にそれが地域住民の理解を深めることにつながっていった。1993年に事業を開始した訪問介護や配食サービス等、施設からケアを持ち出す形のサービスが展開されてきたが、これが1995年の阪神・淡路大震災の復興支援にも役立った。喜楽苑は施設自体が大きな損害を受けなかったこともあり、震災後に浴室の一般開放や仮設・避難所での在宅サービス利用者の安否確認・相談受付を行った。それらの支援を通してグループホームのようなケア付きの仮設住宅が必要と確信し、行政へと働きかける。この働きかけにより尼崎市においても小田南ケア付き仮設（2棟24人）、翌年に一般仮設住宅ふれあいセンターを3年2ヵ月運営することとなる。これらの仮設住宅運営の後1998年からは尼崎市で高齢者世話付き住宅（シルバーハウジング）及びコレクティブハウジング4ヵ所152戸にLSAの派遣を行うこ

ととなった。LSAの派遣は平日の日中のみで休日や夜間は警備会社との連携で運営している。LSAの派遣事業は2006年度より高齢者安心確保事業から介護保険制度の地域支援事業へと移行している。尾縣施設長（当時）は、LSA派遣事業を「住み慣れた地域でその人らしく暮らし続けるための地域ネットワークの中で、復興住宅を捉え直すことが必要不可欠」であり、「LSA業務をさらに地域へと展開していくことが重要である」と述べている。2013年には兵庫県「地域サポート型特養」として、地域で暮らす人にもLSAを派遣している。さらに2004年には喜楽苑のサテライト事業として大物町にヘルパーステーションを立ち上げ、2006年には同市内にあるけま喜楽苑のヘルパーステーションと統合し、喜楽苑ヘルパーステーションを立ち上げる。2012年には「地域福祉センター あんしん24」として独立する等、より広い範囲での在宅ケアの提供を進めている。

　また1988年には、市内の関連12団体ともに「喜楽苑地域福祉推進協議会」を設立し、地域の関係機関とともに学習会や福祉の集いの開催、研究機関と共同で独居高齢者に対する調査等の実施、行政に対する交渉等を行ってきた。また、相談窓口も開設し年間70数件の相談に応じた。喜楽苑地域福祉推進協議会は後に「尼崎地域福祉推進協議会」を経て、現在は「あまがさき地域福祉推進協議会」に名称が変更されている。介護保険制度の導入により、自治体や関係機関との関係も変化しているが、防災等地域で共通して取り組めるテーマを通して、継続的にネットワークづくりに取り組んでいる。市内の3特養（ほかに園田苑、春日苑）合同で市に対して提言を行ったり、1988年には、神戸大学・龍谷大学の学生とともに喜楽苑の周辺の独居老人の調査「高齢化社会における居住条件と福祉に関する研究」を行った。その他、特養の情報誌『喜楽苑だより』、地域福祉センターの情報誌『共生』を発行し、関連機関に毎月送付した。また学生の見学や実習を積極的に受け入れているほか、学園祭や運動会、文化祭へも参加している。阪神・淡路大震災後や1997年の須磨での少年による殺人事件以降には、地域の小学生等が「トライやるウィーク」（地域での体験学習）の一環として喜楽苑を訪れることが多くなった。現在ではさらに総合学習の一環としての訪問や実習も受けている。

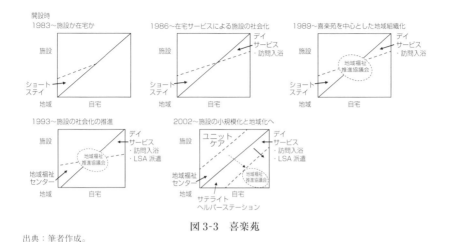

図 3-3　喜楽苑

出典：筆者作成。

　喜楽苑における事業展開は、図 3-3 のように整理できるだろう。まず、施設か在宅かの段階から在宅サービスが始められ、施設の社会化を進めている。その後、地域組織化を経て、施設の社会化から地域化へと移行している。喜楽苑では地域における施設の小規模化の段階はなく、在宅福祉サービスの充実による社会化とそれを拡充する形で地域化へと向かっている。1995 年の阪神大震災の復興支援以降には、シルバーハウジングへのLSA 派遣が行われている。

　福祉創設期に事業が開始された市街地における地域包括ケアとしては、まず特養入居者の暮らしを地域での生活の延長線上に捉え、外出の機会や自治会との関わり、自然な形での住民との関わりがはかられている。そしてデイサービス、ショートステイを併設し、在宅福祉が推進される 1990 年代以降はホームヘルパー等訪問系のサービスも実施され、在宅福祉 3 本柱と呼ばれるサービスが整備されることから地域のケア拠点としても存在しているといえるだろう。また介護保険制度導入後は市街地の特性もあって居宅サービス等の事業所が多く存在するため、事業所間のネットワーク形成に努めることで地域全体のケアレベルを上げることにつながっていると考えられる。

2. 過疎地域における地域包括ケア実践 (いくの喜楽苑)

　いくの喜楽苑は兵庫県の中央部に位置する朝来市生野町にある。朝来市は2005年の合併により朝来町、生野町、山東町、和田山町の4町が合併してできた人口約3万1,500人（2014年現在）の市である。旧生野町は2005年の合併時に4,900人程度であった。町の歴史は古く、1889年の市町村制の実施とともに誕生している。かつては「佐渡の金山、生野の銀山」といわれ、人口も1万人を超えた時期もあった。生野銀山は開坑は807年とも伝えられているが、1973年に資源枯渇等により閉山している。過酷な鉱山労働で、20代で亡くなる労働者が多く、平均寿命が30歳であったことも記録に残っている。また、過酷な鉱山労働が行われていた反面、鹿鳴館や幻の生野瓦がある等、銀山独特の街並みを形成し文化的に豊かな土地でもあった。朝来市には特養が4施設と老健が1施設あるが、旧生野町にあるのはいくの喜楽苑のみである。ほかに居宅介護支援事業所5事業所、小規模多機能型居宅介護6事業所等がある。

　1992年に開設されたいくの喜楽苑は、特養の設置にあたって自治体側から要請があったため、開設当初より自治体との協力関係がある程度構築されていたといえる。象徴的なこととしては、特養開設当初は町直営の在宅介護支援センターが施設内に設置され、町役場と常に情報交換できる環境であった。その後、在宅介護支援センターはいくの喜楽苑による運営となっている。ほか、建設に際しても行政をはじめ生野町の住民や企業に多くの尽力と寄付を受けた。そして開設時期が在宅福祉サービスが積極的に推進されている時期であったため、開設当初よりショートステイ、デイサービス、訪問入浴が実施されていた。特にデイサービスへの自立高齢者の利用認可を行う等、地域住民のニーズに対応した形で事業を運営し、介護保険制度導入後も独自財源で事業が運営されていた。事業の面以外でも外観を町並みと調和するように建設したり、1993年に入居者の歌っている歌が地域の盆踊りの唄であることに職員が気付き、地域で途絶えていた盆踊りを復活させる等している。盆踊りには地域住民や消防団等とともに企画から関わり、出店もしている。地域の老人会の参加もあり、現在でも数百人が集まる地域のお祭りとなっている。特養の横には生野町のゲート

ボール場と職員用の寮も用意され、いくの喜楽苑行きのバスも通ることになった。いくの喜楽苑の情報誌は施設に対する理解や根強くあった福祉へのスティグマへの解消を目指し、区長会の協力によって開設当初より合併前まで町民に全戸配布していた。ボランティアについては、1992年の開設1年目から524名が活動し、1994年から「ボランティア感謝のつどい」を開催している。2008年も年間367名のボランティアがシーツ交換や紙芝居、会話・散歩、お花見等の行事で活動していた。また、近隣の小・中学校との交流や実習生の受け入れも積極的に進められている。2001年からはドイツの良心的兵役拒否者の受け入れや、福祉等の養成機関から実習生を受け入れることにより、援助面での評価や課題も明確になり、その都度職員へとフィードバックされている。1998年には地域の婦人会の要請で講演や、町内各地への出前の介護教室が開催された。2004年には地域福祉研究者を招き地域住民も参加可能な学習会を企画し、多くの住民が参加した。阪神・淡路大震災時の復興支援については、阪神間の被災地に比べて被害は少なく、11名の被災者と数名のショートステイの利用等の受け入れを行った。2000年の介護保険制度導入後は、居宅介護支援事業所、訪問入浴が介護保険事業化され、2001年にはケアハウス竹原野が定員15名で併設された。ケアハウスは、当時としては珍しい公設民営の施設であり、過疎化・高齢化した地域では入所施設が基幹的な地域資源として強く位置付けられていることがわかる。2003年には訪問介護と身体障害者デイサービスが開始され、2005年にはグループホーム竹原野が18名の定員で開設された。2006年には、改正介護保険制度により創設された小規模多機能型居宅介護「たまき喜楽苑」を、旧和田山町内の民家を改築し開設した。その他、施設長をはじめとしたいくの喜楽苑の職員は、2000年以降、旧生野町の「竹原野福祉ゾーン建築構想」や保健福祉計画の策定委員、2003年には生野町総合計画の実現のための「地域づくり生野塾」や社会福祉協議会の評議員にもなっている。2007年からは、朝来市にある4つの特養が合同で朝来市福祉施設合同連絡会を立ち上げ、ボランティアネットワークの構築や災害時のシステムづくりについて取り組んでいる。社会福祉協議会等との連携については、ショートステイの運営やボランティア

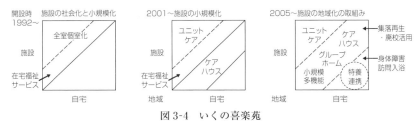

図 3-4 いくの喜楽苑

出典：筆者作成。

等について協議を進めてきたほか、社会福祉協議会の評議委員にも施設長が加わっている。医療機関との関係は、週2回の理学療法士によるリハビリと精神科医の往診がある。

　地域活性化の一環として、廃校になった栃原小学校舎を活用した事業を計画中であり、行政と事業所、住民がともに協力しながら、集落の再生に向けたプロジェクトに取り組んでいる。これまで小学校の一部を残して改装し、ミニデイサービスや食事会、喫茶店や体操に利用してきた。2011年からは土地を法人へ移管してもらい、幼児センターだった場所で介護予防機能を充実させたデイサービスを立ち上げた。兵庫県が進めてきた県内の過疎地域と阪神の大都市間の交流事業にも発展し、芦屋市・尼崎市・朝来市の3市長の合意を済ませ推進しているところである。

　旧生野町は、山間部の過疎地域であったため資源が乏しく、いくの喜楽苑が行政とともに様々な地域のニーズを充足してきたことがうかがえる。また、まちづくりや行政計画の策定、地域資源の活用等、福祉サービスの提供にとどまらず、地域づくりの一翼も担っているといえるだろう。合併によって行政との関係は変化したといえるが、中学校区等地域に密着した小地域での福祉を考えた場合には、やはり現在もいくの喜楽苑を中心に地域の福祉が展開されている。過疎地域に1つでも最期の場所となる入所施設を含めた介護サービス事業所があれば、地域で最期まで暮らし続けるための体制づくりを構築することが可能となるだろう。そういう意味では、過疎地域における介護サービス事業所の責任は非常に大きい。

3. 住民が集える地域の拠点として（あしや喜楽苑）

あしや喜楽苑がある芦屋市が誕生したのは1940年で、2014年時点で人口約9万4,450人である。国際文化観光都市として指定され、国内屈指の高級住宅街としても有名である。あしや喜楽苑があるのは、芦屋市の中でも海辺の地域で、六甲山、芦屋川、大阪湾にかこまれた居住専用地域に芦屋市で2ヵ所目の特別養護老人ホームとして建てられた。1997年の阪神・淡路大震災では芦屋市全体が壊滅的な被害を受けた。あしや喜楽苑も1995年の開設間近に被災し、建物が1mも傾く被害を受けた。開所は2年延び、採用が決まっていた職員の行き場もなく、また職員自身も被災している中で、喜楽苑の在宅福祉サービス利用者の安否確認を通してケア付き仮設の必要性を感じ自治体へと働きかけた。その結果、芦屋市においては4棟56名のグループホーム型のケア付き仮設住宅と、LSA派遣事業型の仮設住宅を7棟運営した。1998年からは、高齢者世話付き住宅（シルバーハウジング）である南芦屋浜復興公営住宅（全814戸）において、24時間型のLSAの派遣を開始した。被災地の復興住宅のうち唯一、震災後の10年間孤独死がない。震災直後から運営してきたケア付き仮設住宅は、3年2ヵ月の月日を経て廃止されることになる。廃止後もこのような形での支援の恒常化が望まれたが、公費での設立は断念せざるを得なかった。そのため2000年に入居者が費用を出しあい、グループハウスを建設した。入居者は16世帯17名で、介護が必要になれば、在宅サービスを利用している。2007年にグループハウスの2階に小規模多機能型居宅介護が開設されたことで、市内の在宅生活者の支援とともに、グループハウスの入居者が継続して暮らし続けられるようになった。これらの阪神・淡路大震災からの復興の取り組みを通して、きらくえんでは地域に密着した小規模なケア付き住宅の運営に新たな施設のあり方を見出すことになる。

高齢化率は開設が予定されていた1995年では15％だったが、2007年には20.3％になっている。また1世帯あたり世帯人員数は1995年で2.58人だったのに対し、2005年は2.03人に減少している。あしや喜楽苑の建つ潮見町は2005年時点で高齢化率31.8％（世帯人員数2.97人）であった。これは芦屋市59町の中で4番目に高い数値であるが、あしや喜楽苑が

LSAを派遣しているシルバーハウジングのある陽光町は39.8％で、シルバーハウジングのある南芦屋浜団地のみでは高齢化率は50％を超えている。芦屋市の中で最も高齢化率が高い地域であるといえるだろう。2014年時点で市内にある介護関連の事業所は58で、特養は4施設、老健4施設、グループホームは7施設である。そのほか地域密着型サービスである小規模多機能型居宅介護は3ヵ所、認知症対応型通所介護は4事業所であった。特定施設入居者生活介護の指定を受けている施設は4ヵ所、地域包括支援センターも4ヵ所で、うち1ヵ所があしや喜楽苑である。1990年以降は国全体で在宅福祉サービスが進められている時期でもあったため、開設当初からデイサービス・ショートステイ、機能訓練事業等の在宅サービスを併設している。1990年に制度化されたケアハウスが施設の4階にあり、在宅介護支援センターも同時に開所している。1998年には訪問介護事業、1999年には訪問看護事業が開始されている。2000年の介護保険導入後は、入所施設のユニットケアへの取り組みが開始され、居宅介護支援事業も運営された。その他、2004年にはサテライト型のヘルパーステーションが大東町で立ち上げられている。2006年の改正介護保険制度で創設された地域包括支援センターを受託し、地域組織化等にも積極的に取り組んでいる。開設当初からの課題であった、震災等で重度化した入居者への医療提供の必要性に対しては、医療機関との連携が思うように進まず、看護師での対応となっていた。1999年からは嘱託医が2名体制となる。その後医師会との連携も生まれ、かかりつけ医との連携もスムーズになり、特養入所後もかかりつけ医の診察を受けることが可能になった。シルバーハウジングでは、LSA主催のリハビリ教室や特定高齢者に対する健やか体操教室等が開催されている。あしや喜楽苑からの働きかけによる連絡会等を経て、この地域唯一のコンビニエンスストアの店長が店舗の隣の空き地で「認知症サポート養成講座」を開催する等、地域の住民同士の見守り体制づくりも広がっている。1998年からは在宅介護支援センター主催の介護教室が南芦屋浜の住民を対象にスタートした。

　ボランティアについては阪神・淡路大震災での影響もあり、また法人が開設までに市民と30数回もの会合を持ち、地域に開かれた施設運営への

協力をお願いしたことから、開設と同時に 320 人の登録者が集まった。これは、喜楽苑の 16 年目の登録者数とほぼ同じである。大人数のボランティアの受け入れに苦慮する時期もあったが、受け入れ体制を整え、1998 年からは「ボランティア感謝の集い」も開催している。2009 年時点でも実数 360 名、年間 7000 回の活動が行われている。またあしや喜楽苑ではその高い文化性を活かした地域交流スペースでの取り組みが特徴的である。あしや喜楽苑では、1992 年に加算が付けられた地域交流スペースを 1 階に位置付け、営業登録されている喫茶店や 2 ヵ月ごとに入れ替わるギャラリー等と合わせて運営している。地域交流スペースのある 1 階では、地域住民の往来が絶えず、2007 年度の利用者は 9,957 名で、月に平均 700 人程度が利用していた。喫茶店やギャラリーの利用以外にも、クラシックやジャズのコンサート、講演会シンポジウム等のイベント、自治会や関係団体の会合、土・日曜は自治会の卓球の練習も行われている。2006 年からは千里フィルハーモニア・大阪によるオーケストラ演奏も行われている。その他、2001 年から 2006 年の 6 年間はホームヘルパー 2 級・1 級の養成講座や介護教室も行われ、見学者や実習生も多い。以上のように、施設内に地域住民が様々な形で 1 ヵ月に約 1,000 人が行き来している。また地域の諸行事や自治会の会合、夏祭りにも参加している。2007 年 1 月には「10 周年のつどい」を開催し、230 人が参加した。地域交流スペースでは現在でも月に 3,000 人以上の利用がある。

　その他、地域組織化の取り組みとして 1998 年「芦屋市徘徊高齢者 SOS ネットワーク連絡会」が発足した。2004 年から在宅介護支援センターと居宅介護支援事業所が共同で、小学校区レベルでの小地域ブロック連絡会を開催し、福祉コミュニティづくりを進めてきた。潮見地域包括支援センターの開設により、2006 年以降は「最期まで住み続けられるまちづくり」を目指した取り組みが進められ、小地域ブロック連絡会も引き継がれた。小地域ブロック連絡会は潮見地区を 3 つに分けて組織され、行政、保健センター、社会福祉協議会、老人会、自治会、民生児童委員、ケアマネジャー、子ども会、学校関係者、ボランティアグループ、商店、住民有志等 40 名もが参加した会議が開催されている。また、地域ネットワーク部

会として、中学校区全体の住民組織が設立され、年に2回の部会では小地域ブロック連絡会の紹介や学習会が行われている。専門職を中心としたネットワーク部会もあり、医師会・歯科医師会・薬剤師会の地区担当者とケアマネジャー、民生児童委員等、関係機関が参加した事例検討を行っている。ほか、地域のケアシステムの課題を抽出し、芦屋市の地域ケアシステム会議に提出し、市の「第4次芦屋すこやか長寿プラン21」に反映されている。小地域ブロック会議以外でも、芦屋市高年福祉課、他地区の地域包括支援センター職員、民生委員、福祉推進委員、利用者家族の代表が2週間に1回、2007年に開設された小規模多機能居宅介護事業の運営推進会議に参加している。シルバーハウジングへのLSA派遣でも、行政や保健師との連絡会の開催や、老人会や民生委員等との小ブロック連絡会へも積極的に参加しており、地域の課題の共有化だけではなく、職員同士のメンタルサポートやスキルアップにもつながっている。その他小ブロック連絡会の話し合いを経て、地域では民生児童委員による登校時の「子供見守り活動」が開始されたほか、全域で地域ネットワーク部会を立ち上げ、学習会等も開催されている。先述したシルバーハウジングでのLSA派遣や、グループハウスの2階に開設された小規模多機能型居宅介護でも、それぞれ関係機関との連絡会や運営委員会が開催されている。介護保険制度導入後は特に、利害関係にある同業者同士のつながりが希薄になりがちであるが、地域単位での多職種との連携、インフォーマルなネットワークとのつながりを持つことで、地域の課題の共有化だけではなく、所属する事業所の課題解決や、職員同士のつながりを構築することにつながっている。

　以上述べてきたように、あしや喜楽苑は開設前に阪神・淡路大震災に被災し、その復興で取り組んだ地域に密着した小規模なケア付き住宅が、その後の事業展開に大きな影響を与えている。1997年の特養開設時には、在宅福祉推進への流れを受け、通所、訪問、短期入所の在宅福祉三本柱に加え、ケアハウス、在宅介護支援センター、地域交流スペースの実施と、施設の社会化と小規模化を同時に展開している。さらに、阪神・淡路大震災の復興支援で感じた地域住民のニーズに対し、シルバーハウジングへの24時間型LSAの派遣やグループハウスの創設へとつなげていった。開設

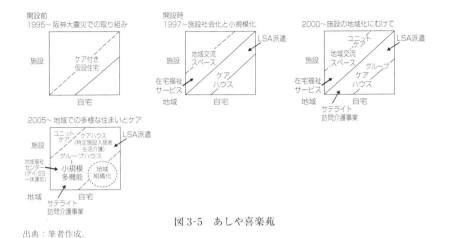

図 3-5 あしや喜楽苑

出典：筆者作成。

から月日が経過し、ケアハウスやグループハウス入居者が重度化していくことに対しては、ケアハウスの特定施設入居者生活介護の事業指定を受けるほか、小規模多機能型居宅介護の開設とグループハウスとの連携、デイとショートステイの一体的運営、地域包括支援センターによる地域組織化等、より継続的な支援が可能になるための事業展開を行っている。

加えて、地域包括ケアシステムの構築の観点からみても、特養における地域交流スペースの活用、入居者の地域生活の継続、ボランティアや実習生の積極的な受け入れ等、住民が集える場所として積極的に取り組むことで、入居者の生活の質を上げるだけでなく、何かあった時の頼れる場所として常に地域に開かれている。また住民と専門職等重層的なネットワークの構築を通して、地域のケア拠点としての存在意義と地域全体のケア体制づくりを進めているといえるだろう。

4. 一人ひとりの「住まいとケア」の実現（けま喜楽苑）

けま喜楽苑は喜楽苑と同じ尼崎市内のおおむね園田村域にある。阪急電鉄園田駅から塚口駅にかけて広がる園田地区北西部の第1種高層住宅専用地域が食満で、JR猪名寺駅までは徒歩12分、園田駅まではバスで数分かかる。商店等へは距離があり、周辺も夜間注意が必要なエリアもあるが、

近隣には上食満公園や畑等もあり、居室の窓から、また散歩では四季折々の緑も眺められる地域である。きらくえんが他に展開している阪神南地域と比べると人口規模や地域性が中間的であるといえる。けま喜楽苑は1階にデイサービスとショートステイを一体的に運営し、入居者は2、3階に居住している。デイサービスとショートステイを一体的に運営することにより、通所と短期入所の連続性が担保され、利用者同士の顔なじみもできることから2001年から実施している。併設施設として居宅介護支援事業所やグループホームを運営している。2002年には同じく尼崎市内にある喜楽苑とともにあまがさき地域福祉推進協議会に加入している。

サテライト事業として、2003年には立花で、2005年に塚口で、2006年にむこのそうでヘルパーステーションを立ち上げている。2007年にはむこのそうケアプランセンターを設立し、喜楽苑のヘルパーステーションと合同で喜楽苑ホームヘルパー事業として運営している。尼崎市は在宅福祉サービスの激戦区といわれ、近隣には事業所が非常に多くある。園田地区にも、合計108の介護サービス提供事業所があり、園田管内の特養は5施設でけま喜楽苑はその1つである。その他老健が2施設、グループホームは4施設、居宅介護支援事業所は33事業所である。2006年に地域包括支援センターの運営を受託している。けま喜楽苑開設当初は、特に居宅サービスの利用者数があまり伸びなかったが、月日が経過するごとに利用者も増加し、現在では100％近い稼働率となっている。

入居者と地域住民との関わりは、入居者の日常的な外出により行われている。散髪や買い物、行きつけの居酒屋や喫茶店に出かけることで自然な形での関わりが可能になっている。公民館でのサークル活動への参加や老人会への加入、自治会の組織化と地域との関わり、ふるさと訪問も積極的に進めている。特養入居者の地域への逆デイサービスも実施されている。また、「けまめーる」を2ヵ月に1回発行し、情報発信を行っている。民生委員・婦人会等との懇談会や諸団体との交流、地域における介護教室も実施している。施設開設以前には地域との接点がなかったため、ボランティアは、開設時60名程度の活動から開始した。ただし、周囲に民家も増え、理解も進んだことで年々増加しており、2年目には年間のべ2,000

人の方が参加し、100人程度がボランティア登録をした。それ以降も地域との関わりは順調に進んでいた訳ではなかったといえるが、ユニットケアの「入り口はその人らしさ、出口は地域」という理念を意識した実践や、デイサービスとショートステイの利用者増、サテライト事業所の設置、ボランティアの増加等から、年々地域に根付いていったことがうかがえる。職員の中にも「地域の資源の1つとして」という総括文が出てくるように、地域資源としての施設という視点で事業運営を進めていることがうかがえる。また、ケアマネジャーと家族会が中心になって、積極的に地域住民への講演会を実施している。子どもから高齢者までテーマは様々で、医師による講演やAEDの説明会、子どもの食事について等参加者も幅広い。玄関先で野菜を販売する方もおり、地域との関わりが濃密になっている。さらにクックチル方式の厨房を活用して、2006年からは地域の独居高齢者もしくは高齢世帯への配食サービス「ごちそう便」を開始し、1食500円で夕食のみを提供している。2007年からは地域交流を目的とした「おきらくや」が始動し、特養フロアを地域に開放し節電・節水といったエコプロジェクトと合わせて取り組みを進めている。医師とのつながりについても協力医療機関だけではなく、かかりつけ医による継続的な診察も受けられるようにしている。2002年度の総括でも「入居者の主治医を確定したことで、急変時等にもすぐ主治医に連絡を取り、重症化を防ぐことができている」と述べられている。また、主治医からの指導で理学療法士の派遣による機能訓練も開始している。2007年度には認知症の診断と"医療と介護の連携"をテーマとしたNHKの取材を受けている。2003年には喜楽苑と合同で待機者741人に対するアンケート調査を行い、その結果をもとに2004年にはきらくえんが主体となって尼崎市長オープントーク「特養待機者の集い」を組織し、開催した。

　けま喜楽苑は、同法人で唯一介護保険制度導入後に開設されており、介護保険サービスのうち、デイサービスとショートステイを実施している。また、制度化前から個室化・ユニットケアを導入し、グループホームを併設している等、施設の小規模化の段階からスタートしている。2005年以降は、サテライト事業としてのホームヘルパーステーションや地域交流事

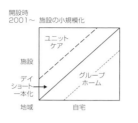
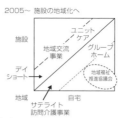

図3-6　けま喜楽苑

出典：筆者作成。

業の実施、あまがさき地域福祉推進協議会等への参加等地域化への取り組みへと進んでいる。

　介護サービス等の事業所も多く、同じ尼崎市内とはいえ、喜楽苑とは開設時期も異なっているため違った形での地域との関わりがみられた。その他の介護サービスとの競合だけでなく、協働しながら地域をみていく視点も必要だといえる。けま喜楽苑は一人ひとりの高齢者の「住まいとケア」を提供することで、地域で暮らし続けられるような取り組みにつなげているといえるだろう。

5. きらくえんにおける地域との関わり

　以上1～4項から明らかになったことは、それぞれの地域性をふまえ、個々の特養で独自に時々の施策を活用しながら事業展開を行っている点である。街中に建てられた喜楽苑では、入居者の市民生活の保障を通して地域社会とつながり、訪問系の在宅サービスの展開を中心に事業を展開している。そして、市内にはじめて建てられた特養であることや介護保険制度が導入されていなかったことも幸いし、「地域福祉推進協議会」を立ち上げ、市内の他の事業所ともネットワークづくりを進めた。近年では防災を地域の課題として取り上げ、ネットワークづくりを進めている。

　同じく、入居者の市民生活の保障を通して地域社会とつながっているのは、けま喜楽苑である。けま喜楽苑では、開設当初からハート・ソフト両面から入居者の市民生活を守りやすい土壌が整っていたといえる。一方で、地域との距離は喜楽苑とは比較にならず、在宅サービスやボランティアに

おいても始めから成功している訳ではなかった。そのためけま喜楽苑では、地域におけるサテライト事業所を積極的に立ち上げ、時間帯等にも柔軟に対応するサービスで利用者を増やし、3ヵ所のサテライト事業所を持つ。けま喜楽苑、喜楽苑のサテライト事業所であるヘルパーステーションは、喜楽苑ヘルパーステーションとして合同し、その後「地域福祉センターあんしん24」として事業が展開されている。また、高齢者自身の生活を断ち切らずにつなげることを目的に、地域の開業医とも連携し、主治医による診察も実施している。ターミナルケア等、医療による支援がより必要となった際にも、柔軟に個別に関わってくれることで、入居者・職員ともに利点がある取り組みとなった。

　いくの喜楽苑は、阪神間の3苑とは異なり、市町村合併を行った山間部の過疎地域である。そのため人材の確保や地域資源不足が課題であるが、行政や地域住民とのつながりは強い。旧生野町とは合併前からともに地域の介護ニーズ等に取り組んでおり、事業展開も地域住民や町の意向をふまえたものが多くある。具体的には、デイサービスの自立高齢者の利用や、ショートステイの柔軟な運用、地域の福祉ゾーンの確立や、廃校等を活かした地域活性化に関する取り組み等、多岐にわたっている。また、町内の資源は少ないが、合併後の市では4つの特養があるため、福祉施設合同連絡会を立ち上げ、ボランティアネットワークの構築や災害システムづくりに取り組んでいる。グループホームやケアハウスに加え、小規模多機能型居宅介護は、地域の民家を改修し、他の喜楽苑では取り組んでいない地域全体の活性化事業にも積極的に取り組んでいる。

　あしや喜楽苑の取り組みの特徴の1つとして、地域交流スペースの活用があるだろう。地域交流スペースには、営業許可を取った喫茶店やギャラリーもある。国際文化交流都市である芦屋市の特長も活かし、ギャラリーでは様々な芸術作品の展示会が開催され、地域交流スペースではコンサートやクラブ活動、講演や研修だけではなく、自治会の卓球クラブの練習も行われている。開設当初から集まってきた多くのボランティアとともに、地域交流スペースを基点とし、入居者（利用者）と地域住民との日常的な交流がはかられている。加えて、地域にある住まいに対するケアの提供が

ある。開設前の阪神・淡路大震災でケア付き仮設住宅やシルバーハウジングへのLSAの派遣等を行っていたことも関係して、地域の中にある様々なタイプの「住まい」で暮らす方々に対して支援を行っている。具体的には、シルバーハウジング等へのLSAの24時間派遣や、ケアハウスの創設とその後の特定入居者生活介護への移行、グループハウスの立ち上げと小規模多機能型居宅介護との連携等である。地域にある様々な「住まい」に対し、「ケア」を提供する地域ケアの拠点となる働きといえる。最後に、在宅介護支援センター（後の地域包括支援センター）や小規模多機能型居宅介護の運営会議等を通して取り組んでいる地域の組織化がある。小学校区、中学校区全域、専門職と大きく3つに分けて活動を展開し、小学校区で具体的な地域課題についての検討を行い、中学校区で地域全体の課題として共有し、同時に専門職が事例検討を通して課題の解決や情報共有を行っている。小学校区で開催されている地域ケア会議には、行政や保健センター等の関係機関に限らず、地域住民やまちの商店、ボランティア活動団体等も参加している。

　ボランティアについては4苑すべてで取り組まれているが、ボランティアや実習生、見学者等施設外の人を多く受け入れる背景には、高齢者の生活支援に対する担い手不足の解消や教育的な意味だけではなく、施設内部に外部からの目を入れるという側面もある。外部からの目という点では、その他に後援会の存在も大きいだろう。現在きらくえんの後援会は5つの苑それぞれと全体の合計6つがある。会員は約1,000人で、各種行事への参加や寄贈・寄付のほか、会報の発行やセミナー・講演会の開催など、活発に活動している。その意味でもきらくえんは積極的に地域に開き、外部の目を入れることで、施設の中にとどまるのではなく、地域の理解と協力を得て高齢者の支援を行っている。

　4つの特養がどこに力点をおいた取り組みをそれぞれが拠点となってしてきたかを一覧にしてみたが（表3-1）、きらくえんが目指す地域包括ケアシステムは決して一様なものではなく、地域性や地域が抱える課題、住民のニーズ、事業所等の状況等様々な要因によってそれぞれの形を目指してきたといえる。本書で取り上げた例も地域包括ケアシステムの一例にすぎ

表3-1　きらくえんにおける地域との関わり一覧

	喜楽苑	いくの喜楽苑	あしや喜楽苑	けま喜楽苑
入居者の「住まいとケア」	△	○	△	◎
入居者の地域生活を保障	◎	○	○	○
地域でのケア（サービス）	○	○	◎	○
行政との協働	○	◎	○	○
地域住民の参加（拠点）	○	○	◎	○
専門職や住民との協働	○	△	◎	○

出典：筆者作成。

ないが、現在地域社会への貢献について求められている社会福祉法人の取り組みとしても、質の高い高齢者の「住まいとケア」を保障しながら人生の最期までを含めたケアを提供できる点においても、社会福祉法人きらくえんの30年間の取り組みは地域包括ケアシステムを進めていくうえで様々な示唆を与えてくれるのではないだろうか。

第3節　地域包括ケアシステム構築に向けて

　本章の最後に、きらくえんでの30年余りの実践分析を通して得た「地域包括ケアシステム」構築に向けた示唆を3点でまとめてみたい。1つ目は一人ひとりへの「ケア」を支えるもの、2つ目は「住まい」としての空間づくり、3つ目に看取りまでを含めた継続的なマネジメントである。

1．一人ひとりへの「ケア」を支えるもの
(1) 理念の実現を通して

　きらくえんは、法人理念を「ノーマライゼーション」としている。それは、地域の中でひとりの生活者としての暮らしを築くというもので、どんなに重い障害があろうとも、ごく普通の当たり前の生活が保障されなければならないというノーマライゼーションの具体化に努めるとしている。そして、その具体化のため、2つの運営方針を掲げている。「人権を守る」「民主的運営」である。1つ目の「人権を守る」ための方法として、①人間の尊厳を守る、②プライバシー保護の徹底、③市民的自由・社会参加の

尊重が設定されている。この3つの方法は、より具体的には、①人間の尊厳では、尊敬語・謙譲語・依頼形での会話（自己決定を促す言葉づかい）、目線を水平もしくは下から合わせる、入退室時のノック・挨拶の励行、②プライバシー保護の徹底では、排泄・入浴時をはじめ生活のあらゆる場面で徹底してプライバシーを守る、③市民的自由・社会参加の尊重では、すべての利用者に対して、家具・仏壇・個人の電話等の持ち込みを推奨し、外出・外食・旅行・飲酒・地域の行事への参加・主治医の選定等ごく普通の生活を送れるよう支援するとされている。2つ目の「民主的運営」では、入居者自治会の保障、家族会との共同、役職員の連帯と協働、理事会・評議員会の民主的運営、地域に開放し、地域の財産として住民とともに地域福祉を構築するとされている。つまり、抽象的で普遍的な理念を定めているだけではなく、それをより具体的に職員が実践できる方法として提示しているのである。

　さらに、法人理念、運営方針に加え、4苑でもそれぞれにコンセプトが設定されている。喜楽苑では、「下町のノーマライゼーションを目指します」と「地域の諸課題を住民とともに解決するために努力します」。これらは、地域の老人会への参加、日常的な外出、散歩、ふるさと訪問、ボランティアの集い、介護者教室、福祉の集いの開催、実習生・見学者等の積極的な受け入れ、あまがさき地域福祉推進協議会結成等で実践されている。いくの喜楽苑では、「ハードからも人権を守ります」であり、高齢者の豊かな生活を実現するために、居住エリアの分散化と全室準個室化をはかっている。その他、地域に根付いた運営を目指し、地域で途絶えていた地域の盆踊りを復活させ、情報誌を町に全戸配布していた。地域で当たり前の生活の実現を目指し、夜間入浴や食事の選択等も実践されている。あしや喜楽苑では、定礎に「福祉は文化」と刻んでいる。これは、豊かな福祉社会こそ、文化の基礎であると考えていること。また、入居者の方々に質の高い文化を享受していただくことを大切にしているためである。そして、高齢社会だからこそ高齢者施設が地域の文化の拠点になるべきとの思いを込めている。具体的な取り組みとしては、花と緑を多用する、地域交流スペース、喫茶店、ギャラリー運営、各種の講座開催、市民的生活の保障と

して地域の諸課題解決に参加する等である。けま喜楽苑では、定礎に「つなぐ」と刻んでいる。これは、入居者の方々が、施設入所によってこれまでの生活習慣を断ち切られるのではなく、これまでと同じ生活の継続を目指す「つなぐ」を第一義にしている。また、命をつなぐ、人と人をつなぐ、地域をつなぐ、世紀をつなぐという意味もある。具体的には、全室個室・ユニットケアによる人権の尊重と一人ひとりに合わせた福祉用具、入所前の２回の面接、バー、喫茶店設置、ショートとデイサービスの一体的な運営等である。

　以上、きらくえんでは、このように、理念を掲げるだけではなく、入居者に対して、家族・地域住民に対して、職員に対して実行し得るものとしてより具体的にすることでケアの質を維持・向上させている。2003年から取り組んでいる経営改革の１つとして実施した、職員に対するアンケートでも、「法人理念・方針について」は約８割の職員が理解していると回答、また「あなたは当法人のサービスを利用したいか」という問いには75％の職員が肯定的な回答であった。さらに、「法人理念、運営方針の浸透がはかられていること」、「サービスの質に対するこだわりと自信がみられた」ことも明らかであった。入居者一人ひとりの生活を大切にする支援は、職員の理念に裏打ちされたものであるといえる。また、介護保険制度導入を契機に増加した契約職員や非常勤職員に対し、積極的な研修の機会を設け、理念の浸透や質の向上を目指している。研修では、職員のスキルアップに関するものだけではなく、こころのケアに関する研修にも取り組んでいる。

　では、上記の法人理念をどのように実現させているかという点であるが、きらくえんにおいては、入居者の施設内の生活については、開設当初よりおおよそ考えられることは何でも自由である。人員の関係や安全性の問題、健康上の理由等で禁止されがちなタバコやお酒、散歩・外出、個人の電話もある。個室においては、職員がかけるのではなく、入居者自身がかけられる鍵もある。居室の中には、入居時に本人・ご家族に依頼し、個人の持ち物が多く持ち込まれている。慣れ親しんだ家具や家族の写真、電化製品、仏壇を持って入居する方もいる。また、地域の老人会への参加やお祭り、

買い物や行きつけの美容室、居酒屋等にも出かけている。これらは、地域で暮らしていれば当たり前にしていたことであり、施設に入所しても断ち切ることなく、継続して保障しているのである。食事や入浴、排泄についても、一人ひとりに対する支援を心がけており、食事の時間帯を職員側が決めるのではなく、大まかな時間帯を決め、その時間帯の中で食事をしてもらえるようにしている。そのために、各施設でエリア単位のキッチンを整備したり、柔軟に個別対応ができる直営型のクックチル方式の厨房をけま喜楽苑・あしや喜楽苑で導入している。入浴についても、1990年代から夜間入浴に取り組んでおり、また改修等も伴っているが、エリアごとの浴室・脱衣室の整備、個浴を設置することで、一人ひとりがゆったりと入浴できるようにしている。排泄についてもけま喜楽苑の取り組みとして高性能のオムツを導入し、一人ひとりの排泄リズムを把握し、排泄介助の時間を決め、一斉に介助するのではなく、随時対応できる体制を整えている。けま喜楽苑ではこのほかにも、一人ひとりの体に合わせてつくることができるモジュール型の車いすを導入しており、個人の体にあった生活を支える道具として使用されている。

　きらくえんでは、喜楽苑が開設された経緯からもわかるように、市民的自由・社会参加の尊重という点でも、地域に根付いた施設を目指している。また、法人理念や運営方針にもあるように、入居者が地域の中で1人の生活者としての暮らしを築くことを保障することに努めている。それまでの行きつけの美容室、居酒屋、買い物等にも積極的に出かけるため、店主や客等とも顔なじみの関係が続くことになる。さらに、たとえ認知症になり施設の外に徘徊することがあっても、職員は徘徊は問題行動で禁止すべきであるとは考えず、「お散歩」であると捉え、ともに地域に出かけるようにしている。取り組みの当初は、近隣の住民や警察等も安全上、認知症高齢者の外出に否定的であったが、徐々に理解が深まり、たとえ職員が気付かないうちに出かけることがあっても警察や近隣の住民等から声をかけてもらえるようになった。このことは、喜楽苑に限らず、その後の事業でも引き続き取り組まれている。施設に入居したことで生活を施設内で完結するのではなく、それまでの地域での生活を断ち切ることなく継続すること

で、当たり前の生活が保障できると考えている。

　また、喜楽苑では1994年に「喜楽苑での生活をよりよくするために」自治会が結成された。いくの喜楽苑ではユニット別の自治会、あしや喜楽苑では入居者懇談会等を経て、2007年に自治会「すずめの会」が、けま喜楽苑では開設から2年目の2003年に自治会が結成されている。このほか、併設の地域福祉センターやケアハウス、グループハウス、小規模多機能型居宅介護にも自治会は結成され、さらに、けま喜楽苑に併設されているグループホームいなの家では、全国（世界）ではじめてグループホームでの自治会が結成され、「自分たちの暮らしは自分たちで決める」を合言葉に様々な内容が話し合われている。高齢者自身が自らの生活に主体性を獲得し、要望や意見を表明することが保障されているのだ。ここにも民主的運営や人権の尊重等の運営理念が根付いているといえるだろう。これらの入居者の生活や取り組みは、職員をはじめ家族やボランティア等により支えられており、法人理念や運営方針の重要性が確認できるものである。しかし一方で、入居者の高齢化、重度化は進んでおり、ターミナルケアの対象となる高齢者も多くなっている。理念に裏付けられたこれらの取り組みが今後もどれだけ実現できるのか、またどのように変化する必要があるのか検討の余地がある。

　そして最期まで入居者を支えるための方策として、医療機関との関係についても検討が必要だろう。喜楽苑開設時やあしや喜楽苑開設時には、老人保健法や阪神・淡路大震災の関係で医療依存度の高い高齢者の入居があり、職員は厳しく制限された施設内での医療行為への対応に苦慮した。また、今後も療養病床の削減に伴う医療依存度の高い高齢者の増加や入所者要件の引き上げにより、重度者やターミナルケアへのニーズが増えてくることが予想できるため、医療機関との一層の連携が不可欠である。いくの喜楽苑では、医師の指示のもと週に2回の理学療法士によるリハビリや、精神科医による往診が行われている。その他、けま喜楽苑では、通常の協力病院等だけではなく、地域の医師会の協力を得て、入居者一人ひとりの主治医との連携も継続して行い、ターミナル期や病状の悪化等にも対応できるような体制づくりを行っている。入居者にとってもこれまで診てくれ

ていた主治医に継続して診てもらえることで安心感もあり、ターミナル期への柔軟な対応等の効果も出ている。これらを実現するためには、入居前の充分な面接、できる限りの個室化と小規模な単位での生活を職員と環境面（食堂や浴室の配置等）から実現すること、施設周辺の地域住民の理解を得ること、また関係機関との協力関係の構築が必要となる。また、施設全体にとっても、入居者の生活だけではなく、地域に住む高齢者全体に視点を広げることが重要である。地域の中で高齢者施設はそれ単独で存在する訳ではない。入居者はそれまでの生活があり、必ずしも全員が施設内で最期を迎える訳ではないため、施設から出た後の生活がある。また施設内だけで生活が完結する訳でもない。つまり、高齢者施設は地域から離れて存在し得ないのである。そのため、地域に対して「住まいとケア」の事業を展開し、地域で住み続けるための支援を提供することは、特養待機者への対応だけではなく、高齢者施設の入居者の生活を「つなぐ」役割も期待できる。尼崎市や芦屋市での地域組織化やネットワーク構築の取り組みがそれらのヒントとなるだろう。

　以上、きらくえんで実践されている継続性を重視したケアについてまとめたが、重要な視点は、高齢者一人ひとりも、施設自体も、地域社会の中で存在するということである。そのため、一人ひとりの「住まいとケア」を地域全体で検討することが今後求められる。

(2) 施設経営と人材育成

　特養をはじめ各種高齢者サービスは、契約制度による利用となったことで、選ばれる施設としての転換が求められている。そして、同時に、それまでの措置制度による施設運営から施設経営への転換が求められることとなった。つまり介護報酬によって左右される事業所の経営状態が、職員にも高齢者に対するサービスにも影響するのである。そのため、入居している高齢者の生活を考えるだけではなく、事業をいかに継続していくのかという視点でも職員の意識変革が求められている。2007年厚生労働省の「介護事業経営概況調査」では、事業収益に対する収支差の率は2004年から2007年で10.2％から4.4％へと減少している。また、東京都から2008

年6月に出された『介護人材の定着・確保に向けた介護報酬のあり方等に関する緊急提言』では、特別養護老人ホームの経営実態について、「より多くの人材を必要とするユニットケアの導入等、サービスの質への要求が高くなる反面、社会保障費用の抑制という国の方針に沿って、介護報酬はマイナス改訂を重ねており、事業者は非常に苦しい経営を強いられている」(2008: 3)と述べられ、事業活動収支差額率は、2004年度の6.44から2006年度は3.56％へと減少している。また、他の分野では考えられないほどの人件費率の高さを持つ介護サービス事業所経営においては、経営と人材の関係は切っても切れない。

きらくえんでは2003年から2007年までの3年3ヵ月の間、コンサルティング会社を入れて経営改革を行った。前述してきた職員を対象にしたアンケートについても、この改革の一環で実施された。経営改革では、2つのプロジェクトチームが立ち上げられた。第1期のプロジェクトは「働き甲斐のある組織や制度を構築し、職員のやる気を高めること」を目的にした組織・人事管理、第2期のプロジェクトは「管理職のマネジメントスキルの向上を図り、健全経営を確立すること」である。第1期のプロジェクトでは、法人全体の財務状況の分析と、全職員に対するアンケート調査を実施した。財務状況分析では、法人全体では10％の経常収支差額比率でも、事業によっては赤字になっていること、また人件費比率でも深刻な数値の事業があることが明らかになった。職員アンケートでは、理念の浸透や将来の入居希望等については肯定的な結果であったものの、給与や評価、職員体系については課題があることが明らかになった。

財務状況分析と職員アンケートを受けた第1の改革として、組織・人事改革が行われた。会議・委員会の見直しや職務権限、職務分掌等の職員体系を見直し、2004年4月からできるだけシンプルでわかりやすい体制に移行している。表彰制度も導入し、永年勤続だけではなく、資格取得や大会発表等対象を拡充した。第2の賃金の改革では経常収支の差額比率や人件費枠等の議論も進めながら、それまで取り入れられていた年功序列や学歴等による給与体系による給与の見直しを行い、初任給の引き上げや手当ての合理化、人事考課を賞与等に反映する評価制度を導入した。人事考課

では、自己評価と上司の評価をもとに面接を行い、それらを通して職員自身の自己覚知と賃金等への反映を進めている。その結果、改革後のアンケートでは、不満を持つ意見は１つも出なかった。そして、第３の改革として、業務検討会議を行い、各事業の予算に基づく収支状況の検討と事業方針の進捗状況を討議した。会議を通して、部署の責任者の経営感覚が高められ、全施設が常に情報を共有し、理念と方針に添った健全な経営を団結して目指すこととなった。

きらくえん25周年記念誌によれば、経営改革の成果として、収支差額が2003年の6.55％から、2008年の12.46％へと増加している。徹底した空きベッド管理と、デイサービス等の在宅サービスの利用者と登録数との差をなくしたことが理由とされている。改革後のアンケートでは給与に対する満足度の向上、会議の活性化、職員研修の充実度についての項目で評価が高くなっていること、その一方で課題であった人件費率が2003年から2005年にかけて1.5％下がっていることが明らかになった。一人ひとりの満足と人件費率の低下の両方が実現できたということになる。さらに、改革後は職員の研修を充実させ、ケアの質の向上を進めている。この経営改革の成功の裏には、経営改革の前提として改革前と改革後に、コンサルティング会社により全職員を対象にアンケートを実施したこと、その結果を改革へ反映したこと、月に１回の給与袋にプロジェクト会議について知らせる「人事プロジェクトニュース」を入れ全職員に配布し情報を共有したこと、プロジェクトに労働組合職員を入れたこと、人事考課により給与が下がる職員への個別面接を実施したこと等がある。経営改革を管理職等だけで行うのではなく、一人ひとりの職員とともに民主的に取り組んだことこそが、一人ひとりの支援をする施設での業務意識を向上させたといえるのではないかと考えられる。介護保険が導入され、社会福祉法人も準市場の中で経営をしなければならない。経営感覚だけでは乗り切ることができず、理念だけでも持続的な運営は実現できない。高いケア理念と方針に沿った健全な経営を両立する努力をすることが今後のケア業界では急務である。

次に、人材についてであるが、介護現場はこれまでも人材不足が指摘さ

れ、その充実を望まれてきた。人件費率については、東京都の2008年に公表された「特別養護老人ホーム等経営実態調査結果」によると、2004年では62.22％であったものが、2006年には63.89％へ上昇している。先述の『緊急提言』においても、人件費率は62〜63％で、さらに、職員1人あたりの人件費の低下については、経営努力の面も指摘しつつ、「これが非常勤化によるものであれば、職員の定着という観点からはマイナスに作用する側面があり、人材流出・採用難の一因にもなっていることに注意する必要がある」(2008:3) とまとめられている。「介護サービス施設・事業者調査」データから、2000年から2006年の介護保険施設の介護職員数（常勤・非常勤）の推移をみても、非常勤の構成比率は10.8から15.2％へと増加の一途をたどっている。2009年の4月改定では、介護従事者の人材確保・処遇改善を目的に介護報酬が3％引き上げられた。介護従事者の給与の月2万円アップが期待されていたが、2009年10月に日本介護クラフトユニオンが発表した介護報酬の引き上げが職員の賃金に与えた影響については、報酬引き上げ前の6,456円増にとどまっていることが明らかになった。事業経営と人材確保については、2000年以降に顕著になった課題といえるが、人件費がそのほかの分野に比べ非常に高い介護サービス事業所の経営は、人材確保を直接左右し、ケアの質へと反映される可能性が指摘できる。事業所の経営とケアの質のバランスをはかる責任が、事業所に委ねられているのである。例えば、開設当初の喜楽苑では、1982年に制定された老人保健法の影響で病院からの入居者が多く、医療的な関わりを必要とする人や、重度の入居者が大半を占めていた。それに対し、職員配置は1966年に定められた最低基準、「生活指導員、寮母及び看護婦又は准看護婦の総数は、通じておおむね入所者の数を4.1で除して得た数以上とする」(4:1) に準じた職員配置しかなかった。また、居室等の設備についても、「50人以上の人員を入所させることができる規模を有しなければならない」「入所者1人あたりの床面積は、収納設備を除き、4.95㎡以上とする」「居室に入所させる人員は8人以下とする」等の基準に準じた形で建設が進められた。しかし、喜楽苑ではその後生活指導員となった市川氏（現・法人理事長）の指導のもと、理念に添った職員教育の徹底が行われ、

職員配置も改めている。2009年1月に更新されている兵庫県介護サービス情報公開制度によると、介護保険制度上の職員配置が3：1であるのに対し、喜楽苑は2.1：1、いくの喜楽苑は2.3：1、あしや喜楽苑は2：1、けま喜楽苑は1.89：1である。

ただし前述の経営改革の一環で行われた2003年のアンケート調査結果からは、職員に対するケア理念の浸透の一方、「賃金は仕事内容に見合っていると思うか」との問いに肯定的な回答だったのは32％程度で、「当法人でどれくらい働きたいか」に対しても厳しい調査結果であった。一人ひとりを尊重した理念とそれを実現させるための職員の努力や労働環境は、必ずしも一致していないといえる。また、小笠原が述べているように、施設が高層化・大規模化することにより「職員の増員が必要になり、事業ごとの職員の勤務実態や給与等が異なり、利用者の処遇上の問題も生じる」（小笠原 1993: 28）ことが指摘できる。あしや喜楽苑では他の3苑に比べ建物面積が広く居住エリアも分散されていないため、職員は労働実態として大変厳しい状況となり、4苑で最も高い離職率となっていた。そのため、他の3苑と同様、労働実態の改善と入居者へのケアの改善のためユニットケアを導入し、ほかにも、年配の職員配置や産休後の職場復帰の支援等、勤務形態の幅を広げる改善策を講じてきた。その他きらくえんでは、開設3年目の1986年から職員の労働組合が組織され、活動を行ってきていた。しかし、市川氏のインタビューでも明らかになったが、「最近は労働組合の活動は活発ではないことが残念である」といわれるほど、活動が潜在化している。

上述の通り、配置基準以上の職員配置をしてきているきらくえんでは、人件費率が60％を超えており、経営を圧迫していることが年次総括でもたびたびふれられている。さらに、2003年の経営改革で行われた財務分析でも「いくの喜楽苑とけま喜楽苑のホームヘルプサービスの人件費率（事業活動収入に占める人件費の割合）は高く深刻な数値を示していた」と指摘されている。つまり、一人ひとりへの支援を充実させるために、人員を増やし、対応していることで、経営面で逼迫する事態が生じているのである。介護保険導入3年目2002年の事業総括の中でも、「質の高い社会福祉サー

ビスの提供と、競争に勝って経営を守るという相反する事業運営に苦慮している」と述べられている。措置から契約へと転換する中で、人員削減や非常勤化・パート化の現場でどのように質の高いサービスを提供するかが大きな課題となっている。さらに、2000年の介護保険制度導入後も、措置制度で培ってきた年度ごとの予算消化の体質がしばらく続き、介護保険制度導入後3ヵ月間介護報酬が入らない時期には借り入れをしなければ運営できない状況もあった。喜楽苑では経過措置による措置者が多くいたため介護保険導入の影響はそれほどなかったが、在宅サービスについては居宅介護支援事業所の開設、利用率の減少等の影響を受けた。

　以上、きらくえんにおける質の高いケアと経営の両立について、ケアの質については、法人理念を徹底して追求し、実現に向けて取り組んできたこと、また2003年より3年余りの経営改革を行ったことを述べてきた。そのために職員への教育の徹底だけでなく、居住環境を整えたり、手厚い職員配置を行っている。しかし、職員配置が高ければ、必然的に人件費へと影響し、他の分野に比べただでさえ人件費が非常に高い割合を示している介護サービス業界においては、経営へと直接影響を与える。きらくえんの人件費率は、65％から約56％へと下がったが、方策としては、経営改革や非常勤職員の割合（特養4苑で約3割が非常勤）を増やすこと等だとのことであった。約3割の非常勤率は「介護サービス施設・事業者調査」の非常勤率（15.2％）と比べても非常に高い。しかし、全国的にも割合が年々増加していることから、きらくえんのみの課題であるとはいえない。新人職員の採用や非常勤職員を増やすことはケアの質にも大きな影響を与えると考えられる。そのため、きらくえんでは、非常勤や新人に対する研修の強化と、継続的な職員研修の実施、それまでの措置制度の名残で行ってきた年功序列等の給与体系を改め、部署ごとの人事考課をふまえた給与体系へと変革した。さらに、先述した通り組織体系や会議等の体制を簡素化し、すべての職員がわかりやすい体制に変更された。経営改革等の変革については進捗状況を随時全職員に知らせることや、給与に対する変更があった者に対する個別面接の実施等、きらくえんが大切にしてきた理念の1つである民主的運営を実現したことで職員の理解も浸透し、満足につながった

といえる。管理職に対する経営意識改革やマネジメントスキルの向上も合わせて行うことで、収支だけでの経営ではなく、組織全体としての経営、運営への意識変革ができたといえる。はからずも、2009年に労働政策研究・研修機構が出している『介護分野における労働者の確保等に関する研究』で述べられている「介護職の確保・定着に成功している事業所に共通する特徴として、組織内コミュニケーションを活性化し組織内での情報共有を図り、介護職の健康対策や能力開発に気を配り職場環境を整える等、介護職を組織共同体の一員とみなし処遇するコミュニティ型対策が見出された」(2009: 24) という内容と合致する。高齢者施設における経営は、人材やケアの質等と大きく関わるため、経営戦略だけではなく、組織のあり方にも大きな影響を受けることが指摘できる。離職率を下げるためにも、優秀な人材を確保するためにも、職員にみえる形で民主的に経営改革や施設運営を進めていくことが重要である。介護保険制度導入直後の事業総括で書かれた「質の高い社会福祉サービスの提供と、競争に勝って経営を守るという相反する事業運営」ではなく、それらが協調していくことができる方法を、管理職だけではなく、職員とともに検討していくことが求められるだろう。

　本項では、一人ひとりの「ケア」を支えるための方策を2つの視点で述べてきた。きらくえんの歴史は、ひとえに理念に裏打ちされた実践と、入居者・家族・地域・職員の声に耳を傾け、それに対して真摯に取り組んできた歴史といえる。入居者が地域住民、市民としての当たり前の生活を送ることを保障し、かけがえのない家族とともに高齢者を支え、職員の意見や組織運営を透明化し、地域のニーズ、住民のニーズにできる限り応えてきた30年間ではなかったか。事業全体のすべてにおいて常に順調だった訳ではない。人材不足や利用者の減少・介護報酬の改定等による経営悪化、その他、様々な要因で実現できなかったこともある。ただ、常に入居者・家族・地域・職員の声に耳を傾け、理念に立ち返り、改善に向けて取り組み続けることこそが、きらくえんを常に発展させてきたゆえんであるといえる。

2.「住まい」としての空間づくり
(1) 居住環境の向上

次に、「住まい」としての空間づくりとして、施設内の居住環境の向上に対する取り組みを取り上げたい。法・制度と施設運営は密接に関わっており、特養では 1966 年に制定された最低基準に準じた設備が未だに多くを占め、最低基準の改正とともに設備等が改善されてきた経緯がある。ここでは、喜楽苑以降、4 苑がどのように設備・環境に対して取り組んできたのかについて述べていくこととする。建物・設備は開設時期により、食堂や浴室・トイレの配置、個室の整備状況にいたるまで差が生じている。合わせて古い施設は老朽化してくる。そのため、老朽化への対策や個室やユニットケアを実現するための改修が必要となる。

きらくえんでも喜楽苑・いくの喜楽苑・あしや喜楽苑でそれぞれユニットケアへの取り組みが進められ、それを推進させるためのハード面からの整備が進められてきた。ショートステイの独立（ユニット化）、エリアごとのキッチンやデイルームの整備、個別に対応できる浴室の配置や環境整備等である。しかし一方、きらくえんでは改修にあたる費用すべてを自費で賄っている。2 億円以上かかっている改修もあり、改修費の工面が大きな課題であるといえる。以下、居住環境の向上に向けた取り組みを中心に述べていく。

喜楽苑の開設された施設整備期はこれまで述べてきたように、立地や居住空間に関する課題が多く、特に一人ひとりのプライバシーに配慮できるような住空間とはかけ離れていたことが指摘できる。喜楽苑においても、居室は多床室であり、浴室やトイレの仕切りもない状況であった。居室内の仕切りについても、板や扉ではなく、カーテンによってようやく区切ることができたという状況である。喜楽苑は、約 30 年間で 3 回の増改築を行っている。1 回目は 1985 年の増築で、1 階・2 階にデイサービスが設置された。2 回目は 2000 年で、1 階にデイサービス、2 階・3 階にショートステイを設置する増築を行っている。増築により、ショートステイ用も含め個室が 19 部屋設置された。2005 年の増改築では、1 階にすべてのデイサービスを移動、デイサービス用の浴室もつくられる。2 階はデイサービ

ス部分が特養に転換され、2・3階ともキッチンが新設された。トイレもブースを区切りプライバシーを確保、浴室は機器を取替え、各階に機械浴と個浴を設けた。現在は個室が13室、2人部屋が2部屋、4人部屋が12部屋あり、多床室では障子で仕切っている。個室は主にショートステイ利用者が使用している。また、将来の個室化を考慮し、4人部屋の天井下にトイレと洗面用の汚水管を設置している。竣工から20年以上が経過した後の設備の改修であるが、大規模修繕（10㎡以上の延べ床面積拡張・主要構造部にかかる工事）にはあたらないため、建築確認申請の提出はしていない。なお、改修費用はすべて自己資金2.3億円で行っている。現在も建物の老朽化や、個室化等ハードの面から人権を守る課題は残っており、引き続き改修が必要となっている。この費用も大きな課題である。

　いくの喜楽苑では、2002年のユニットケアプロジェクトを契機に、居住環境の向上を目指した改修が行われた。2003年には浴室の改修工事を行い、脱衣所やくつろぎ空間を増築し、個浴を2ヵ所、特殊浴槽を2つ新しくし、それぞれを壁で仕切ることで、1つの浴室に浴槽と脱衣所が設置され一人ひとりがゆっくりと入浴できるようになった。2004年にはユニット内にキッチンを設置し、エリア内に1ヵ所ずつの食堂兼デイルームができた。2006年には再び食堂兼デイルームの改修工事が行われ、床と壁を張替え、1996年に設けられた畳部分も拡張した。テーブル等も購入し、より入居者の生活に密着した空間づくりを行っている。ただ、施設全体の老朽化に対する対策は別に講じる必要があるだろう。あしや喜楽苑は、2000年からユニットケアに取り組み、ユニットごとの職員の固定をはかったことに合わせ、2006年の浴室改修により2階に2ヵ所、3階に2ヵ所の浴室、3つの個浴を設置した。さらに、より個別対応を可能にするために委託であった厨房を直営にし、クックチル方式を導入している。けま喜楽苑の空間づくりはこれまでに述べた通りだが、実際の個室化の効果について、2003年に実施された業務改善委員会の調査では、一人ひとりの入居者の他者との交流が、決して単調になっていないことが明らかになっている。個人の空間や習慣を尊重されることで、自然とそこから新たな生活や関係を広げることが可能になっている。さらに、家族等による訪問に

表3-2 特別養護老人ホーム人員別居室数（調査年度比較）

	1人部屋	2人部屋	3人部屋	4人部屋	5人部屋	6人以上
1977	2.5%	12.7%	5.4%	16.3%	4.1%	59.0%
1982	3.2%	9.1%	4.0%	55.3%	3.2%	25.2%
1987	3.5%	13.5%	3.0%	58.7%	1.9%	14.4%
1992	7.9%	17.9%	2.3%	61.4%	1.3%	9.2%
1997	15.7%	16.5%	2.3%	58.0%	0.8%	6.6%
2002	32.4%	19.4%	1.7%	44.6%	1.9%	

出典：第4回全国老人ホーム基礎調査結果「人員別居室数」に第5回・6回の数値を筆者が加筆。

ついては、2002年の京都大学外山研究室の調査により、個室化された特養（けま喜楽苑）と多床室の特養（喜楽苑）では訪問時間や家族の交流行為に違いが出る結果となった。個室化された特養では、本やアルバムをみせる、歌を聞かせる・音楽を聴く、居室の装飾をする等、より幅広い交流がはかられ、家族自身も個室であれば他の入居者への気兼ねをせずに訪問できると述べている。2002年の事業総括でも、年間面会者数が喜楽苑は2,380人で、入居者1人あたりの平均面会回数が4回、1日あたりの平均面会者数が6.5人だったのに対し、けま喜楽苑では、訪問者の総数が5,601人、入居者1人あたりの平均訪問回数は8.5回、1日あたりの平均面会者数が15.3人であった。入居者のプライベート空間を確保することは、入居者だけではなく家族にとっても関わりが積極的になる要素となる。

ただ、個室化や居住空間の確保は非常に大きな課題であるといえるが、居住性を向上させることは上記のことだけに限ったことではないだろう。高齢者一人ひとりの使い慣れた家具や持ち物を可能な限り部屋の中に配置する、一部屋ごとの窓から光が入るようにする、植物や風景等をみられるように工夫する等があげられる。また、喜楽苑の多床室で実現されていたように、排泄介助の際にプライバシーを守れるようにカーテンや仕切りを付ける、部屋の入り口に一人ひとりの表札を付ける等もあるだろう。高齢者施設が住まいなのであるとすれば、一人ひとりのこれまでの生活環境や習慣を継続させ、住人であるという意識が持てるような取り組みもある。また地域という視点を加えれば、喜楽苑が開設当初より重視してきた地域での暮らしを施設に入っても継続できることや地域の自治会への参加、地

域の行事への参加等もあるだろう。またあしや喜楽苑で取り組まれてきた地域交流スペースの活用や地域における居宅サービスを始めとしたケア拠点としての事業展開等、居住環境を向上させる取り組みは、単に設備を充実させるだけではないのである。

(2) 所得に応じた住環境による影響

　介護保険制度による利用料の負担、加えて 2006 年度の改正介護保険制度に先駆けて導入された居住費・食費の徴収で支払い能力による利用の制限が指摘されてきた。きらくえんにおいても介護保険制度導入時より課題となっており、実際の利用についても利用料負担による利用制限が確認できる。また、あしや喜楽苑に併設しているグループハウスにおいては、ケア付き仮設住宅の恒常化に向けた公的資金の調達がかなわず、利用者の利用料等による設置・入居となった。そのためケア付き仮設住宅の住民であっても、利用料を負担できずグループハウスに入居できなかった高齢者もいた。低所得者に対する支援は、現在の高齢者施設が抱える大きな課題である。例えば、低所得者に対する対応として介護保険負担限度額の設定がある。従来型の特養と新型特養では居住費の金額設定が大きく異なり、4 苑で唯一の新型特養のけま喜楽苑では第 1 段階でも従来型の第 3 段階の個室の金額と同じであり、第 1 段階の個室の金額と 1 日 500 円も違っている。そのため、月額では約 1 万 5,000 円の違いとなり、結果、低所得者には多床室もしくは従来型の個室での生活が基準となっている。今後は、新しく開設する特養だけではなく、開設から 30 年以上経った施設の改築でも新型特養の設置が中心となるため、ますます低所得者の入居負担が増大するといえる。

　利用者の自己負担と利用制限については、市川氏も「新規の生活保護者に対する新型特養への入居ができないことに対して疑問を感じている」と指摘しているように、所得の違いによって居住水準が違うということは人権に関わることである。さらに、低所得者への支援の 1 つとして減免措置を講じることも可能であるが、所得段階が第 3 段階（80 万円～266 万円）については、金額の幅も広いため、夫婦世帯や家族で生活する場合、支払っ

表3-3　4苑の介護保険負担限度額別居住費・食費額（円）

		居住費				食費			
		1段階	2段階	3段階	4段階	1段階	2段階	3段階	4段階
喜楽苑		基準額に順ずる				1日 1,600			
いくの喜楽苑	多床室	0	320	320	320	1日 1,600			
	従来型個室	320	420	820	1,150				
あしや喜楽苑	多床室	0	320			320	390	650	1,600
	従来型個室	300	420	820	1,150				
けま喜楽苑		820	820	1,640	2,630	1日 1,600			

表3-4　4苑の介護保険負担限度額段階別人数

	1段階	2段階	3段階	4段階	計
喜楽苑	8人	27人	8人	7人	50人
いくの喜楽苑	5人	40人	6人	7人	58人
あしや喜楽苑	5人	31人	12人	32人	80人
けま喜楽苑	1人	36人	6人	12人	55人

出典：表3-3、表3-4ともに社会福祉法人きらくえんの2008年度事業報告より抜粋。

た後の金額が非常に少なく、生活に困るほどではないかとも指摘している。ただし、きらくえんに入居している現在の高齢者の中では、入居やサービスの利用に伴う利用料支払いについては問題なく、支払いのない方は法人全体でも非常に少ないとのことであった。ただ、介護保険制度が導入されたことで、特養の施設長から「金銭管理を行わなくなり、利用者一人ひとりの経済状況や、ご家族を含めた生活状況の全体が捉えられなくなっている」との指摘もあった。

　低所得者に対しては、①介護サービスの利用制限、②サービス内容の格差という課題がある。①は自己負担額により必要なサービスを受けることができない状況のことを指しているが、このことはまず身体的・精神的な悪化につながることが指摘できる。そのほかにも家族介護者への負担や最悪の場合は虐待、独居であれば孤立や孤独死への可能性も否定できない。②は支払える金額によって受け取ることができるサービスの内容に差がみられることである。つまり、比較的充実した居住環境が整備されているため居住費の金額が高めに設定されている新型特養には、費用を支払えない者は入居できないということである。そのほかにも、食費や居住費は本人

の所得だけではなく、事業所によっても設定されている金額が異なっている。所得に応じて「住まい」が決められ、利用できるサービスや「ケア」にも大きく影響を与える。国は、よりよいサービスの提供をどう保障していくのか。最低基準の引き上げを含めて検討をする必要があるのではないか。基準となるものを向上させることで、全体の底上げをはかり、所得によるサービス内容の格差をできる限り狭くしていく努力が必要である。

3. 看取りまでを含めた継続的なマネジメント

　最後に、看取りまでを含めた地域包括ケアシステムを検討するために、高齢者一人ひとりの変化と、本書の背景の1つでもある待機者の状況に着目して検討したい。

(1) 高齢者一人ひとりの変化

　人は必ず変化する。特に高齢者は時に急変し、それまでの暮らしが継続できなくなることもある。本書の第2章で指摘した通り、現在の高齢者施策は、継続的な関わりを軽視している状況である。ここでは特養に入所する前の居場所に着目し、一人ひとりの変化に対してどのように対応していくことができるかを考えていきたい。きらくえんでは、すべての年で数値化されている訳ではないが、喜楽苑では、入所前の場所について開設当初、自宅が50〜60％、病院が35〜40％程度だったものが、介護保険導入以降は自宅が15〜20％程度に減少し、その他の施設からの入居が15〜30％へと増加している。いくの喜楽苑では、介護保険前の数値のみになるが、半数程度が自宅からの入所、30〜35％が病院から、10〜18％がその他の施設からの入所であった。あしや喜楽苑は、阪神・淡路大震災直後の開設も影響し、20％が自宅から、40％が病院から、42％がその他の施設からの入所であった。けま喜楽苑は、30％程度が自宅からの入所、病院からは25％、その他の施設が40％であった。表3-5にある全国的な推移と比べてみても、自宅からの入所者が年々減少し、病院からの入所は30％から減少、老人保健施設からの入所者が2003年以降増加していることがわかる。介護保険制度の開始が1つの境となり、特養の位置付けが変

表3-5　特養入所者の入所前の場所（％、全国）

	自宅	病院	老人保健施設	その他施設	その他
1985	58.1	30.5	—	10.2	1.1
1988	52.1	36.2	—	10.3	1.4
1991	48.1	38.5	2.7	9.5	1.2
1994	41.9	38.8	9.1	9.5	0.6
1997	38.4	35.7	16.4	9.0	0.5
2003	30.0	30.2	26.8	8.9	5.2
2006	31.4	27.9	27.9	6.8	6.0
2007	33.4	25.0	27.0	7.3	7.3
2010	31.8	24.5	22.0	3.2	16.1

出典：1985～1994年は『社会福祉施設等調査』、1997年は『老人ホーム基礎調査』、2003～2010年は「介護サービス施設・事業所調査」より筆者作成。

表3-6　4苑の平均年齢及び要介護度推移

	喜楽苑		いくの喜楽苑		あしや喜楽苑		けま喜楽苑	
	平均年齢	要介護度	平均年齢	要介護度	平均年齢	要介護度	平均年齢	要介護度
1992	83.4	—						
1997	83.5	—	82.1	—	83.2	—		
2002	87.5	4.16	—	—		3.97	82.4	3.6
2004	86.5	4.04		4.02	—	4.05	84.45	3.82
2006	83.0	4.0	—	4.11	84.74	3.90	84.20	3.86
2008	86.0	3.8	86.1	4.2	86.4	3.77	84.80	3.67

※要介護度は各年度3月末数値。—は報告書の掲載なし年次。
出典：きらくえん『事業報告・事業方針』より筆者作成。

化しているといえる。

　入所期間については、全国の平均入所期間が、2003年で3.9年、2006年で3.7年、2007年で4年と4年弱という結果である。きらくえんにおいては、2008年の事業報告より、喜楽苑が4年、いくの喜楽苑が4.9年、あしや喜楽苑が4.5年、けま喜楽苑が3.5年という結果でおおむね全国的な平均値と同じであった。

　次に、きらくえん30年間の入居者推移について述べることとする。表3-6は、1992年以降のきらくえん4苑の入居者平均年齢及び要介護度推移であるが、年々平均年齢が上がっていることがわかる。また、要介護度は全国平均が2006年度現在で3.75であるため、全体的に高いことがわかる。

表3-7　特養入所者の退所理由（%、全国）

全国	自宅へ	死亡		入院	他の施設へ	その他
		施設で	病院で			
1982	10.9	45.2	25.2	12.3	4.2	2.1
1985	8.2	70.6		16.4	3.2	1.6
1988	6.6	72.0		17.8	2.7	1.0
1991	4.2	73.9		16.7	1.8	3.2
1994	3.9	76.9		15.4	2.7	0.8
1997	3.0	79.5		14.8	1.9	0.6
2003	2.7	71.3		23.4	1.5	1.1
2006	1.4	62.0		27.4	6.0	3.2
2007	1.6	63.0		31.5	3.0	0.9
2010	2.9	63.7		28.9	0.3	2.6

出典：1985～1997年は『社会福祉施設等調査』、2003～2010年は「介護サービス施設・事業所調査」より筆者作成。

特にいくの喜楽苑の平均要介護度は4苑の中でも高い。認知症高齢者についても、介護を必要とする日常生活自立度Ⅲ以上が、喜楽苑では66%、いくの喜楽苑では59%、あしや喜楽苑では62%、けま喜楽苑では54.6%であった。障害老人日常生活自立度については、1日中ベッド上で過ごし介助を要するCランク以上の方が喜楽苑32%、いくの喜楽苑36%、あしや喜楽苑30%、けま喜楽苑21.8%であった。

　退所理由については、表3-7から、全国的には自宅への退所者が減少し、死亡者も7割から6割へと変化している。かわりに入院者が増加していることがわかる。きらくえんでは、まず喜楽苑の退所者の約80～90%以上が「死亡」である。入院や他の施設へ移動する入所者はほとんどみられない。いくの喜楽苑は、死亡が半数以上を占めるものの、入院による退所については、看取りができる体制が整いにくいことや、資源の限られた地域では体調悪化による入院が選択されやすいのかもしれない。あしや喜楽苑では、70%以上が死亡で、後は入院による退所である。自宅への退所、他の施設への転所はない。けま喜楽苑では100%近くが死亡により退所している。全国的な傾向に比べ、死亡による退所の割合が多く、特に喜楽苑とけま喜楽苑は終の棲家としての存在が明確であるといえる。施設内での看取り（ターミナルケア）にも取り組んでおり、2014年現在では、法人全体

で約80％の看取り率である。

　入所の経緯について、喜楽苑入居者4名とデイサービス利用者2名、入居者の家族4名（うち、3名は入居者と同席）の計10名に対して、入居（利用）までの経緯や現在の生活、今後の希望について半構造化インタビュー調査を行った。なお、調査時点での喜楽苑入居者は50名、49名が立地している尼崎市からの入居、1名が隣接地域からの入居であった。入居者の中には、14～16年入居している高齢者が3名いる。

　インタビュー調査を行った入居者4名は、59歳の若年性認知症のC氏から91歳の方までおり、女性が3名、男性1名であった。在所期間は入所から2週間程度であるC氏以外は、2年半～3年程度であった。喜楽苑の平均在所期間が4年であるため、入居から比較的年数が経っていない方といえる。家族はひとり（姉）を除く3名とも娘で、入所前は何らかの形で在宅で介護を行っていた。在宅サービス利用者の2名は、79歳と81歳で、どちらも女性。介護保険制度導入時期に利用を開始している。

　インタビューから、入所までの経緯については、ほとんどの方が同居家族と死別する等の理由で独居となり、在宅サービスや別居家族による支援によって独居生活を継続していたが、認知症や病気、骨折等の怪我により在宅生活が困難になったため、病院や老人保健施設等を移動した後に喜楽苑への入居に至ったことがわかった。また、入所決定については、家族が意思決定をしており、高齢者本人による選択的な入居は1名もいなかった。しかし、入居者家族へのインタビューからは、本人との関係や家庭の事情、介護者自身の身体的な状況等、様々な理由で本人の在宅生活が難しい状況であったこと、また家族は皆、できる限りのことはしてあげたいと願い、精一杯支えてきた結果、ギリギリまで悩み決断したことがうかがえた。入居者本人も、そのことを理解し、現状を受け入れ、喜楽苑での生活をつくっていこうとしている。デイサービス利用者については、介護保険制度導入を契機に継続的に喜楽苑のデイサービスを利用して、2名とも本人の選択によって利用に至っていた。ただ、独居で生活中の利用者は、現在の1人での暮らしに不安を持っており、今後の希望として特養へ入所したいとのことであった。

25年間の入居者の推移と現在の入居者の状況から、入居者が介護を必要とする高齢者であること、自宅からの入所者が少なくなり、他の施設や病院等からの入所が増えていること、入所までの経緯では、在宅でのギリギリまでの介護と同時に、入居による安心感がうかがえた。さらに、インタビューでは若年性認知症の方とその家族にも話を伺う機会を得た。介護する家族もまだ若く仕事をしており、家族もいるため、在宅での見守りには限界があり、自宅や病院、小規模多機能型居宅介護の利用を経て、喜楽苑に入所したとのことであった。高齢者の中で若年性認知症の方が生活されることで、特に日中の過ごし方や要望、必要な支援も異なっている。一人ひとりに応じた24時間の支援が必要であると改めて痛感した。また、喜楽苑でも若年性認知症の入居ははじめてのことであり、施設職員が今後、状況変化に合わせた対応がどれだけできるかに注目したい。

(2) 特養待機者の状況

　最後に、本研究の研究背景の1つでもあり、地域における「住まいとケア」事業の展開の大きな課題でもある地域における施設入居の待機者について述べる。2010年に厚生労働省が発表した「特別養護老人ホームの入所申込み者の状況」によると、全国で42万1,259人の待機者がおり、そのうち、東京都が約1割の4万3,746人、次に兵庫県が2万5,100人、その他、神奈川県・北海道も2万人以上の待機者がいた。2014年に再び厚生労働省が発表した数値では52万3,584人で、前回より10万人も増えている。都道府県別にみると、東京都が一番多く4万3,384人、次いで宮城県が3万8,885人、神奈川県が2万8,536人、そしてきらくえんがある兵庫県が2万8,044人であった。また52万3,584人のうち、要支援等が9,425人、要介護1・2が16万8,926人（32.3%）、要介護3が12万6,168人（24.1%）、要介護4・5が21万9,065人（41.9%）となっており、今後入所条件となる要介護3以上の申込者が6割以上を占めていた。申込者のうち、在宅が25万9,830人、在宅でない方が26万3,754人であった。

　きらくえんにおいては、これまでの『事業総括・事業方針』によると、喜楽苑では1993年に81人の待機者、1994年には104人の待機者がいた。

また、あしや喜楽苑が開設された1997年には230人の待機者がいたことが記載されている。また、2001年のけま喜楽苑開設時の申込者は約600人であった。2003年に尼崎市内にある喜楽苑・けま喜楽苑の合同で2施設の待機者741人に対してアンケート調査を実施したところ、入居申込み辞退者が64人おり、内訳は、死亡が19人、施設入所が37人、病院への入院が4人、その他が4人であった。また未回収325を引いた352人の平均要介護度は2.94で、平均年齢は83.1歳であった。入居申込者の申込み時からの待機期間は、回答者260人中、「1年未満」が73人（28.1％）、「1年～2年」が90人（34.6％）、「2年～3年」が78人（30％）であり、「3年以上」待機している高齢者が19人（7.3％）いた。介護者と本人の関係は「子ども」が48.2％、続いて「嫁」が14.6％、「配偶者」が14.0％と続いている。入居希望時期についても、「今すぐ入居したい」が約半数を占めており、「1年以内に入居したい」を合わせると約8割という状態であった。また、現在の生活場所を聞いたところ、「自宅」と「老人保健施設」が約33％ずつを占めており、次いで「病院」「療養型病床群」と続いている。病院や老人保健施設で入居中の方が退院後に特養へ入居するまで予定している生活場所については、「老人保健施設」が半数以上の回答があり、老人保健施設への入居後は、自宅には戻らず、その他の施設を経て（転々として）特養への入居を待っていることがわかる。今後の生活についての本人及び家族の意向については、本人は「特養へ入居したい」が33％、「できるだけ自宅で過ごしたいが、施設も考慮」が約20％、「できるだけ自宅で過ごしたい」は9.7％であった。家族は、「施設（特養）への入居を望む」が73％を占め、家族の施設入居希望が歴然となった。最後に、特養への入居申込み理由については、「施設は24時間介護で安心」が23.4％、次いで「終の棲家になる生活の場としての特養を希望」11.3％、「介護者が働いているから、在宅での生活が困難」10.8％と続いている（特別養護老人ホーム喜楽苑・けま喜楽苑 2004: 2-8）。待機者の多さと、切迫した在宅での家族の介護状況がうかがえる。なお、これらの待機者調査結果は、2004年の尼崎市長オープントーク「待機者の集い」で報告された。

　尼崎市が公表している市内の介護老人福祉施設（特養）の事業所一覧に

は、事業所名、所在地、連絡先のほか、入所定員、入所者数、入所希望者数、入所希望者の内訳が記されている。2014年1月17日作成のデータによると、市内に28ある特養の定員数は、50人未満が4施設、50～79人が17施設、80～105人が6施設、残り1施設は2014年3月31日まで定員が220人、4月1日以降は165人とのことであった。入所者はおおむね定員に近い1,825人である。入所希望者については、定員総数1,871人を大きく上回る9,172人と約5倍いることが明らかになっている。市内にあるきらくえんの特養は喜楽苑とけま喜楽苑の2つであるが、喜楽苑は定員50名のところ446人の希望者がおり、尼崎市民が398人、市外が48人であった。けま喜楽苑は定員55名のところ769人の希望者がおり、これは市内トップの希望者数である。内訳は尼崎市民が578人、市外が191人であった。

　特養の待機者の問題は、もちろん特養だけの問題ではなく、地域の問題として捉えられるだろう。現在は介護を必要としない人には健康や介護予防施策が提供され、要介護度が高い場合や医療依存度が高い場合は医療機関や特養等の施策が想定されている。ただ、少し手助けが必要になってきた高齢者や今は何とか夫婦2人で暮らしている方が支援を必要とした場合は、住んでいる地域にどれだけの資源があるのか、またそれはどのようなものであるのかによって、今後の暮らしは大きく異なるだろう。このような不安定な要素が散見されることによって、最期の住まいとなり得る特養への申込みが殺到することにつながっていると考えられる。地域で最後まで安心して暮らし続けられる体制づくりをすることが、特養の待機者の問題に取り組むことにもなり、また2030年には推計死亡者数が約160万人と見込まれていることにどのように対応するのかについて検討することにもつながるのではないだろうか。さらに、各事業所に判断を委ねることで課題が埋没し、事業所間の取り組みのばらつきも生じている。事業所のみに判断や対応を委ねるのではなく、その他の種別や事業所とともに地域全体としてともに解決に向かうことが必要ではないか。そして、軽度の在宅サービスから最期の瞬間までを支える可能性を持つ特養を地域包括ケアの拠点として位置付け、地域全体でケアの質を向上させていく視点が求めら

れるのではないか。

[注記] きらくえんの実践分析で使用したデータは、喜楽苑が開設された1983〜2007年までの各年次に法人内で発行される『事業総括・事業方針』と、きらくえんから発行された15年記念誌・25年記念誌を含めた関連書籍等の文献である。加えてきらくえん全体の事業展開については市川禮子法人理事長に、4苑それぞれの実践については、調査当時の4苑の苑長にインタビュー調査を行った。入居者（利用者）の生活実態については、192ページで取り上げたように、法人内で一番長い歴史を持つ喜楽苑において入居者本人・家族・デイサービス利用者計10名へのインタビュー調査を実施した。インタビュー調査では、主に入居までの経緯、入居による変化、現在の生活について半構造化インタビューを用いて行った。その他、2002年に筆者も参加した日本福祉大学介護サービス・マネジメント研究会の『介護保険事業者の経営・サービス評価指標の開発事業及び指導者養成のための研修プログラム開発事業　事業報告書』でも生活相談員、援助員へのヒアリング。加えて援助員のケアワーク理解のため、一日業務のタイムスタディ、援助員についての実習を行っており、その際の調査結果の一部も本章に加えられている。

```
2002年　タイムスタディ：相談員・副施設長、ケアワーカー、食堂における人の流
　　れと関わり、ヒアリング：ケアワーカー、ソーシャルワーカー、管理・経営者
　　（苑長）
　・3月10日〜15日　あしや喜楽苑　※苑長は8月9・10日
　・4月9日〜12日　けま喜楽苑
　・9月7日〜10月8日　喜楽苑
　・9月6日〜10月23日　いくの喜楽苑
　・10月4日　理事長へのヒアリング：沿革について（1983〜2002年まで）
2003年　社会福祉法人きらくえん　海外研修同行（デンマーク）
2008年　市川理事長へのヒアリング
　・1月26日　法人資料について
　・2月25日　2001年以降の事業展開等
　・11月15日　尼崎喜楽苑を中心にまとめた年表の確認
2009年　ヒアリング及びインタビュー調査
　・5月16日　4苑施設長ヒアリング：施設入居者の現状、待機者について
　・6月9日　理事長へのヒアリング：事業展開について
　・6月9・10日　入居者・利用者及び家族へのインタビュー調査：入居・利用の経緯、
　　入居・利用までの生活歴、現在の生活について
　・11月〜12月　理事長へのヒアリング：政策の影響について、地域との関係、措置
　　による入居者の現状について、改築・改修について、経営について等
```

注

1) 丸尾の「新型老人福祉中間施設のあり方についての12案」①基本理念、②立地、③施設の性格、④入所者の処遇、⑤地域・近隣との関係、⑥関連サービスとの関係とシステム化、⑦施設運営の方法、⑧施設の従業員、⑨サービスの内容、⑩施設の設立と運営の主体、⑪費用負担、⑫インフォーマルサービス部門(家族・近隣・ボランティア団体等)(丸尾、1985：129)と、野口典子の社会福祉施設の分析枠組み①建物、②ケア・処遇、③老人(集団)、④職員(集団)、⑤地域・環境、⑥住民・家族、⑦法・制度、⑧基準を参考に筆者が作成した。野口典子の日本福祉大学大学院施設サービス論(2006年11月21日)の講義内容と配付された資料による。
2) ロカーラシュクヘムとは長期療養施設のことで、計画指針の基本原則には①通常化(高齢者を特殊な環境におくことを避け、できる限り通常の環境と同じ条件の下で日常生活を送れるようにすべき、②人権の尊重(高齢者自身の人格人権を尊重すべき)、③自己決定(すべての医療看護行為は、基本的に患者本人の自己決定に基づくべき)、④影響と参加(ケアの内容やサービスの提供に監視、本人の意向を敏感に取り入れるべき)、⑤人格の総合的把握(患者をその疾病に直接関わる部分だけで規定してしまったり、高齢者の有する様々な属性を切り離してしまうことなく、総合的に把握すべき)、⑥活性化(高齢者を安静の状態に放置せず、残存能力を刺激・訓練することを通してできる限り活性化するように努める、各自の生活空間の中で日常生活行為の瞬間瞬間が高齢者への動機付けのうえでも有効である)。スウェーデンでは、ロカーラシュクヘム計画指針が出たことで、それまで4床室が中心であったが個室化されるようになり、家具の持ち込みが可能になり、小規模単位で生活をし、その単位ごとに食堂、デイルーム、トイレ等を整備する等、従来のものから大きく転換された。
3) 2002年に取り組んだユニットケアでは、スタッフの行動を対象とした「スタッフ行動追跡調査」と入居者の生活を対象とした「入居者10分間行動観察調査」を実施した。
4) 2002年の喜楽苑とけま喜楽苑の面会者数を比較すると、喜楽苑が2,380に対し、けま喜楽苑は5,601であった。また、2002年の『TOTO通信別冊 夏』「特集04 データによる検証 検証データ＝京都大学外山研究室」p.40-41でも、空間が家族との関係を変えることが述べられている。

引用文献

市川禮子(1993)『ああ、生きてる感じや！——喜楽苑がめざすノーマライゼーション』自治体出版
———(2002)「日本の高齢者福祉と阪神・淡路大震災」『識見交流』済民日報, pp.174-193
———・社会福祉法人尼崎老人福祉会けま喜楽苑(2005)『ユニットケアの食事・入浴・排泄ケア 人権を守る介護ハンドブック』クリエイツかもがわ
NHK(2007)『高齢者とともに生きる～「'最期'までの日々より」～』(DVD教材)実

教出版
小笠原祐次（1993）「老人ホームの急速な増加と制度の著しい変化」全国社会福祉協議会・全国老人福祉施設協議会『全国老人福祉施設協議会六十年史　激動の十年』全国社会福祉協議会
────（1999）『"生活の場"としての老人ホーム　その過去、現在、明日』中央法規
衣川哲夫（1995）「喜楽苑の「個室化」と施設運営」『個室のある老人ホーム　高齢者の人権確保のために』萌文社，pp.7-58
厚生労働省（各年10月1日）『介護サービス施設・事業所調査』
厚生労働省大臣官房統計情報部編（1963～2006）『社会福祉施設等調査報告』財団法人厚生統計協会
社会福祉法人尼崎老人福祉会（現・社会福祉法人きらくえん）（2003）『いのちくらしまち　喜楽苑20周年　いくの喜楽苑10周年　あしや喜楽苑5周年　けま喜楽苑1周年　記念講演記録&いくの喜楽苑10周年　記念シンポジウム記録』
社会福祉法人尼崎老人福祉会（〃）あしや喜楽苑（1997～2007）『事業報告・総括及び事業方針』
社会福祉法人尼崎老人福祉会（〃）いくの喜楽苑（1997～2007）『事業報告・総括及び事業方針』※1992～1996は喜楽苑と同じ
社会福祉法人尼崎老人福祉会（〃）喜楽苑（1983～2007）『事業報告・総括及び事業方針』
社会福祉法人尼崎老人福祉会（〃）けま喜楽苑（2001～2007）『事業報告・総括及び事業方針』
全国社会福祉協議会・全国老人福祉施設協議会（1984）『全国老人福祉施設協議会五十年史』全国社会福祉協議会
────（1994）『全国老人福祉施設協議会六十年史　激動の十年』全国社会福祉協議会
全国老人福祉施設協議会『全国老人ホーム基礎調査報告書』第1回－第6回
総合ユニコム（2008）『月間シニアビジネスマーケット』No.42～48「連載　経営改革待ったなし　社会福祉法人きらくえんの挑戦」
TOTO（2002）「特集04　データによる検証　検証データ＝京都大学外山研究室」『TOTO通信別冊　夏　特集　個室、ユニットケア化へ特別養護老人ホームが加速』東陶機器，pp.34-41
特別養護老人ホーム喜楽苑（1997）『喜楽苑15年のあゆみ』15周年記念誌
────・けま喜楽苑（2004）『喜楽苑・けま喜楽苑　特養ホーム入居者アンケート結果報告書』
外山義（2000）「特別講演──生命力をしぼませない施設づくり」きらくえん編集委員会『もう「施設」はつくらない─特別養護老人ホームを地域のケア付き住宅に─』社会福祉法人尼崎老人福祉会法人事務局
────（2002）「特集03　設計の基本は高齢者の本当の気持ち」『TOTO通信別冊

夏　特集　個室、ユニットケア化へ特別養護老人ホームが加速』東陶機器，pp.28-33

25周年記念誌編集委員会（2008）『つなぐ―高齢者の人権を守って四半世紀―』社会福祉法人きらくえん

日本福祉大学介護サービス・マネジメント研究会（2002）『介護保険事業者の経営・サービス評価指標の開発事業および指導者養成のための研修プログラム開発事業　事業報告書』

野口典子（2006）日本福祉大学大学院施設サービス論（2006年11月21日）講義資料

丸尾直美（1985）「中間施設懇談会の中間報告への評価と期待」、付表新型老人福祉中間施設のあり方についての12案、『緊急増刊月間福祉　中間施設』全国社会福祉協議会

第4章

デンマークにおける
地域包括ケアシステム

デンマークは北欧諸国の中で最も南に位置し、ヨーロッパ大陸と陸続きのユトランド半島と500近い島々からなる。人口は約562万人（外務省発表：2013年）で、北海道や兵庫県と同じ位の人口規模である。面積は約4,300㎡と九州くらいの大きさである。政体は立憲君主制、租税による社会保障方式を採用している。この租税による社会保障方式は北欧型福祉国家と称され、エスピン＝アンデルセンによる福祉レジーム論においてもスウェーデン・ノルウェーと同じ「社会民主主義レジーム」に分類されている。高齢化率は1978年に14％を超えた後は15％程度で推移し、2005年は15.0％、2010年は16.3％である（DANMARKS STATISTIK 2011）。日本は14％を超えたのがデンマークの17年後の1995年であるが、2005年には20％を超え、2010年には23.1％と急速な高齢化がうかがえる。しかしデンマークも2023年には20％を超えると推計され（DANMARKS STATISTIK 2011）、70歳以上の人口が2030年には16.5％、2040年には18.6％、2050年には19.2％と特に今後は後期高齢者増大に伴う課題が指摘されている。

デンマークの高齢者福祉に関する先行研究については、特に1980年代以降からノーマライゼーションを理念とした実践の紹介やコムーネによる在宅福祉や医療体制についての調査報告や研修報告が多く出されている。しかしその背景にあるものを考察している研究は少なく、デンマークに根付いている思想や社会については朝野ほか（2005）『デンマークのユーザーデモクラシー　福祉・環境・まちづくりからみる地方分権社会』や、関（2006）「デンマークの高齢者福祉政策を支えるもの」等、数えるほどしかない。地方分権については、西がいくつかの研究を発表しているが、主に都市計画との関連での研究である。また昨今注目されている高齢者居住に関しては、小川らや林等の研究があげられるが、中でも住宅政策についての詳細な記述とデータで述べているのが松岡で、特に1988年以降の高齢者施設（プライエム）の新規建設の禁止に着目してデンマークの高齢者住宅とケアについての政策とその実態を述べている。以上のように、デンマークに関する研究では1つのテーマに絞った政策や実践の紹介が多くを占め、特に基礎自治体レベルでの地域包括ケアシステムに着目した研究はない。また、日本の現状や課題に照らしてデンマークを論じているものは限られ

ているといえる。

　では本書の第4章になぜ日本とは異なるデンマークを取り上げるのか。筆者は、デンマークの地域包括ケアを実現する背景要因の1つとしてデンマークが基礎自治体をベースとした地方分権の国であることに着目した。朝野によると、デンマークは、支出に関しては中央政府より地方政府の支出割合が高い分散システムであり、意思決定においても税率や課税ベースに地方政府の権限が強い「分権型分散システム」(朝野 2005: 23)であると述べている。さらに2007年1月1日以降からは、デンマークの基礎自治体であるコムーネ (Kommune) が271から98になり、14あった都道府県にあたるアムト (Amt) は5つの広域行政であるレギオナ (Regioner) となり、地方自治体の権限が拡大している。そのため本書では、コムーネにおいて一人ひとりの高齢者に対してどのような施策が講じられているのかを明らかにしたい。

　本書でデンマークを取り上げる理由がもう一点ある。デンマークでは、高齢者に限らず、何らかのケアが必要となった一人ひとりに対し、必要な「住まい」と「ケア」が提供される体制が整っている。松岡によると、デンマークはイギリスやスウェーデン、ドイツ等世界的な流れである施設から在宅へという流れの中で唯一、施設をつくらない代替策として「独立住居」を位置付け展開している (松岡 2004: 85)。独立住居とは、居間・食堂・キッチン・トイレ・バス・寝室・上下水道等、ごく一般的な住宅にある設備を自ら備えている住宅のことであり、1987年に打ち出された「施設をつくらない」という政策のもと、施設か在宅かではなく、一人ひとりにあった「住まい」と「ケア」が検討され、提供されているものである。つまりデンマークでは、ニーズに応じた住宅を提供し、必要に応じてケアを提供する「地域包括ケアシステム」が地方自治体単位で実現している国だと考えたのである。

　本章では、デンマークの高齢者に関わる政策の変遷と、訪問調査を行った地方自治体コムーネにおける「住まいとケア」施策の実態を紹介し、日本との比較を試みることで、地方自治体単位で地域包括ケアシステムが確立するために必要な施策を探った。日本が目指す地域包括ケアシステムの

先にデンマークがあるとすれば、デンマークの実際を調査分析し、その実態と背景を探ることで、日本における実現に向けた考察ができるのではと考えている。

第1節　高齢者に関わる「住まいとケア」政策の変遷

　本節では、デンマークにおける高齢者の「住まいとケア」政策の変遷を整理する。デンマークで展開されてきた高齢者の「住まいとケア」に関する政策の画期に着目し、(1) 住まいとしての施設整備、(2) 施設をつくらないという選択、(3) 一人ひとりに対する「住宅とケア」の3つに分ける。

1. 住まいとしての施設整備

　デンマークでは1803年から租税による救貧制度が確立しており、高齢者に対する支援は、1891年に高齢者支援法が成立するまでは救貧制度の中で行われていた。デンマーク初の養老院（Alderdomshjem）であるSelemは、その前身が1769年に貧民救済局が開設したAlmindelight Hospital（以下AHという）であり、「就労できない男女のための介護施設と作業所」（小川ほか 2002: 685）であった。AHの開設当初の定員は3食付き200人、寝泊りのみ400人、病床16床であったが、時期によっては病院としての機能が重視され、1853年のコレラ大流行を契機として再び貧困者の収容施設（定員1,200人）として機能し、老朽化や狭小化に伴う移転後はまた高齢者への住宅提供（定員1,546人）の位置付けが強くなる等時代に応じて対象や役割を変化させてきた。そして1891年の高齢者支援法成立に伴い、経済的な支援が必要となり自宅で自立した生活が困難になった高齢者と、施設に収容される高齢者を区別することとなり、1901年に養老院Selem（定員470人）が隣接された。これらについて小川は「AH時代の貧民収容施設から、病院的な役割が分化独立していくことによって老人ホーム、さらに日本でいう特別養護老人ホームとして充実発展」（小川 2002: 688）してきたと指摘している。松岡も、Selem開設後も、元気な高齢者が暮らす棟だけでなく、介護棟、疾病棟等が随時開設され、1990年代以降の改築等を経て、

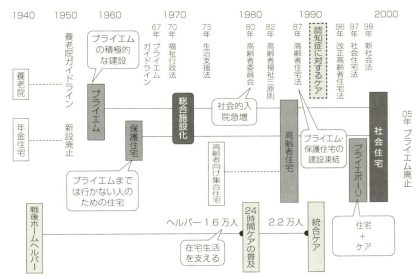

図 4-1　デンマークの高齢者「住まいとケア」体系の変遷
出典：筆者作成。

2002年には640人程度の「高齢者が住む町」（松岡 2005: 18）になっていたと説明している。このようにデンマークも、日本やその他の諸外国と同じように救貧対策の1つとして高齢者に対する制度がつくられ、時代に応じて変化してきた。

　1924年にデンマークではじめて社会民主党が政権を取ると、1933年には社会改革法が施行され「福祉は貧しい人を救うための施しではなく、権利意識に基づいて国民全体に提供されるサービスである」という普遍主義的な福祉の理念が確認された。そして社会民主党政権における政策の最重点課題として公営住宅の整備が掲げられ、1936年にデンマークではじめての高齢者向け公営住宅である年金者住宅（Pensionistbolig）が登場することになる。デンマークではじめての養老院が開設してからわずか25年足らずで早くも施しではなく国民全体に提供されるサービスとして福祉を位置付け、政策の最重点課題として住宅の整備を進めたのである。年金者住宅は1979年までの約40年で2万8,700戸が整備されたが、現在は制度が統合されて年金者住宅は整備されていない。

また一方で、1952年には養老院のガイドラインが設けられ、①一施設の入所人数は20人が望ましい、②部屋は個室で面積は11㎡（12㎡が望ましい）、③洗面台を各部屋に設置する、④トイレは同性の高齢者10人に1つ、バスタブは20人に1つを設置する、ということが定められた。その後1967年には、日本の特別養護老人ホームにあたるプライエム（Plejehjem）のガイドラインも定められた。ガイドラインでは、①個室が基本、②トイレ・シャワー付き、③緊急時のためのアラーム付き、④面積は17㎡前後、⑤ベッドは施設のものを使用、家具は使い慣れたものを自由に持ち込んでよい、ない場合はコムーネが支給するというものであった。養老院に比べると、1人あたりの居住面積が広くなり、トイレも複数で使うのではなく、一人ひとりのトイレとシャワーが設置されたことで、より住まいとしての機能は向上したといえる。松岡は「プライエムが初期の頃から個室が多かったのは、そのルーツが病院ではなく、養老院という福祉系施設であったことが大きな要因と考えられている」（松岡 2005: 20）と述べている。さらに、家具の持ち込みや安全対策としてのアラームの設置等により、単なる住宅の整備ではなく、たとえケアが必要になっても暮らし続けられる住まいづくりが進められたといえる。

　またプライエムのガイドラインが定められた1967年には、自立した生活が困難であるが、プライエムの入居までは必要としない高齢者のための住宅である保護住宅（Beskyttet bolig）が登場する。保護住宅は、「プライエムでは大規模・集団処遇で暮らしが阻まれる」という訴えや社会的入院の増加等を背景に創設された一面があるが、実際にはプライエムに保護住宅が併設された総合施設として設置されることが多く、何らかの支援が必要となった高齢者の居所として量的な整備が進められることになった。この他の住宅施策として、1970年代には居室が2部屋、浴室・トイレ、通報アラームが付いている高齢者向け集合住宅（Let Kollektivbolig）も整備されはじめる。

　デンマークでは、創設当初から施設が高齢者の住まいの1つとして位置付けられ、そのための環境づくりが進められてきたといえる。もちろん現在の水準と比較するとまだまだ不充分ではあったものの、個室を基本とす

ること、そして寝室だけではなく、居室内にはトイレやシャワー、キッチン等の居住機能が備えられていた。単なる住宅としてだけではなく、暮らしを営む住居として整えられていたと考えられる。

2. 施設をつくらないという選択

　次の転機が訪れたのは、1979年に「プライエムに入っている高齢者は鎮痛剤を飲まされ、死ぬしかない」という投書が新聞に掲載されたことであった。当時の社会大臣はこの問題を重く受け止め、国会に高齢者審議会（Ældre kommissionen）を立ち上げる。同審議会報告書は1981～1982年の2年間でまとめられ「高齢者サービスのあり方に関する答申」として出された。高齢者審議会のメンバーはマスコミ、医師、議員等15人、中央政府だけではなく「住民の問題は生活の現場で」という原則からコムーネにも高齢者によるワーキンググループが構成された。ワーキンググループは全国に100グループが組織され、テーマごとに関心ある人が集まり話し合いが行われた。「高齢者サービスのあり方に関する答申」で明らかにされた点は以下の3点（松岡 2001: 74-76）である。①お年よりはケアされるのを求めるのではなく、むしろ社会的な交流や役割を持ち続けたいと望んでいる。②約10万人の高齢者が、誰かの援助を受けなければ外出できない状況にある。③住居に関する問題こそ、高齢者政策における最も重要で深刻な問題である。そして、この3点から現在日本でも多く取り上げられるデンマークの高齢者福祉3原則（継続性の原則、自己決定の原則、自己資源開発の原則）と7つのケアシステム（①補助器具の利用促進、②予防と機能訓練の提供、③ホームヘルプサービスの提供、④訪問看護サービスの提供、⑤緊急システムの導入、⑥給食サービスの実施、⑦文化活動の促進）が提言されることになった。以降デンマークでは、これらをもとに政策を転換させ、支援の仕組みが再構築されていくことになる。

　その具体的な施策の1つが、1988年の社会支援法改正によるプライエム・保護住宅の新規建設の禁止と、高齢者住宅（Ældrebolig）の整備を進めるという決定である。高齢者住宅は、①1人あたりの延べ床面積が67㎡、②個室で居室には浴室、トイレ、キッチンを設置（グループリビングの場合は

個室にキッチンがなくてもよい)、③24時間の緊急対応体制とされている。プライエムとは比べものにならないくらい居住面積が確保されていると同時に、浴室・トイレ・キッチンが設置されていることで、一人ひとりの高齢者がこれまでの生活リズムや習慣を変えることなく生活し続けることできる環境が整ったといえる。さらに松岡は、前述した通りデンマークの固有性の1つとして「独立住宅」を政策として展開してきたことをあげている(松岡2004: 85)が、高齢者・障害者住宅法では、それまでのプライエムや保護住宅も高齢者住宅の1つのタイプとして位置付けられている。この頃の政府のスローガンは「できるだけ長く自宅で」であり、デンマークでは施設はつくらず、自宅となり得る住まいを作っていくのだという意志がしっかりとみてとれる。

　しかし、施設をつくらないことを決め、住宅を整備するだけで高齢者の暮らしを支えられる訳ではない。特に施設に入居していた高齢者は様々な支援が必要な高齢者であったと考えられる。支援が必要な高齢者が暮らし続けられるためには、それに対応できるような支援体制が整っていなければならない。そのためデンマークでは、24時間在宅ケアの整備を進めた。1958年に制度化されたホームヘルパー(Hjemmehjælper)は、1970年代の半ばには1万6,000人に増員され、1986年には2万6,000人となったといわれている。現在は、ホームヘルパー(Hjemmehjælper)もしくは社会保健ヘルパー(Social- og sundhedshjælper、以下SOSUヘルパー)のほか、社会保健アシスタント(Social- og sundhedsassistent、以下SOSUアシスタント)、訪問看護(Hjemmesygepleje)等が協働してケアを提供している。食事についても、ホームヘルパーによる支援のほかに、配食サービス(Madudbringning)や活動センターのレストランを利用することもできる。中には施設に入居している場合でも、温かい食事はコムーネ内にある調理センターから施設へと提供されることもある。そしてデイサービス(Dagcenter)、デイホーム(Daghjem)、補助器具センター(Hjælpemiddel)、リハビリテーション(Revalidering)、送迎サービス(Kørselsordning)、アラームセンターでは個々の高齢者が持つアラームとつながっており、いつでも対応できるような体制が整えられている。ショートステイ・ミドルステイ(Aflastnings-bolig／

plads）は、自宅と病院の中間的な施設として機能しているほか、1996年からは、75歳以降のすべての高齢者を対象に、社会相談員や作業療法士等が自宅に訪問し、必要な支援はないか訪問を行う予防的家庭訪問（Forebyggende hjemmebesøg）が法制化された。そしてこれらはコムーネ単位で整備され、提供されている。

　デンマークでは、1987年の高齢者・障害者住宅法で施設の新規建設が凍結されたことで、施設・在宅に限らず住宅の部分は高齢者・障害者住宅法、ケアの部分は社会支援法と、住宅とケアが別々に定められることになった。松岡によると前述の高齢者審議会が目指したものは、「高齢期にふさわしい住宅を十分に供給して、高齢者のニーズに合わせたケアをフレキシブルに提供していけるようなシステムづくりにあった」（松岡 2005: 37）と述べている。自宅で暮らす高齢者には在宅ケアサービス、施設では24時間対応のケアの提供ではなく、施設も1つの住宅として位置付けその環境整備に努め、そのうえで、どこで暮らしていても一人ひとりに対する必要なケアの提供が実施されることを目指してきたといえるのではないだろうか。

3．一人ひとりに対する「住まいとケア」

　デンマーク政府は1995年からの新しい方向性の1つとして「早めの引越し」をスローガンとして打ち出す。介護が必要になってから施設等に引っ越すのではなく、元気なうちに高齢者住宅やケア詰め所等が近接している住まいへ移住することが提案されたのである。そして1996年1月1日の改正高齢者・障害者住宅法で、介護職員が24時間体制で常駐する高齢者住宅として、プライエボーリ（Plejeboliger）が創設された。この背景には、プライエムと保護住宅建設の凍結により、高齢者住宅にケアの拠点が近接されていないこと。高齢者住宅において自立した生活を営むことが困難になる高齢者が増加してきたこと。プライエムを居住の場として改築する必要があったこと等により、介護付き住宅というべきプライエボーリの必要性が高まったといえる。さらに1997年の公営住宅法で、これまでの高齢者住宅（プライエム・保護住宅等）、プライエボーリはすべて公営住

(Almene bolig) として位置付けられた。しかも公営住宅には、公共の助成金を受けているすべての住宅タイプが含まれ、高齢者住宅だけではなく、家族住宅法による住宅や、青年住宅法による学生寮等も位置付けられた。高齢者は特別な対象ではなく、公営住宅は何らかの支援が必要な方の住まいという点で共通するという考え方といえる。さらにそこには障害者が重度化しグループホームで暮らし続けることが難しくなり、高齢者の暮らすプライエボーリへと移住してくるケースも増えてきたことが背景の1つにある。高齢者のみが集まって暮らすのではなく、世代や暮らしの状況が異なる人たちが同じ公的な住宅で暮らしていることになる。このほかにも、デンマークには個別の所得に合わせた家賃補助がある。これも高齢者に限らず18歳以上の学生や、障害者に対しても同様に適用される。また社会支援法では年金のみで暮らす高齢者等が、年金から家賃や光熱水費等の必要経費を除いてもある程度の年金が手元に残るよう義務付けられている。住宅・住居の保障だけでなく、居住していくことを可能にする、住まうことを支える制度といえる。

　ケアについても、1980年代半ばになると、医療と福祉を融合し在宅と施設の区別なく地域全体にケアを届けていくという「統合ケア」の試みが始められた。統合ケアは、住んでいる場所に関係なく、一人ひとりに応じたケアを届けるため、在宅、施設、保健等のスタッフからなるチームで一人ひとりにあったケアが提供される仕組みである。コムーネによっては施設と在宅の仕事がかみ合わずうまくいかないケースも確認されたが、1990年代に全国に広がっていくことになった。また2002年からは、それまで暮らしていたコムーネ以外のプライエム（またはプライエボーリ）の利用が可能になり、夫婦のうち1人がプライエムへの入所が認められた場合も、夫婦一緒の入居が可能になった。個別の状況に柔軟に応じながら「住宅とケア」が提供されていることがうかがえる。

　このように住宅とケアの施策がそれぞれ充実する一方で、これまで整備されてきた施設等の改革も進められた。1つは1980年代初頭から指摘されてきた、総合施設の閉鎖性や地域社会からの孤立化に対する取り組みである。松岡はこの総合施設の孤立化について、「中心地から距離が離れて

いることより、便利な機能が集まることによって住む人の生活が自己完結・自己充足してしまったことに原因があったのではないだろうか」(松岡 2005: 49) と指摘している。孤立化と閉鎖性の問題を克服するため、総合施設では積極的に地域開放が進められ、施設と地域の間で双方向の行き来が始まった。例えば、デイセンターへの送迎を行い、食事・リハビリ・趣味活動（ビリヤードや手芸、パソコン教室等）をしてもらう、夕方から翌朝までのナイトホームの実施、地域の在宅高齢者への配食サービス、食堂の開放、施設職員の予防的健康チェックの実施等である。総合施設は現在も地域福祉の核、在宅ケアの核として建設凍結後も存在意義を保っている。

　もう1つの改革は、施設のリフォームが積極的に進められたことである。松岡によるとプライエムは1962年時点で約2万2,000人分が整備され、1972～1979年の8年間にその数は1.5倍に増加した（松岡 2004: 86）。一方1988年の社会研究所調査では、当時必要な住戸とされていた4万戸のうち3万6,000戸は時代に適さないと判断された。例えば8,000戸にはバスルームがなく、2,700戸にはトイレはあるがシャワーがない、9,000戸は個室であるが15㎡以下で狭くおそらくシャワーもない、3,400戸が車いすの介助が必要である等である。前述した通り、1988年に政府はプライエム・保護住宅・年金者住宅・軽度のグループホームを高齢者住宅と位置付けている。そして高齢者住宅に適したリフォームに対して助成金を出すことで、それぞれの住まいの居住性の向上をはかろうとした。2005年に訪問した社会省での聞き取りによると、政府はコムーネに対し、1戸あたり4万クローネ（約72万円）の助成金を出しているということであった。さらに1990年代半ばに職員環境法（労働省）が施行され、介護職員のための設備や面積確保が必要となり、ますますコムーネによる改築が進んだということであった。デンマークでは、そこで暮らす高齢者だけではなく、働く職員のためにも一定水準以上のスペースの確保が必要であるという考え方が浸透し、リフォームが進められてきたといえる。図4-2「ケア付き高齢者住宅入居者の推移（1987～2012）」をみてみると、プライエム（Plejehjem）の入居者と保護住宅（Beskyttet bolig）の入居者は徐々に数を減らし、2005年までは高齢者住宅（Ældrebolig）が増加している。そして2005年の

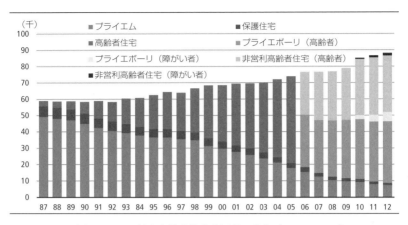

図 4-2　ケア付き高齢者住宅入居者の推移（1987 〜 2012）
出典：デンマーク統計局（DANMARKS STATISTIK）NYT 第 668 号（2012 年 12 月 20 日付）
http://www.dst.dk/pukora/epub/Nyt/2012/NR668.pdf

　プライエム廃止の方針を契機に、高齢者住宅はプライエボーリ（Plejeboliger）と非営利住宅協会が住宅省（Boligministeriet）の認定と財政的な援助を受けて供給している非営利高齢者住宅（Almene ældrebolig）に分かれ、さらに 2010 年以降にはプライエボーリで暮らす障害者（Plejeboliger – handicappede）、非営利高齢者住宅で暮らす障害者（Almene ældrebolig – handicappede）が少しずつ増えていることがわかる。これは、日本のように新しい制度・体系が次々に創設され、横並びに増えているのとは異なり、プライエボーリ等の新しい高齢者住宅が創設されてきたことに加えて、これまでの古い施設も高齢者住宅等につくり変えられていることを意味している。

　ここまでみてきた通り、デンマークの高齢者政策は救貧対策から出発し、一時は総合施設を整備する等、質より量を重視した時期もあったとはいえる。しかし、施設をあくまでも個人の住まいと必要なケアを提供する場所として位置付け、ガイドラインの整備や新しい住宅の創設・つくりかえ等により住まいとしての居住性の向上と環境づくりに努めてきた。また 1987 年には施設をつくらないという選択をし、「住宅とケア」を分けて捉えることでそれぞれを充実させ、そのうえで個別の状況に合わせてより柔

軟に「住宅とケア」が提供できるように変化してきたといえる。住まいとしての住宅の整備だけでなく、暮らしやすい住居とはどのようなものか、また社会で暮らし続けるための居住環境を整える等、デンマークの高齢者政策の変遷は、高齢者一人ひとりが「住まう」ことにこだわり、それを支えていこうとしてきた軌跡といえる。

第2節　デンマークにおける地域包括ケアシステム

1. 地方分権社会のデンマーク

　本章の冒頭でも述べた通り、デンマークは社会的リスクに対する公的機関の役割が非常に大きい「社会民主主義レジーム」に分類されている。また50％にも及ぶ所得税や25％の消費税等による高い税負担と同時に、公費によって福祉に限らず、義務教育から職能教育・高等教育に至るまでの教育、研究、文化、環境対策等、幅広い分野がカバーされている「高福祉・高負担」の国といえる。しかし、単に国の管轄する部分が大きいということではなく、朝野は支出に関しては中央政府より地方政府の支出割合が高い分散システムであり、意思決定においても税率や課税ベースに地方政府の権限が強い分権システムである「分権型分散システム」（朝野 2005: 23）と表現している。

　西によると、デンマークの地方分権は1849年の憲法により原型が定礎され、「1953年に改定された現行の憲法でも、国家の監督の下、地方自治体には独自の業務遂行の権利、自立自治の機能が明確に承認」されている（西 2008: 577）。その後デンマークでは1970年と2007年の2回、地方自治体再編が実施され、国・地域・自治体の構造と役割が変化している。まず、1962年に設立された日本の都道府県にあたるAmt（以下、アムト・都道府県）が、平均人口35万人規模の25のアムト（アムトと同等の地位を持ったコムーネであるコペンハーゲンとフレデリクスベアコムーネを含む）となり、88の交易コムーネ（købstadskommune）と1,300の教区コムーネ（sognekommune）が1970年の地方制度改革によって平均人口2万人の275のコムーネへと再編された。この再編で国・アムト・コムーネの役割が明確化され、アムトの役割

図 4-3　2007年以降の地域別マップ（レギオナ）
出典：デンマーク内務省　http://oim.dk/media/58827/den-regionale-fordeling.pdf

は主に病院、高等学校、主要道路、公共交通、地域計画と公害土地利用計画に関する責務を負い、コムーネは主に社会福祉、初等学校、図書館や公共施設の管理運営、文化活動、ごみ処理、土地計画と再開発許可、建築許可等の責務を担ったとされている（西 2008: 578）。

その後14のアムトと271のコムーネとなった地方自治体制は、2007年の地方自治再編で14のアムトが解消され、広域行政機構である5つのRegioner（以下、レギオナ・広域行政機構）となり、275あったコムーネが98に再編された（図4-3参照）。西によると、平均2万人であったコムーネの人口は、5.5万人に拡大し、EU諸国の中でもかなり大きな単位となった。再編の背景には、第1にコムーネやアムトの規模の適正化をはかること、第2に従来の分担におけるグレーゾーンを解消し、役割分担と責任を明確化することでそれぞれを自立させ、公的業務の効率化とサービスの質を改善すること（西 2008: 577-578）があげられている。再編の経緯としては、2001年のアナス・フォー・ラスムセン政権（自由党・保守党連立）発足の翌年に、地方自治構造改革に関する特別委員会が設置され、検討を重ねた2004年4月27日、ラムスセン首相が「アムトを廃止し、全国を5つの地区に分割する」という政府案を発表し、2006年の準備期間を経て新体制に移行された。この再編によって、レギオナは主に保健医療サービスに重点をおき、これまでアムトが担っていた公共サービスは、コムーネに委譲されることになった。具体的に、国は諸法のガイドラインをつくり、レギオナやコムーネが社会福祉を実施するにあたっての、福祉制度の枠組みと

実施への方向付けをする役割がある。レギオナは病院運営や医療行政を担当し、病院・家庭医に対する権限と責任を有する。その他、広域地域計画・開発、環境対策等を担当する。コムーネでは、初期医療、保育園・初等・中等教育、高齢者福祉のほか、ごみ処理、図書館、音楽・文化・スポーツ施設等身近で行き届いたサービスを実施する（認知症ケア高度化推進事業・ひもときねっと 2009: 2）。

　先述の通りデンマークにおいて、自治体がこれらの役割を実現するための財源は、租税制度によるものである。税は直接税と間接税で構成され、所得税が所得の50％以上、消費税25％といわれ、世界一の税率となっている。これまでもデンマークは中央政府より地方政府の支出割合が高い分散システム（朝野 2005: 23）を取っていたが、2007年の自治体再編以降は所得税で徴収される50％のうち、23％が国、11％がアムト、14～25％がコムーネと三者で分散していたものを、国25％、コムーネ25％の2つに分散されることとなり、地方自治体の財源と権限がより強化されたといえる。以上、デンマークでは分権化が進み、国は枠組みを提示するのみでコムーネがそれを地域の実情に合わせて実現させていくという仕組みができているといえる。そのため、高齢者をはじめ支援を必要とする人に対する支援は、コムーネ単位で支援体制がつくられている。逆にいえば身近な地域単位で自分にあった支援をコムーネが責任を持って提供することができるようにするような仕組みが整えられているといえる。

　デンマークの高齢者施策は図4-4の通り、高齢者を取り巻いて経済、居住、ケア、医療、活動支援が位置付けられている。経済的な支援である年金等は法律によって定められており、病院はレギオナによる管轄のため、基本的にはコムーネで提供されないが、病院以外の医療・居住・ケア・活動支援はコムーネによって提供されている。医療については、デンマーク人は一人ひとりに家庭医がおり、コムーネの中で定められた人数の医師の中から自らの家庭医を選択し、生涯を通して関わる。15歳以上になると、指定された総合医から家庭医を選択するか、医師を自由に選択できるが一定額を自己負担するかを選ぶ。専門病院には、家庭医からの紹介でかかる

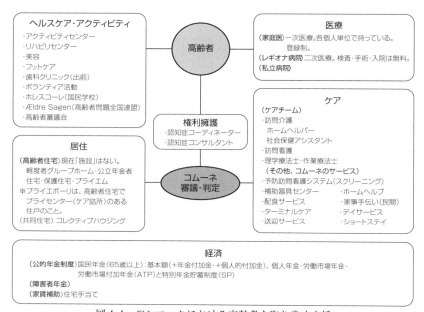

図 4-4　デンマークにおける高齢者を取り巻く支援
出典：筆者作成。

ため、ダイレクトに専門病院を利用することはできない。さらに、家庭医との関係は高齢者になり、自宅を離れ高齢者住宅等に入所することになっても継続して続けられる。コムーネには大きな高齢者センターの出張診療所があり、歯科衛生サービス（有料）もある。その他のケアは、ホームヘルプサービス hjemmehjaelper、訪問看護サービス hjemmesygepleje、デイサービス dagcenter、デイホーム daghjem、配食サービス madudbringning、リハビリ revalidering、補助器具センター Hjælpemiddel、送迎サービス kørselsordning、ショートステイ aflastnings – bolig/plads、予防的家庭訪問 forebyggende hjemmebesøg等がある。つまりデンマークにおける高齢者の「住まいとケア」施策の全体像を捉えてみると、まず大きくは自宅で暮らす高齢者と、自宅以外の住宅に住む高齢者に分けられるが、施設も1つの「住まい」と捉えられるため、どの「住まい」で暮らしていても必要な「ケア」が提供されるような仕組みになっている。

2. コムーネにおける「住まいとケア」

　ここでは、実際にコムーネでどのように「住まいとケア」が提供されているかをみていきたい。まずは首都コペンハーゲンから列車で30分程度の人口約5万人のコムーネであるLyngby-taarbækコムーネ、そして同じくコペンハーゲンから特急で数時間かかる、2007年の自治体再編によって生まれたTønderコムーネを取り上げる。ここでなぜ平均的な人口規模の自治体であるLyngby-taarbækコムーネだけでなく、Tønderコムーネを取り上げるのか。筆者はデンマークにおける研究を進めていくにあたり、都市部や資源の多い場所ではLyngby-taarbækコムーネのように充実したケアが提供できるが、都市部から離れた場所では日本と同様、資源が限定され、地域包括ケアや一人ひとりに応じた「住まいとケア」の提供が難しいのではないかと考えたためである。なお、以後出てくるデンマークの通貨であるクローネは、1クローネ＝18円で計算している。

（1）Lyngby-taarbækの場合

　Lyngby-taarbækは、2013年現在の人口が5万3,840人で高齢化率が19.5％（Økonomi- og indenrigsministeriet 2013）のコムーネである。面積は38.8km²で5地区に分かれ（図4-5参照）、コムーネの端から端までは車で約10分程度である。市役所は商店街の中にあり、市民が気軽に利用しやすい環境がつくられている。2003年の訪問時は、人口5万344人のうち67歳以上の高齢者は9,902人（19.7％）と、全国的にみて高齢者人口が多いコムーネである（2005年のデンマークの65歳以上人口は15％）との説明を受けた。

　また2003年当時のコムーネの年間予算は17億クローネ（約306億円）で、そのうち約半分の9億クローネ（約162億円）が社会福祉関連の予算であった。社会福祉予算の約6割、コムーネ全体の3分の1である5億7,000万クローネ（約102億6,000万円）が高齢者に対する予算であった。2003年時点でケアサービスを利用している方は67歳以上の高齢者9,902人中3,379人で、全体の約35％であった。3,379人はすべてコムーネによる判定を受け、ケアサービスを利用している。サービス利用までの経緯（図4-6参照）には、まず家庭医や家族からコムーネに寄せられる相談や連絡、ま

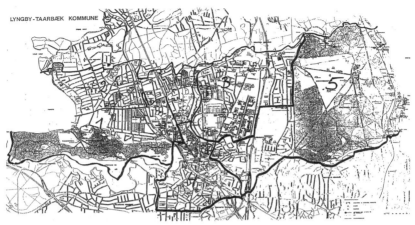

図4-5 Lyngby-taarbækコムーネを5つの地区に分けた図
注：2003年の訪問時に受領。

た予防的なアプローチとして行われている、年2回の予防的家庭訪問がある。Lyngby-taarbækコムーネでは、予防的家庭訪問の前には必ず予約の手紙を出している。中には事前の手紙に対して、必要ないと返事があり訪問しないケースもあるが、Lyngby-taarbækコムーネでは予防的家庭訪問のほかにも年1回の看護師による訪問もあるため、訪問を断った高齢者がそのまま放置されることはなく、実際にこれらの訪問によってサービス利用につながったケースもあるとのことであった。いずれにしても、本人や家族の判断や申請のみに委ねられた日本

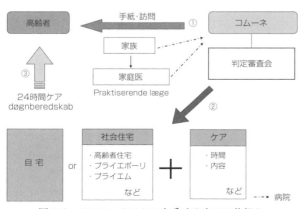

図4-6 デンマークのケアを受けるまでの仕組み
出典：筆者作成。

表4-1 Lyngby-taarbækコムーネの判定基準

基準	内容	利用時間（週）	2003年時
基準0	人手を借りないで自分のことができる自助グループ	―	68人
基準1	軽度の介護を必要とする	1.7時間（100分）	1,641人
基準2	部分的に要介護、部分的に自助	3.9時間（234分）	779人
基準3	重度の介護必要	7.1時間（426分）	566人
基準4	自分で何もできなく極度の介護を必要とする	13.1時間（786分）	325人

※基準4に該当する方は24時間頻繁な介護を必要とし、リフトか同時に職員2名の介護を受ける必要があり、プライエム等に入居することが一般的であるとされている。
出典：2003年訪問時の聞き取りをもとに筆者作成。

とは異なり、コムーネ側からのアプローチがそのきっかけとなりその後の支援へとつながっている。

次に、コムーネで判定が必要だと判断されれば、コムーネの判定審査会が開かれる。審査会では、高齢者本人の希望も含めて、どのくらいのケアが必要か、自宅での生活は可能か、プライエボーリや高齢者住宅等の公営住宅への入居が必要か、等が判定される。ここで判定されるのは、日本のように利用できるサービスの限度額ではなく、具体的な支援内容と1週間のサービス利用時間である。Lyngby-taarbækコムーネでは、これらの判定を専門職（看護師・理学療法士・作業療法士等）9名で行っている。またLyngby-taarbækコムーネでは、独自の基準モデル（表4-1参照）で判定し、それぞれ利用できる時間を決定している。プライエム等への入居については、この判定のほかにコムーネが10日間の面接を行う。面接は上記と同じ判定員に加えて、本人・家族も参加する。必要なケアの度合いや内容だけではなく、本人の意思や現在の自宅での居住状況等をふまえて判断するとのことであった。1996年以前は、自宅か施設かで別々に判断されていたが、1996年の改正高齢者住宅法でどこに住んでいても、一人ひとりに対して必要な「住宅とケア」をコムーネが判定することになっている。

まず、自宅で生活されている方に対するケアには、まず在宅ケアサービスチームがある。5つの地区それぞれにセンターがあり、コーディネートを行う看護師等を筆頭に、訪問看護師、SOSUヘルパー、SOSUアシスタント等で組織されチームケアでサービスを提供している。サービス内容は

一人ひとりの必要に応じ、食事の支度のみ、アクティビティセンターに出かける支度のみ、排泄や入浴の介助等、個別で細かく、必要となる部分を判断し提供される。2012年の訪問時には、在宅サービスの利用時間は1週間に45分～50時間とのことであった。

　この他、看護師等が24時間常駐し、高齢者からの連絡を受け、訪問や医師や在宅サービスチームに連絡を行うアラームセンターがある。このアラームセンターはリハビリセンター内におかれ、高齢者の連絡網としての機能も持っている。連絡網とは、アラームセンターから始まり高齢者が順々に連絡を取り合い最後にアラームセンターに連絡がつながるというものである。高齢者が持つアラームは、ペンダント型のものを使用している。リハビリセンターにはアラームセンターのほか、ショートステイ（病院から退院した後に自宅に帰る前に滞在するいわゆるハーフ・ウェイ・ハウスのような場所）用の部屋が29人分、通所40人が利用できる場所があり、利用は無料だが、食費は別途必要とのことであった。リハビリセンター全体の職員は常勤換算で53人であった。また、コムーネ内にはほかに活動センターが6ヵ所あり、機能訓練や活動が必要と判断された高齢者が日中の活動に使うことはもとより、自分で通うことができれば地域住民の自由な活動の場にもなっている。例えばビリヤードや手芸、工芸、ジム等を行うことができ、ここで活動するボランティアも多くいる。中には、運営自体もボランティアで行っているセンターもあり、また6ヵ所のうち3ヵ所には回想法等を取り入れ認知症にも対応しているデイセンターがある。コムーネ内には配食サービス拠点として2ヵ所の配食用厨房があり、厨房以外にも半調理された食事を温めるキッチンもある。配食の対象は在宅の高齢者だけでなく、プライエボーリ等の住人にも1日44クローネ（約792円）で提供される。冷凍食と半調理食があり、冷凍食は7日分配食され、冷凍庫と電子レンジも補助器具としてコムーネから貸し出される。補助機器は誰に対しても無料である。

　次にLyngby-taarbækコムーネは、Lystoftebakken総合施設という保護住宅併設のプライエム、高齢者が暮らす住宅とそれに隣接する形でケアサービスの詰め所があるプライエボーリが約500人分あり、24時間体制

のケアが提供されている。24時間ケアが必要ではないが、1人で生活するには不安が伴う高齢者の住まいである保護住宅が約30人分、バリアフリーで高齢者等が暮らしやすく工夫されている住宅が約80人ある（2012年訪問時）。このほか、認知症高齢者への施策として、認知症高齢者用のデイサービスが2ヵ所あり、25人の認知症コーディネーターが3、4人ずつに分かれて活動を行っている。認知症コーディネーターとは、認知症高齢者に対する介護を行う人が研修を受け、認知症に関する専門的な知識を持って認知症に対する新たな取り組みの開発や、治療と介護のコーディネート、認知症に関わる各職種のまとめ役等を行うものである。

　Lystoftebakken総合施設（2003年・2005年訪問）は、1987年の高齢者住宅法で新設が凍結される前に建てられた統合施設で、2003年時点の入居者はプライエムで70人、保護住宅で60人の計130人であった。住人の85％は女性、平均年齢はプライエムが86歳で、保護住宅が80歳であった。入居資格は定められておらず、前述した通り、コムーネが10日間の面接を行い最終的に判定し入居に至る。2003年の訪問当時入居者の約60％に認知症の症状があり、約40％に脳梗塞等の脳障害やがんの後遺症があった。1年間で約60％の入居者が亡くなり、全体の約95％はプライエムで亡くなるとのことであった。しかし、「亡くなるために入居するのではないため、楽しめるようなアクティビティを行っている」と訪問当時の施設長ポール氏は強調されていた。外出もアクティビティの1つとして位置付け、近くに出かけるだけではなく、時には遠出や少人数で海外旅行にも出かけていた。また入居者の生活の継続性を大切にし、入居前に使用していた家具を持ち込むことや家庭医の診察を継続させるようにしていた。居室は60㎡と日本の1人あたりの床面積と比べてもかなり広く、全室個室であった。食事は一定の時間内であればいつ・どこで食べてもよく、食事は約3分の2を調理センターで調理されたものを運び、施設内で調理を加えているという方法を取っていた。プライエムの職員は住人4人に対して1人、保護住宅では住人7人に対して1人、夜間は9人の住人に対して1人がいる。職員は3交代制を取り、常勤換算で90人であった。

　デンマークでは、1998年に制定された新社会法を契機に急速に民間へ

の委託が進められている。それまでは一部のセルアイネ方式（Selvejende Institution：非営利団体への委託）を除いて、すべて公立公営のサービス提供であった。現在では入札による民間委託が約3割のコムーネで実施されており、ホームヘルパーの派遣や施設での清掃の分野で広がりをみせている。ほかにも政府の特別許可を得てプライエムの運営を民間に委託したケースも出てきている。ホームヘルプ分野での自由選択が開始された2003年からは「公共・民間・個人」の3つから選べるようになっている。Lyngby-taarbækコムーネでも2003年1月1日からはホームヘルパーと配食サービスを公共サービスか民間（6社）いずれかから選ぶことができる自由選択システムが導入され、2003年6月時点で、在宅サービスを利用している高齢者3,379人中350人が民間からのサービス提供を選択していた。使用できる上限はあるが、もちろん公営でも民間の事業所でも高齢者自身の利用は無料で、利用者が必要なサービスを提供する費用は事業所に対してコムーネが支払っている。供給主体は家族でも可能で、家族を選択した高齢者も15人いた。Lyngby-taarbækコムーネでは清掃会社がホームヘルパー事業を行っている例もあった。しかし民間委託といっても、日本と異なる点は、サービス内容の決定や質のコントロールはコムーネで行い、必要なケアの責任を持つ点にある。これは、あくまでも本来コムーネがすべき業務をコムーネ以外に委託していると考えられているためであり、必要なケアが保障されたうえで提供主体を選択するという形の民営化である。またケアの提供後も、本人の能力を最大限に活かせているかが随時評価され、提供主体が変更されることもある。委託されるためには、内務省が定めているガイドラインで一定水準以上が必要であり、かつコムーネの司法士の判定により水準がクリアされていればサービスの内容を決め、コムーネと契約できる。Lyngby-taarbækコムーネでの取り組みの1年後に制定された「ホームヘルパーと配食の自由選択法」で全国的にも自由選択が進められた。2006年不服審査庁の全国利用者調査では、65歳以上の利用者の65％が選択できることを評価しており、1年前までは66％であった「2つ以上の供給業者の中から選択できるようになった」コムーネが79％となっている。民間事業者からホームヘルプを受けている高齢者は利用者の

21％で、民間の事業者を選ぶ割合では新しく判定を受けた高齢者グループで高い。

　さらに、Lyngby-taarbækコムーネでは、コムーネの理事会により承認された高齢者委員会（Ældreråd）という高齢者9人からなる委員会を組織している。これは、法的にも認められている組織で、1997年以降にデンマークのすべてのコムーネで設置されている。高齢者委員会は、コムーネに対するアドバイスを行うことを目的に60歳以上の高齢者から組織されている。メンバーは4年ごとに、選挙権を持つ65歳以上の高齢者が選出する。高齢者委員会はコムーネの行政やコムーネ議会議員とは密接な関わりを持つが、組織としては独立しており、メンバー個人に対してお金は支払われず、皆ボランティアで参加している。2003年の訪問当時、Lyngby-taarbækコムーネの高齢者委員会メンバーは男女合わせて9名おり、14名の候補者から選出されたということであった。活動内容は福祉に限らず、除雪についての苦情を伝え対応してもらう、屋内プールの無料化、配食サービスの質について意見する等多岐にわたっていた。

　以上、財政的な割合やサービスの充実からもわかるように、Lyngby-taarbækコムーネでは、高齢者ケアに対する施策を重視した取り組みが行われていたといえる。さらに一人ひとりに対する「住まいとケア」のペアリングが行われ、ケアが24時間体制で提供されている。たとえ自宅以外の住まいで暮らしていても、住み慣れた自宅で暮らしていても、一人ひとりに対するケアが提供される仕組みが整っていた。そしてこれらすべての医療、看護、介護、リハビリ等広い意味でのケアの部分に対しては自己負担が発生しない。つまり、日本のように支払う料金を気にしてサービスを縮小させたり、利用をやめたりする必要がないのである。民間との自由選択についても、コムーネで判定されたサービス量はすべて無料で使用でき、また事業所としても、提供したケア（サービス）に対しては税金から支払われるため、サービスの質や経営が一定担保されたうえで、柔軟な対応や発想で事業展開することができている。

(2) Tønderコムーネの場合

　Tønderコムーネはデンマークとドイツの国境近くにある南デンマーク地域に属する自治体で、人口が3万9,083人（2012年）、面積は1,184.59㎢で端から端まで25～30kmある国内第3位の広さを持つ自治体である。2007年の自治体改革でBredebroコムーネ、Højerコムーネ、Løgumkloster コムーネ、Nørre-Rangstrupコムーネ、Skærbækコムーネが合併して現在のコムーネとなった。主な産業は農業で、ほかにはeccoという靴メーカーの発祥の地である。0～6歳が6.9％、7～16歳が12.8％、17～64歳が60.0％で、65歳以上が2,000人程度の20.3％である。持ち家率は55％、公営住宅の割合は10.7％（2012：Økonomi- og Indenrigsministeriet）である。デンマークでは都市部と地方の違いはあっても、2007年の自治体改革が一定の人口規模を確保していることがわかる。

　Tønderコムーネにおける在宅ケアについては、図4-7の通りコムーネ全体を「北」と「南」に分け、それぞれを3つのエリアに分けて訪問ケアを行っている。コムーネ全体で300人のケアに関わる職員、SOSUヘルパー、SOSUアシスタント、事務職等（フルタイム・非常勤含む）がいる。利用者は年間1,200人で、Lyngby-taarbækコムーネ同様、高齢者は審査を受けて必要と判断されれば無料で掃除や食事、洗濯等の生活支援と、身体介護が提供される。2013年の聞き取り調査では、ケアの供給が増えると財政が圧迫されるため、リハビリに力を入れているとのことであった。しかし、あくまでも高齢者に我慢をさせない訓練で、QOLの維持を目指している。リハビリに力を入れていることにより約8％の支出が抑えられたとのことであった。高齢者は自由選択により民間の会社も選択できるが、2012年時点では25％が民間の清掃会社を選択しているが、介護部門ではまだ参入会社がなかった。

　また、市内には10ヵ所、大きいところで69名、小さなところで30名のプライセンター（ケア付き住宅）がある。ほかにも、Solgårdenという障害者が利用する施設へ転換されたケアセンターもある。高齢者年金はだいたい8,700クローネ（15万6,600円）程度といわれているが、プライセンターの家賃は2,862～6,233クローネ（5万1,516～11万2,194円）で、入居時預け

第4章　デンマークにおける地域包括ケアシステム

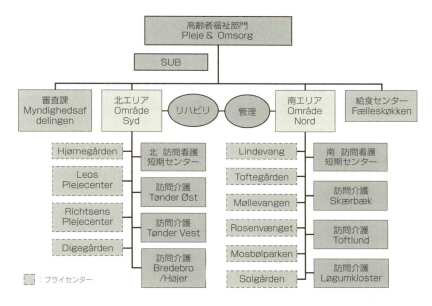

図 4-7　Tønder コムーネ高齢者福祉部門
出典：2012 年訪問時のレクチャー資料をもとに筆者作成。

金は 7,290 〜 3 万 2,880 クローネ（13 万 1,220 〜 59 万 1,840 円）である。在宅で 1 人暮らしている人がさみしくなって高齢者住宅に移住することも可能であり、その場合住宅補助は 15％のみである。筆者はプライセンターのうち南エリアの Lindevang と Møllevangen の 2 つを訪問した。

　Lindevang は、住宅公団が建設して家賃を徴収し、自治体がケアを提供する形で 2011 年に開設された。男性 13 名、女性 37 名の 50 名の入居者が暮らしていた。ほとんどが 80 歳以上で、70％が認知症を患っていた。悪化すると、市内 2 ヵ所にある認知症専門のセンターに移動する。認知症の場合は、家族と話しあうか、代理人制度を利用して、どのように暮らすか決定する。10 名ごと、5 つの棟に分かれて生活している。23 名は車いす利用で、残りのほとんどが歩行器を押している。また 25 名の部屋の天井にリフトが付いているとのことであった。掃除、入浴ケアが必要な人が入居しているが、12 名は自分でも身の回りのことができる。すべての居室が 44.6 ㎡の二部屋で、共用スペースも入れると 1 人あたり 70 ㎡使用でき

る。家賃は最高5,980クローネ（10万7,640円）で、光熱水費・食費を入れても年金が残るように個別に調整されている。3部屋はショートステイ利用（例えば、認知症の夫婦が週末だけくる）で、家賃のみで利用できる中間施設としての役割がある。職員は46名で、そのうち非常勤は9名。50％が医療行為も可能なSOSUアシスタントで、50％がSOSUヘルパーである。そのほか、実習生や職業訓練生、訪問看護師がいる。4名のリーダー（1名は2棟担当）、2名の日勤、3名の準夜勤、2名の夜勤でシフトを回している。日誌はデジタル化している。日勤（2名）では、10名の入居者に対して、朝食の用意（個別に）、訪問看護、医師や理学療法士とのコンタクト、投薬等、家族とのコンタクトを取る、温かい昼食を用意する、昼寝を促すという仕事をしていた。準夜勤（3名）では20名の入居者に対して、昼寝を起こす、コーヒーを出す、夕食の用意等を行う。夜勤（2名）では、日誌の確認や個別ケアを行う。Lindevangは2012年に自治体からリスクと環境整備についての賞を受賞している。またMøllevangenは、開設から55年経過したプライセンターで、デイサービスが併設されている。定員は30名で、ポニーや犬、猫もセンター内にいた。定員はいつも埋まるようにしており、ホームページにPR文をのせ、待機をなくしているとのことであった。MøllevangenでもLindevangと同じ賞を2011年に受賞している。また、20年間関わっているボランティア団体があり、先日20周年記念行事を催したとのことであった。理念は、「心地よい生活環境と生活」「成長できる事」「小さなユニット」「良い経験」「食べ物のにおい」「オアシス」であった。

以上、わずか2つのコムーネの事例だけであるが、どちらのコムーネも住民に対して必要な施策は講じられているという印象であった。そして筆者がTønderコムーネ訪問調査前に抱いていた「デンマークでも都市部から離れている地域には資源が乏しく施策が講じられていないのではないか」という仮説は棄却されたことになる。地方分権の徹底（権限だけでなく財源も）により、地方でもある程度の暮らしが保障される仕組みになっていることがわかる。ただ、まったく課題がないという訳ではない。

Tønderコムーネでは高等教育機関がなく、かつてあった教育大学や病院が閉鎖されている。50km離れたコムーネに養成学校があるが、訪問時に対応いただいた職員の方からも「自治体自体の発展は難しいだろう。住民税も減っている。若者はコペンハーゲンに行っている」とのことであった。さらに「2007年の自治体改革（合併）の影響は大きくないが、今後は現在の3分の1程度しか介護職員等の人材が確保できないのではないか」と指摘されているとのことであった。介護職は人気職種ではないが低いステータスでもない。SOSUアシスタントの資格を持っていればフルタイムで36万7,000クローネ（660万円程度）の年収になる。ただ、他の職種は月2万クローネ（36万円程度）で、コムーネは管理職、正規職員は増やさない方針を出しているという。現在は必要な人材が確保できているが、今後の確保について課題を抱えているため、政府としても家族も取り込もうという動きが出てきている。例えば、子どもはよく親を訪ねて来る。特に在宅で暮らし続けるためには、ホームヘルパーだけではすべてをカバーすることが難しいため、家族（夫婦）による支援にも期待している。

　Lyngby-taarbækコムーネとTønderコムーネの地域差が日本ほど大きくないと感じるのは、平らで高低差がなくパンケーキ型とも評される地形や、農業国といわれるほど農業が主要産業として現在も存在できていることも関係しているかもしれない。さらにデンマークは町内会がないが、教会区があり、ボランティアも積極的に活動しており、小さな町だと住民同士お互い手伝いあうとのことであった。デンマークでは、公的セクターが一定程度の生活を保障したうえで、住民同士の助け合い活動が期待されているのではないだろうか。

3. 高齢者の「住まいとケア」実践

　次にデンマークで提供されている24時間体制のケア実践について述べる。ここでは、2003年に同行したBirkerødコムーネの午前中の在宅ケア訪問と、2006年にSvendborgコムーネで同行した夜間の在宅ケア訪問を取り上げ、デンマークで実践されている高齢者一人ひとりに対する「住まいとケア」がどのように実践されているかを明らかにする。

(1) Birkerødコムーネ

　Birkerødコムーネ[1]の人口は2003年の訪問時で約2万3,000人、全体を6地区に分け、地区ごとにサービス調整を行う看護師を2人ずつ配置している。筆者が訪問した在宅ケア事業所全体のスタッフは、ヘルパーが70人、日中の看護師が20人、準夜勤の看護師が4人、夜勤の看護師が1人の計95人で、全員が常勤であった。この在宅ケア事業所は、設立はコムーネの在宅介護課であるが、運営はコムーネから独立している。職員は当番で土日に対応する等、フルタイムの職員は週に37時間の勤務とのことであった。職員体制はコンピュータで一括管理され、職員体制は4週間ごとに改定されている。ヘルパーの訪問先は、毎朝早番（朝7時〜）の職員2、3人で調整され、調整した利用者の情報と職員の勤務状況は事業所内のボードで確認できるようになっていた。ボードで使用されるカードは1回の訪問につき1枚のカードが使われ、各カードには利用者の情報（介護内容や時間等）が書かれる。ほかに入院中は赤いクリップ、デイサービス利用は青いクリップ等利用者の状況をクリップで表したり、平日と休日の利用、職員ごとに使用する色を変える等の工夫がされていた。空き時間は白のカードを入れる等、職員の欠勤・空き状況等もお互い一目みてわかるため、急な対応にもスムーズに行える仕組みになっていた。このような運営方法はデンマーク全体で統一されている訳ではなく、各コムーネによって状況が異なる。

　Birkerødコムーネで実際にケアが提供されるまでには、まずコムーネの社会福祉事務局の看護師による訪問判定が必要である。訪問判定では本人の希望も聞かれる。必要なケアが判定され、サービスを利用することになった高齢者は、2週間の試用期間を経て、事業所を自由選択し、再び判定会議に連絡される。利用決定後の利用者の情報は、地区長にメールで届き、すぐに地区長から職員へと情報が伝えられ、同時に利用者にも担当する職員の情報が伝えられる。Birkerødコムーネでは、大まかに8：00〜10：00は身体介護とデイセンターにいく人の支度、10：00〜12：00は掃除・買い物・昼食支援、午後はお昼寝を起こす等、18：00以降は夕食の用意（温かいものを希望する場合はレンジで早く作れるようにする）、21：00以降

第 4 章 デンマークにおける地域包括ケアシステム 229

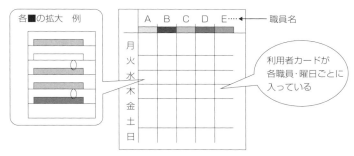

図 4-8 利用者・職員勤務表
出典:2003 年の聞き取りをもとに筆者作成。

は就寝の準備、23:30 以降は看護師とヘルパーで巡回とアラーム対応と決められていた。以下、実際に同行した Birkerød コムーネの在宅ケアの内容 (8:00〜10:00) を具体的にみてみる (図4-9)。ここで出てくる記録ノートには、訪問の日時 (来た時間と帰った時間)、ヘルパー名、介護内容のほか、子どもの連絡先等が記入されていた。薬の管理については、看護師と連携し、曜日ごとに区分けされたケース等を用意して、飲み忘れ等に注意している。

　Birkerød コムーネにおける同行訪問で明らかになったことは、支援内容は一人ひとりバラバラで多岐にわたるものの、支援時間がおおむね 30 分以内だったということである。また移動についても、5 分程度と非常に短く、移動に時間がかかっていなかった。そして、排泄・掃除・食事介助等のサービス内容に沿ってケアが提供されている訳ではなく、自宅で生活をしていくうえで必要な部分が個別に判断され、必要な部分のみを支援し、その他は高齢者自らで行い生活しているということであった。また、訪問したエリア内には車いすの利用者用と歩行可能な利用者用のデイセンターが 1ヵ所ずつと、認知症の家族のためのデイセンターがあり、10 人程度がこれらを利用しているとのことであった。同行訪問でも 4 人目の女性は、デイサービスに行くまでの支度 (入浴・衣服着脱・身だしなみ) が支援内容だったことからも、日本のように曜日や時間帯ごとにデイサービスやホームヘルパーの訪問が決められているのではなく、その人にとって必要なケアが判断され、必要な時に提供されているといえる。しかし、Birkerød

```
8：10～8：40
1件目　A氏　女性・独居・歩行器使用　（30分）
    ①手袋をして机の片付け、洗い物（食器・灰皿）をしながら見守り
    ②アラームセンターからの電話応対
    ③汚物処理（ポータブルトイレ）
    ④衣服の整頓
    ⑤洗濯物（あれば洗濯、干しているものが乾いていればたたむ：地下）
    ⑥記録ノート記入・子供さんへの連絡ノート記入
```

```
8：40～8：50
2件目　B氏　女性・独居・膝に水がたまっている　（10分）
    ①靴下を履きかえる（会話をしながら）※手伝うのは片足のみ
    ②記録ノート記入
```

```
8：55～9：25
3件目　C氏　男性・独居・耳が遠い　（30分）
    ①コーヒーをつくり、朝食をつくる（チーズのオープンサンド）
    ②薬のケースの整理
    ③薬を渡してのんでもらう
    ④昼食の用意（ソーセージ・トマト、魚、豚のパテの3種類サンド）、付け合わせに
      キュウリとトマト→冷蔵庫にホイルをかけて入れる
    ⑤ベッドメイク
    ⑥記録ノート記入
    ⑦ほかに何かすることはないかを聞く
```

```
9：30～　※予定の時間より早くなったため車から電話
4件目　D氏　女性・杖歩行　（30分）
    ①入浴の準備
    ②入浴補助（背中やシャワーのみ介助）
    ③浴室の掃除
    ④フットケア（会話）
    ⑤靴下を履く（ストッキングを履きやすくする工夫をしたもの）
    ⑥ブロー、セット（午後からお出かけのためカーラーで髪を巻く）→デイセンターへ。
    ⑦記録ノートに記入
```

図4-9　Birkerødコムーネの在宅ケアの内容（8：00～10：00）
出典：筆者作成。

　コムーネでは「統合ケア」を一度試みたが失敗し、現在は施設ケアと在宅ケアが別々に行われているということであった。「統合ケア」が失敗した理由としては、プライエムにおける在宅介護の技術不足と、プライエム職員の外出の困難さがあった。そのためBirkerødコムーネの「統合ケア」は、夜勤のヘルパーによる、施設入居者へのアラーム対応が有料で行われているのみであった。

(2) Svendborgコムーネ

次に、2006年にSvendborgコムーネで同行した看護師による夜間の訪問について述べる。Svendborgはデンマークのフュン島南部に位置し、人口5万8,296人で面積は416.63km²（Økonomi- og indenrigsministeriet：2013年）のコムーネである。訪問した翌年の2007年に合併し、今は訪問時より人口・面積とも大きくなっている。2006年の訪問時には、ホームヘルプを受けている市民は2,011人おり、うち民間業者にケアを依頼している方は70名ということであった。訪問した在宅ケア事業所では、デイタイムは10～15人、ナイトタイムは6人でケアを提供していた。訪問当日の事業所には看護師が2人、その他が4人であった。同行したのは看護師の資格を持った4年目の男性で、訪問同行の時間は19：00～22：00の3時間、訪問先は12件であった（22：00以降に訪問した1件は、訪問先の意向と同行時間の関係で、提供されたケアの内容は確認できていない）。Svendborgコムーネにおける在宅ケアの主な内容は、①お風呂やトイレ、着替え等の身の回りの介護、②新聞を読む等の精神面でのサポート、③利用者及び親族を対象とする教育とガイダンス、④呼吸器や循環器に関する処置及び熱や心拍数等の検査、⑤食事の準備と飲食の補助（管による食事も扱う）、⑥薬の投与、⑦部屋の片付け、窓拭き、ゴミ出し等の掃除、⑧洗濯、⑨日用品、銀行、郵便局等の所用、⑩歩行や車いす、食事や着替え等のトレーニング及び病後のリハビリテーション、⑪外出する際の交通手段の手配と付き添い、⑫病院・ホームドクター（家庭医）、親族への連絡の12項目とされていた。実際に同行した訪問内容（19：00～22：00）を具体的にみていくと（図4-10）、Svendborgコムーネでも移動時間の短さと対応の個別性が明確となった。しかも今回の訪問ではBirkerødコムーネよりもさらに訪問時間・移動時間とも短く3時間で12人に何らかのケアが提供されていた。また同行した職員が看護師であったため、インシュリンの投与や末期がん患者への観察等、医療的なケアを必要とされる方への支援を行っていた。ここで改めて先ほどの在宅ケアの主な内容（12項目）をみてみると、日本のホームヘルパーや訪問看護が単独では実施できない項目がある。つまりデンマークでは、介護職と看護職が同じチームとして訪問を行っているため、医療的

```
19:00～19:07
1件目　E氏　男性・53歳・中毒症あり・母と暮らし・無職　（数分）
インシュリン注射
※注射は鍵で管理しており，本人が自分でも使用できないようになっていた．
```

```
19:11～19:13
2件目　F氏　女性・87歳　（数分）
排泄介助                                                    →車での移動
```

```
19:30～19:43　※時間調整のため事前連絡
3件目　G氏　男性　（13分）
クロスや服の洗濯                                            →車での移動
```

```
19:45～19:54
4件目　H氏　夫婦世帯・犬　（約10分）
妻にインシュリン注射
```

```
20:00～20:06
5件目　I氏　女性・50歳・マンションの2階に居住・2週間の入院から昨日退院　（数分）
薬の確認，経過観察
```

```
20:10～20:12
6件目　J氏　女性・60歳・がん患者（耳まで転移）で疼痛治療中　（2分）
寝ていることを確認し，家を出る                              →車での移動
```

```
20:22～20:36
7件目　K氏　女性・一戸建てに居住　※同行不可　（約10分）
同行できなかったため不明だが，後で排泄介助を行ったとの報告を受ける  →車での移動
```

```
20:40～20:50
8件目　L氏　男性・75歳　（10分）
排泄介助                                                    →車での移動
```

```
21:04～21:22　※時間調整のため事前連絡
9件目　M氏　男性・58歳・パーキンソン病，妻が手に骨折をしている．（15分）
①マスクをし，投薬
②状況について話をする
```

```
21:33～21:48　利用者が暮らすアパートメント　（時間調整のため事前連絡）
10件目　N氏　男性・3階・肺の病気のため呼吸器を装着　（15分）
投薬
```

```
21:50～21:53
11件目　O氏　女性・N氏と同じアパートメントの2階　（3分）
話をしながら経過観察                                        →車での移動
```

```
21:58～
12件目　※時間調整のため電話後訪問：内容は同行できなかったため不明
```

図4-10　Svendborgコムーネの在宅ケアの内容（19:00～22:00）
出典：筆者作成．

な支援が必要な場合は看護職が中心に、介護が必要な場合は介護職が中心にケアが組まれていると考えられる。またあくまでも事業所主体のサービス内容ではなく、利用する高齢者の状態によって必要なサービスが検討され提供されている。中でも看護師が中心の訪問だったにもかかわらず、同行が夜間であったということもあり、就寝している高齢者の様子をみることも1つの支援として位置付けられていたことが印象的であった。

Birkerødコムーネ在宅ケア事業所におけるレクチャーでは、介護事業所で関わる高齢者のうち、ターミナルケアの対象者が常に数人おり、2002年の1年間で20人亡くなったとのことであった。つまり、自宅で最期まで暮らし続けるための支援が提供されているということになる。この背景にも看護師・ヘルパー等がバラバラに支援するのではなく、一人ひとりに必要なケアが判断され、介護職と看護職がチームで提供していることが大きく関連しているといえる。その他、若年性のがん患者には無料でサービスが提供され、介護者も休暇をもらえ収入もある程度保証されるとのことであった。いずれにしても、デンマークの高齢者は、最期をどこで迎えるかについて高齢者住宅やホスピスだけでなく、自宅も含めて選択できる。ただ、ホスピスは若い人が対象で、高齢者の場合は高齢者住宅等に住んでいればどこにも移動せずそこで最期を迎えることが多いということであった。

以上、2ヵ所の在宅ケア事業所での訪問同行から、デンマークで実施される在宅ケアの特徴は以下にまとめられる。①高齢者に対する支援は、コムーネで一括して総合的に判定され、一人ひとりに必要な支援が提供されている。②訪問サービスの移動には時間をかけない。小さな単位での支援体制を実現させている。③ケアは、行為（洗濯・食事・入浴支援等）としての支援ではなく、必要な部分に対する個別的かつ部分的なケアが提供されるよう組み立てられている。④高齢者への支援は、ホームヘルパー等介護職だけでなく、必要に合わせて様々な職種による体制を整えている。その際、体制の中心となる職種（デンマークでは主に看護師）をおき、一人ひとりに合った支援のコーディネーターやマネジメントを行っている。

以上のようにデンマークでは、基本的に個人を中心に支援を組み立てら

れていることが明らかになった。2つのコムーネの在宅ケア事業所でもみられるように、デンマークでは看護職と介護職が同じチームとしてケアを提供している。また、予防訪問においても社会相談員だけではなく、看護師や作業療法士等も訪問するコムーネもある。これの背景には医療がレギオナの管轄であること、一人ひとりには家庭医がおり、どこで暮らしていても医療が継続的に提供される仕組みがあるだろう。公的なサービスとして公平にサービスを選択できるデンマークとは異なり、個々の病院や医師、介護事業者が運営している現在の日本の医療・介護保険制度下では医療・介護・看護の一体的な提供を実現するためには、全体としての体制づくりが必要ではないだろうか。

　この包括的なケア体制の背景には、専門職教育の体制もあるだろう。デンマークでは、SOSUヘルパーの教育を受けた者が、社会福祉保健セクションでの基本的な活動と計画を調整することができるSOSUアシスタントの教育を受ける資格を得られる。そして、SOSUアシスタント取得後の継続教育として、看護師・助産師、保育士・養護教諭、理学療法士・作業療法士の教育を受ける資格がある。つまり、保健・福祉に関する活動と計画を調整できる福祉の専門職を持った者が看護師や理学療法士等の資格を取得でき、看護師や理学療法士等の資格を持つ者はベースとして社会福祉保健に関する知識を有しているという積み上げ式の教育といえる。このことは教育体制が資格別に位置付けられている日本とは大きく異なる点である。

第3節　デンマークの地域包括ケアシステムを支えているもの

　本章の最後に、デンマークの地域包括ケアシステムを支えているものとして、①コムーネで「住まいとケア」を保障する、②「住まい」にこだわるデンマーク、③一人ひとりに対する「ケア」の背景にあるもの、という3点で日本との対比を行いながらまとめたい。

1. コムーネで「住まいとケア」を保障する

デンマークでは日本の高齢者政策と類似した変遷をたどっているといえるだろう。例えば、救貧施設から高齢者対策としての施設の創設と総合施設化等による量的な整備とあり方の検討、「できるだけ長く自宅で」を実現するための在宅ケア体制の充実、住まいとしての施設の変革である。しかし、日本とデンマークの1つひとつの政策の選択をみてみると以下のことがみてとれる。

①救貧対策として収容保護的な性格でつくられた施設が、より専門的でニーズに対応した支援が提供できるように柔軟につくり変えられてきた点は共通している。ただ、デンマークは時代に即した居住性を担保しながら、コムーネ主体で同じ施設をつくりかえてきたのに対し、日本では新たな機能の施設を分化・創設していき多様な種別の施設をつくることでニーズに応えてきた。
②両国とも、高齢化の進展に伴う介護ニーズの増加で量的な整備を進め、その結果としての大規模施設化に伴う、集団画一的なケアへの改善が求められた。デンマークではガイドラインの整備等による居住性の向上と高齢者自身の声を反映させた高齢者3原則がその後のケアの改善につながっている。日本でも早くから最低基準が定められ遵守されてきたが、劣等処遇に押しとどめられていた。
③デンマークでは介護・看護・医療の協働チームにより、24時間対応の在宅ケアを実現している。日本でも1980年代以降、施設の社会化が進められた。しかし、在宅サービス事業の実施等施設機能の地域展開に止まっており、施設生活者の地域への生活の広がりは進められなかった。
④デンマークでは、高齢化が進展しはじめた早い段階から、公的な住宅を社会性政策の一環として実施してきた。施設を新設しない方向へと転換して以降は、一人ひとりの住宅の整備を進め、施設をケアが隣接した住宅としてつくりかえてきた。さらに、障害者や学生等入居者の対象を限定するのではなく、社会住宅として必要がある人に対する公

的な住宅として整備している。日本の公営住宅の整備は1960年代から進められていたが、単身高齢者が入居できない等制限が多く生活困窮者に対する支援にとどまっていた。その後、シルバーハウジングや高齢者専用賃貸住宅等の住宅整備や居住性にも配慮された入所施設の整備も進められたが、先述の通り、特にデンマークに比べ高齢者住宅の数が不足していると指摘されている。

⑤デンマークでは助成等で古い施設の改築を積極的に促し、より時代に即した施策を講じている。日本では開設時点での制度・施策を反映した施設の新設が基本となり、既存の施設を時代や新たなニーズに即したものに改築することは運営している事業所に判断が委ねられている。そのため、特に居住環境については事業所ごとに異なる状況である。

両国とも、高齢化の進展に伴う介護ニーズの増加で、政策的にも量的な整備を進めた時期がある。そしてその後、量的に整備では大規模施設化も実施された反面、集団画一的なケアへの反省と改善が求められた。デンマークでは、住宅政策に重点をおいた政策とガイドラインの整備等による居住性の向上、高齢者自身の声を反映させた高齢者3原則といったケア理念の確立によって、その後のケアの改善につなげてきた。日本でも早くから最低基準が定められ遵守されてきたが、基準設定の基本になったものが保護施設時代の基準に準じているため、劣等処遇的な水準に押しとどめられていたといえる。2002年に整備助成されることとなった新型特養は、居住スペースをユニットで区切り、より生活単位でのケアの提供を目指すこととなり、施設政策の大きな転換点になったといえる。しかし2010年に厚生労働省は個室化を進めるという名目で新しく規定してきた居住面積を縮小する方針を打ち出し、その後、居住費との関係から多床室の整備を容認する動きになっている。図4-11をみてみると、時を重ねるごとに（右に向かう）矢印が増えていく日本に比べ、デンマークではよりシンプルな仕組みへと統合され、高齢者一人ひとりを支えている。

今後日本では、2025年に迎える超高齢社会を見据え、在宅か施設かという二者択一のサービス選択ではなく、施設も含めた支援を「住まいとケ

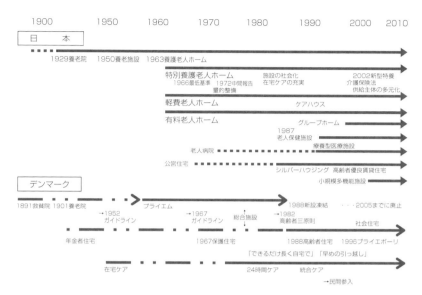

図4-11 日本・デンマーク高齢者の「住まいとケア」体系の変遷
出典：筆者作成。

ア」を分けて捉え、地域全体で実現するための取り組みが進められている。しかし現在は施策（サービス）が一人ひとりに対して事業所からバラバラに提供されている。これに対してデンマークでは、施設をある時点でつくらない決定をし、地域単位で一人ひとりに応じた「住まいとケア」をコムーネで一元的に決定し、マネジメントされている。

2.「住まい」にこだわるデンマーク

次に、嶺のいう「住まい」の持つ3つの側面である住宅、住居、居住に沿って日本との対比を試みたい。

(1) 住宅を保障する【住宅】

デンマークでは1924年以降の社会民主党政権発足から、政権の最重要課題として公営住宅の整備が掲げられてきた。加えて1981～1982年の高齢者審議会報告でも、「住居に関する問題こそ、高齢者政策における最も

重要で深刻な問題である」と指摘された。このように、デンマークでは政策課題として住宅を重視し、年金住宅や高齢者住宅等、様々な公営住宅を整備してきた。そして高齢化の進展や女性の社会進出等、社会情勢の変化とともに高齢者施策への期待が高まり高齢者施設が増設される中でも、居室は個室を基本とし、独立住宅としての施設環境を整備してきた。また時代に応じた居住環境を確保するため、養老院、プライエム、高齢者住宅、プライエボーリ等のガイドラインを設け、よりよい住まいの整備に力を入れてきただけでなく、国による助成で古いタイプの施設等のリフォーム（つくりかえ）にも積極的に取り組んだ。

日本において「住宅」は、私的なものであり、個人の財産として取り扱われている。国の政策としても、あくまでも貧困対策等最低限の施策としての公営住宅整備にとどまっていた。また老人ホーム等の施設においても個人の住宅としてというよりは支援が必要となった人の行き場として整備され、特別養護老人ホームの最低基準は1966年に整備されて以降大きく改正されることなく、2000年の介護保険制度導入を迎えた。介護保険制度導入で新たに定められた基準もあったが、それまでに整備された施設には適用されず、老朽化した施設等の改築は各事業所の判断に委ねられている。さらに、2005年以降は高齢者施設入居者に対する居住費の徴収が開始され、居住環境によって支払わなければならない費用が異なり、支払える能力によって入居できる居室が異なるといったことも生じている。本間のいう「居住の貧困」がここに表れているといえる。

(2) 住むことを守る【住居】

デンマークでは、時代にあった居住環境をその都度検討し、また提示してきた。つくりかえを促すガイドラインがその1つである。そしてそのガイドラインでは、確保すべき居住面積、シャワーやトイレ、ミニキッチンや部屋数等、単なる寝室だけの居室ではなく、本人の暮らしが営めるような住まいづくりの基準として提示されている。さらに、たとえ施設等に入居することになったとしても、居室にはなじみの家具や思い出の品々、使用している生活用品に至るまで一人ひとりの生活が反映される空間となっ

ていた。また、高齢者や障害者に支給される年金についても、その必要経費に応じて住宅手当等が支給され、可処分所得も保障されている。住居と経済的な支援で最低限の暮らしを保障したうえで、その人それぞれの暮らしが営めるように施策が講じられているのである。

　日本では、もちろん住居は個人の所得等に応じたものとなっており、特に基礎年金だけでは生活を営めるための保障とはならず、これらの条件に応じた生活の変化が求められている。さらに都市部と山間部・漁村等、地域に応じて居住環境や社会資源も異なる。個人の生活基盤によって、また住んでいる地域によって暮らしに大きな違いがあり、国全体として一定の生活水準を支えることができていない状況といえる。

(3) 地域で住み続けられるために【居住】

　次に、自分が暮らしてきた地域（コムーネ）で最期まで住み続けられるための取り組みについて考えていく。デンマークではまず、たとえケアが必要になっても暮らし続けられるための取り組みが多くあった。1つは、持ち家等の自宅、高齢者住宅、施設等どこで暮らしていても、一人ひとりに応じたケアが提供される仕組みができている点がある。例えば自宅で暮らしている場合でも、24時間対応で看護職と介護職が同じチームとして在宅ケアを提供していた。高齢者住宅でも継続して家庭医が診察をし、在宅ケアが提供される。プライエボーリ等では24時間体制でケアが提供できるための職員がおり、必要に応じてケアが提供されている。次に、一人ひとりに応じた「住宅とケア」の判定・サービスの調整がコムーネで一括されていることで、判断と提供がずれないことが指摘できる。このことで個々人の変化が継続的に把握され、自宅から高齢者住宅等に転居した場合でも連続的に関わることができる。

　日本では、要介護（支援）認定は自治体で行っているものの、具体的なケアの提供についてはそれぞれのケアマネジャー（居宅介護支援事業所）や地域包括支援センターが判断し、それをもとに介護サービス事業所が提供している。認定で決定されるのは介護度別の利用できるサービスの限度額で、決定された範囲の中でサービスが調整・提供されている。さらに、事

業所はサービスごとに設立され、医療・保健・介護それぞれのサービスが別々の事業所から提供されている。個々の事業所は他の事業所と競争や持続可能な経営・運営が求められ、よほど意識を共有化しなければ事業者の枠を超えて地域内での継続性や連続性は実現できない構造となっており、現在でも「連携」や「協働」が現場での大きな課題として位置付けられている。

ただし、デンマークのようにコムーネに権限や判定が委ねられているということは、プライエボーリや認知症高齢者のグループホーム等施設系を充実させるコムーネ、在宅ケア事業所による支援を充実させ、できるだけ長く自宅での生活に力を入れているコムーネ等、コムーネ単位での仕組みの違いが生じることが指摘できる。都市と地方等、資源の差が激しい日本において、自治体の判断を強めることだけが一人ひとりの暮らしを支えることになるのではなく、まずはあくまでも公平な立場で一人ひとりに対して必要なケアを判断するという機能が担保されることが必要である。

このように、デンマークがこだわってきた「住まい」についてみてみると、単に住宅を整備する、居住環境を整える、柔軟なサービスを提供するということだけではなく、住宅を整備することで生命を守り、住むことを守ることで生活を支え、地域で住み続けられるように取り組むことで一人ひとりの人生を大切にしてきたのだといえる。

3. 一人ひとりに対する「ケア」の背景にあるもの

では、住居を保証し、24時間のケアが提供できる仕組みが整えば、誰もが安心して「住まう」ことができるのか。ここでは、あえて住民一人ひとりの責任について考えたい。日本ではケアやサービスを受ける際に家族が利用を勧めるケースがみられるが、デンマークでは子が18歳になると独立し家を出るため、基本的には子の親の介護や親の子への養育が同居家族のみで行われるという形ではない。そのため世帯は主に「単身」もしくは「夫婦世帯」といわれている。デンマーク人と結婚し、デンマークで暮らしている小島ブンゴード孝子氏は、家族について『Morあるデンマーク高齢者の生き方』で次のように述べている。「結婚生活10年目を迎えた

頃、夫と私は、これからの家族のあり方将来のことなどかなり真剣に話し合いました。(中略) そのとき私が思いついたことは、日本に見られるような親子二世帯住宅にふさわしい大きめの家を探し、夫の両親といっしょに住むというアイディアです」(小島 2002: 135)。小島氏はこのアイデアを両親に伝えたところ、ご両親は開いた口がふさがらないほど驚いた様子で、義父から「色々考えてくれてありがとう。でも我々の答えはNOだよ。いつまでも元気でいられればよいが、もし我々がおいぼれて何もできなくなったら、君たちに大きな負担がかかることになる。それは我々にはできない。今まで社会に十分貢献してきたのだから、もしおいぼれたときは、社会が面倒見てくれるだろう。家族とは今まで通り、たまにあって楽しい一時を過ごす関係でい続けたい」(小島 2002: 135-136) と伝えられたのである。そして小島氏は、子どもたちについても「デンマークの若者たちは、日本では考えられないほど自立心が強く、早いものは義務教育を終えた頃から、遅くても20代の前半には親元を離れて独立します」と述べ、「子どもも独立して以降、親の世話になったことはなく、自力で頑張ってきたのだから、親も最後まで自力で頑張って欲しいと考えているようです」(小島 2002: 138-139) と述べている。

　もちろん、これらを実現させている背景には、年金制度や医療、介護サービスが無料で提供されていること、大学をはじめとする高等教育機関の入学金や授業料は無料ということや、学生については国からの奨学金で親の仕送りなしにやっていけること、その大前提としての納税があることは否定できない。しかし国の仕組みだけではなく、一人ひとりの中の家族や家族関係についての考え方が、個人もしくは夫婦という単位で根付いているともいえるのではないか。その上家族との関わりがないのではなく、独居生活をしている高齢者あるいは高齢者住宅で生活をしている高齢者に、家族との関係を聞いてみると、「娘が週に2回必ず来てくれて、洗濯や買い物を手伝ってくれる」「うちの息子は遠くに住んでいるからめったに来ないけれど、毎日夜電話してきて、様子を聞いてくれる」「週末に家族が来てくれたり、家族に呼ばれることも多い」といった答えがしばしば返ってくる。その他にも訪問した住宅で家族の写真や思い出の品が壁や棚に飾

られており、写真等をみながら思い出話をしてくださる方にも多く出会った。家族は介護の担い手ではないが、高齢者本人を見守り支えている大切な存在であることが充分理解できた。

さらに、デンマークではコムーネ単位で高齢者委員会（Ældreråd）という高齢者からなる委員会を組織している。前述した通りこれは法的にも認められている組織で、1997年にデンマークのすべてのコムーネで設置されることとなった。高齢者委員会は、主にコムーネに対してのアドバイスを行うことが目的とされ、互選によって選出された60歳以上の高齢者から組織されている。高齢者委員会はコムーネの行政やコムーネ議会議員とは独立していて、委員に対してお金も支払われない。このほかにもデンマークにはÆldre Sagenと呼ばれる高齢者問題全国連盟がある。会員は約46万人（2003年現在）で、デンマーク各地で活動している。活動内容は会員相互のボランティア活動やサロン活動等多岐にわたるが、高齢者自身の声を具体的な政策に反映させ、その経過を見守り続けるモニタリングの働きもある。さらに1981年に国に設置され、高齢者福祉の3原則を発表した高齢者審議会（Ældre kommissionen）はその後も継続的に組織され、新しい方針を打ち出し続けている。2012年2月に出された最新の「高齢者サービスの在り方に関する答申」では、①自分の人生に影響を及ぼす、②多様性の尊重、③人間性の強調、④毎日よい・楽しい経験を持つ、⑤尊厳ある死の5つがこれからの高齢者サービスのあり方として打ち出された。

このようにデンマークでは、高齢者自身が社会的な活動に参加していこうとする意識が根付き、自らのことを自らのこととして検討し発言し続ける機会があり、そのことが地域での暮らしをよりよくしていこうとする力になっているといえる。日本では、高齢者が主体となる当事者団体はなく、政策に関する検討も多くは官僚や学識経験者等一部の意見で決定されている。一人ひとりの「住まいとケア」の体制を整えるだけではなく、高齢者（住民）が一人ひとりの意見を表明し、社会に参加する、また自治体や国も当事者の意見を取り入れ施策に反映させるという取り組みがなければ、誰のための、何のための施策なのかがわからないままになってしまうのではないだろうか。

以上みてきたように、デンマークでは政策主導で住宅を重視し、住宅や施設に関わるガイドラインの整備やリフォームの促進によって居住環境を向上させていた。さらに地方分権が整う中で、コムーネで一元的に判定された「住まいとケア」を、介護・看護・医療の協働チームにより提供している。これらの背景には、税による社会保障や公的セクターの比重の高さ、コムーネに権限と財源がいきわたっている地方分権の仕組み、協働しやすい事業運営や専門職（教育）の体系とエリアの設定、そして個人の考え方（家族観や死生観等）があることが明らかになった。デンマークは変革の国である。国がだけでなく国民が、絶えず自分たちのこととして考え、よりよくしていくために取り組み続けていた。家族任せ、事業所任せ、自治体任せ、国任せではなく、自らのこととして考え、取り組んでいくことの重要性を再確認できた。

　今後日本では、2025年に迎える超高齢社会を見据え、在宅か施設かという二者択一のサービス選択ではなく、地域全体で一人ひとりを支える「地域包括ケアシステム」の構築が求められている。そして2012年4月からは24時間対応の定期及び随時対応サービスや、訪問看護とホームヘルパー等が柔軟に提供される複合型サービスが創設された。さらに2011年にはこれまでの高齢者専用賃貸住宅・高齢者優良賃貸住宅等がサービス付き高齢者向け住宅として統合された。ただ、デンマークにあるようなサービスだけをそのまま導入するだけでは地域包括ケアは実現しないのではないだろうか。たとえ回り道になったとしても、必要に応じてサービスを創設・導入するだけではなく、人が「住まう」ために必要なものは何か、何をどのように整えていけばよいのか、さらには、そのために国が、地方自治体が、事業所や専門職が、そして個々人が何をなすべきかを1つずつ考え、一体となって実現に向けて取り組んでいくことが肝要である。日本とデンマークは国の歴史や仕組み、人口規模や民族性等、決して似ている国とはいえないが、デンマークから得られる視座は多い。

［注記］本章で対象とするデータは、2003年6月から2013年2月までにデンマーク各地を訪問調査した際に収集した資料や、インタビュー調査の結果である。本稿に関わる訪問先とそれに関わるプロジェクト名は以下の通りである。

- 2003年6月15～22日　Lyngby-taarbæk（自治体）、Lystoftebakken（総合施設）、社会省ほか：社会福祉法人きらくえん海外福祉研修
- 2004年8月19～24日：2004年度　中京大学特定研究助成　共同研究（A）「ケアする家族に関する地域包括ケアシステムに関する実証的研究」研究代表：野口典子
- 2005年9月5～10日 Lystoftebakken（総合施設）、社会省ほか：2005～2006年度　科学研究費補助金　若手研究（B）「痴呆性高齢者のケアをめぐるエンパワーメント創造過程に関する研究」研究代表者：金田千賀子（課題番号：80387844）
- 2006年12月3～10日ほか、2007年訪問者からの資料提供：2006～2008年度　科学研究費補助金　基盤研究（C）「認知症高齢者介護家族支援プログラム開発と地域ケアシステム構築に関する国際比較研究」研究代表者：野口典子（課題番号：101426147）
- 2010年3月4～19日：2009～2010年度　科学研究費補助金　若手研究（B）「認知症ケアの高度化に資する専門職養成プログラム開発――デンマークをモデルとして」研究代表者：汲田千賀子（課題番号：21730473）
- 2012年2月20～25日　Lyngby-taarbæk（自治体）、2013年2月19日　Tønder（〃）：2011～2014年度　科学研究費補助金　基盤研究（B）「地方における住民参加型介入の社会関係資本醸成に及ぼす効果に関する実証的研究」研究代表者：中田知生（課題番号：23330180）

また、本章の一部は、野口典子編著『デンマークの選択　日本への視座』（中央法規、2013）pp.101-133の筆者担当章「第4章『住まう』ことにこだわるデンマーク」、pp.229-230の「年表　デンマークの高齢者関連政策の変遷」、ならびに北海道地域福祉学会『北海道地域福祉研究　第15巻』（2012）「地域主権社会における地域包括ケアシステム構築に関する一考察―デンマークLyngby-taarbæk Kommuneの取り組みを通して―」をもとにしたものである。

その他、2012年にLyngby-taarbækコムーネにて同行・通訳をお願いした鈴木優美氏の『デンマークの光と影――福祉社会とネオリベラリズム』（壱生舎、2010）、ならびに2013年にTønderコムーネにて同行・通訳をお願いした銭本隆行氏の『デンマーク流「幸せの国」のつくりかた――世界でいちばん住みやすい国に学ぶ101のヒント』（明石書店、2012）も参考にしている。

注

1) Birkerødは2007年の地方自治体再編でSøllerødと合併しRudersdalコムーネとなった。Rudersdalは2013年現在人口5万4,827人で、面積は73.4km²のコムーネである。

本書では、在宅ケアの提供の実態をみるため 2003 年当時のデータのまま掲載する。

引用文献

朝野賢司・生田京子・西栄子・原田亜紀子・福島容子（2005）『デンマークのユーザー・デモクラシー　福祉・環境・まちづくりからみる地方分権社会』新評論

医療経済研究機構（2007）『諸外国における介護施設の機能分化等に関する調査報告書　デンマーク』財団法人　医療経済研究・社会保険福祉協会

小川正光・小川裕子（1999）「デンマークにおける高齢者向け住宅・居住施設の変遷―コペンハーゲン市の場合―」『日本建築学会東海支部研究報告集』第 37 号，pp.741-744

小川裕子・小川正光・斉藤光代（2002）「デンマークにおける高齢者向け住宅・居住施設の発展に関する研究―De Gamle By の場合―」『日本建築学会東海支部研究報告集』第 40 号，pp.685-688

川越雅弘・三浦研（2008）「特集：世界の高齢者住宅とケア政策　我が国の高齢者住宅とケア政策」『海外社会保障研究　No.164』国立社会保障・人口問題研究所，pp.4-16

小島ブンゴード孝子（2002）『Mor あるデンマーク高齢者の生き方』株式会社ワールドプランニング

関龍太郎（2008）「特集：地域包括ケアシステムをめぐる国際的動向　デンマークの高齢者福祉政策をささえるもの」『海外社会保障研究』第 162 号，国立社会保障・人口問題研究所，pp.53-60

西英子（2004）「デンマークの公共性と都市計画における住民参加に関する研究」『日本建築学会計画系論文集』第 581 号，日本建築学会，pp.111-117

─── ・中西仁美（2008）「デンマークの新たな地方自治体再編成と交通計画に関する研究」『日本建築学会技術報告集』第 14 巻第 28 号，日本建築学会，pp.577-582

認知症ケア高度化推進事業ひもときねっと（2009）『デンマークの認知症ケア動向 I 高齢者介護システム』海外認知症ケア情報（デンマーク）認知症介護研究・研修センター

野口典子（2003）「老人福祉法制定前後における"新しい老人ホーム"の構想と実際」『日本福祉大学大学院社会福祉学研究科研究論集』第 16 号，pp.1-9

林玉子（2003）「スウェーデン・デンマークにおける高齢者居住環境の変遷・実態―わが国は何が欠けているか，何を学び取れるか―」『海外社会保障情報』No.114，pp.14-34

本間義人（2009）『居住の貧困』岩波新書

松岡洋子（2001）『老人ホームを超えて　21 世紀デンマーク高齢者福祉レポート』クリエイツかもがわ

───（2004）「デンマークにおける施設から高齢者住宅への変遷──『できるだけ長く自宅』から『早めの引っ越し』への政策転換を中心に」『関西学院大学社会学部紀要』第 97 号，pp.83-95

―――――（2005）『デンマークの高齢者福祉と地域居住 最期まで住みきる住宅力・ケア力・地域力』新評論

嶺学編著（2008）『高齢者の住まいとケア――自立した生活、その支援と住環境』御茶の水書房

DANMARKS STATISTIK（デンマーク統計局）http://www.dst.dk/

―――――「Pleje og ældreboler 2012」20, December 2012

Hansen, E .B.（1998）"Social Protection for Dependency in Old Age in Denmark." *Modernising and Improving EU Social Protection: Conference on Long-term Care of Elderly Dependent People in the EU and Norway*, 87-100

Ministry of Social Affairs（2002）『SOCIAL POLICY in Denmark』

Økonomi- og indenrigsministeriet De Kommunale Nøgletal（デンマーク内務省）http://www.noegletal.dk/nwIndex12Aekr.html

Velfsedsministeriet（2008）『Standarden af Plejehjem og Beskyttede Boliger 2008』

終章

本書の最後に、改めて社会福祉法人きらくえんとデンマークの地域包括ケアシステムの実践例をふまえながら、これからの地域包括ケアシステムの構築に向けて検討してみたい。

1. 一人ひとりの「住まいとケア」を保障する

まず、日本で地域包括ケアシステムを1つの自治体で実現できるのかといえばそうではないといえるだろう。デンマークでは高齢者の「住まいとケア」施策の整備や提供をコムーネ（自治体）が担っていた。しかも具体的なサービスの提供の範囲は非常に狭く、訪問する専門職の移動は数分程度というケースもあった。いわゆる身近な地域（日常生活圏域）で生活に必要な支援の提供が実現されているといえる。またコムーネが一人ひとりの高齢者に必要な住まいやケアを判定し、必要な分だけ提供されていた（図4-4参照）。

日本はどうであろうか。30分で駆けつけられる日常生活圏域とは、どこを想定しているのであろうか。ましてやデンマークのように数分で移動できる範囲となると、人口が密集している都市部やサービス付き高齢者向け住宅内等ではない限り実現は難しいだろう。日本の地理的な要因を考えると、地方都市、中山間地域や過疎地域と呼ばれる地域では30分で移動することが容易ではない。一見すると日本ではたくさんのサービスが整備されているように感じられるが（図5-1参照）、日本ではデンマークのように地区割りをしてサービスを分担しているのではなく、制度ビジネスの中で事業所が思い思いの事業を展開している。資源の配置からみても、日常生活圏域内でのケア体制の構築は非常に難しいのではないかと考えられる。ではどうすればよいのか。1つは、国家レベルで高齢者に必要な「住まい」や「ケア」の水準が明確にされる必要があるだろう。そして必要な住宅施策を講じ、提供されるケアが講じられているかを見届ける必要があるだろう。現在の住宅施策はあくまでも個人の所得水準に応じたものであって、福祉施策もそのように流れつつある。デンマークでは、高齢者自身が声を上げ、ガイドラインを明示してつくりかえを促し水準を担保している。そしてその水準は、常に時代や高齢者自身が望むものへと改善されている。

国が施策を直接講じなくなった日本においても、公的責任がなくなった訳ではない。人生の最期に点々と住まいを移動し、疲れ果てた中で最期を迎える高齢期を我々は望んでいるのであろうか。高齢者にとって、一人ひとりにとってどのような「住まいとケア」が確保されるべきかという議論が必要である。

次に国が高齢者に対する「住まいとケア」の水準を明確にしたそのうえで、公的機関がどこまで保障するのかを明らかにしておくこと、保障しない部分をどのように支えるかを明らかにしなければならないだろう。デンマークでは国が地方自治体に対して財源と権限を与えている。人口約550万人の小さな国で、平らな地形から移動が容易であり、租税による社会保障の仕組みもある。そのためデンマークと日本とを容易に比較することはできない。しかし、日本が目指す「地域包括ケアシステム」のその先にデンマークの「地域包括ケアシステム」があるのだとすれば、形だけサービスを創設するだけで「地域包括ケアシステム」が構築されると考えてはいけないのではないだろうか。サービスや仕組みを取り入れるだけではなく、その背景にある国と地方の関係や地域における様々な資源との関係等も含めて参考にし、また日本にあった形で検討していかなければならない。都市部と地方の格差が大きく、また自治体ごと様々に異なる日本の実情に応じた地方分権のあり方を、しっかりと検討していかなければならない。

2. 地域全体で「住まいとケア」を支える

次に、多種多様な施策が講じられれば地域包括ケアシステムが実現するのであろうか。筆者の考えは「ノー」である。例えば医療と介護の連携を取っても、日本とデンマークでは大きく状況が異なっている。デンマークにおける他職種連携は、ケアが提供されるすべての場面でみられた。例えば、看護職と介護職が同じチームとしてサービス提供を行う。これは個別の訪問においてもそうであるし、予防的訪問におけるソーシャルワーカーと作業療法士等が協力する場面等でもみられた。さらにプライエボーリ等の高齢者住宅においても、様々な職種が連携してケアを提供しているし、たとえ自宅を離れて暮らしていても、かかりつけ医である家庭医による診

250

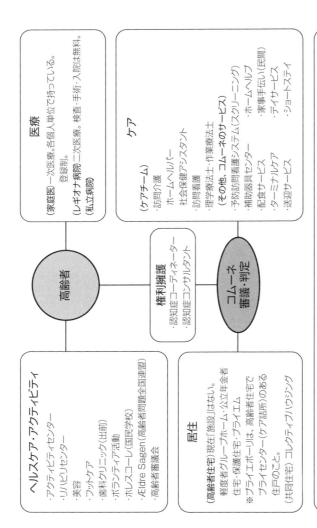

図 4-4 デンマークにおける高齢者を取り巻く支援（再掲）

出典：筆者作成。

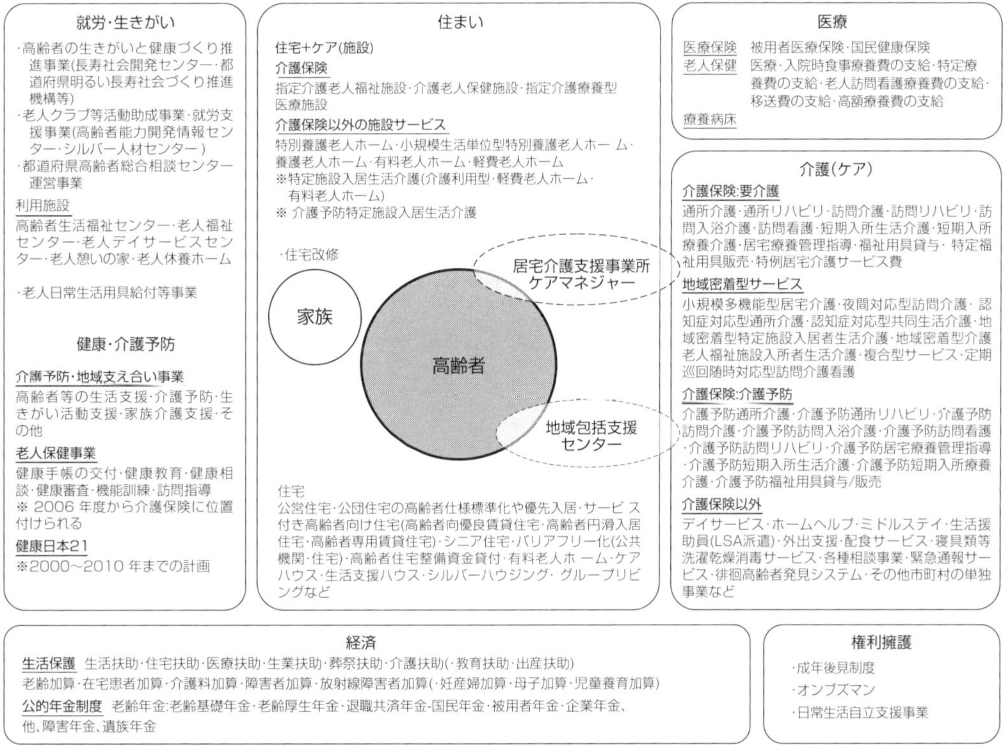

医療

医療保険 被用者医療保険・国民健康保険
医療・入院時食事療養費の支給・特定療養費の支給・老人訪問看護療養費の支給・移送費の支給・高額療養費の支給

老人保健 療養病床

介護（ケア）

介護保険要介護
通所介護・通所リハビリ・訪問介護・夜間対応型訪問介護・認知症対応型通所介護・訪問入浴介護・訪問看護・訪問リハビリ・短期入所生活介護・短期入所療養介護・居宅療養管理指導・認知症対応型共同生活介護・地域密着型介護老人福祉施設入居者生活介護・福祉用具貸与・特定福祉用具販売・特定施設入居者生活介護・複合型サービス・定期巡回随時対応型訪問介護看護

地域密着型サービス
小規模多機能型居宅介護・夜間対応型訪問介護・認知症対応型通所介護・認知症対応型共同生活介護・地域密着型特定施設入居者生活介護・地域密着型介護老人福祉施設入所者生活介護・複合型サービス・定期巡回随時対応型訪問介護看護

介護保険介護予防
介護予防訪問介護・介護予防通所介護・介護予防訪問リハビリ・介護予防通所リハビリ・介護予防訪問看護・介護予防訪問入浴介護・介護予防短期入所生活介護・介護予防短期入所療養介護・介護予防居宅療養管理指導・介護予防福祉用具貸与・販売

介護保険以外
デイサービス・ミニデイ・ムーベンレフ・ミドルステイ・生活支援（LSA派遣）・外出支援・配食サービス・寝具消毒等洗濯乾燥消毒サービス・各種相談事業・緊急通報サービス・徘徊高齢者発見システム・その他市町村の単独事業　など

住まい

住宅＋ケア（施設）
介護保険
指定介護老人福祉施設・介護老人保健施設・指定介護療養型医療施設
介護保険以外の施設サービス
特別養護老人ホーム・有料老人ホーム・軽費老人ホーム
※特定施設入居生活（自立型特別養護老人ホーム・軽費老人ホーム・有料老人ホーム）
※介護予防特定施設入居者生活介護（軽費利用型・軽費老人ホーム・有料老人ホーム）

住宅改修

居宅介護支援事業所　ケアマネジャー
地域包括支援センター

高齢者
家族

就労　生きがい

・高齢者の生きがいと健康づくり推進事業（長寿社会開発センター・都道府県明るい長寿社会づくり推進機構等）
・老人クラブ等の活動助成事業・就労支援事業（高齢者能力開発情報センター・シルバー人材センター）
・都道府県高齢者総合相談センター運営事業

利用施設
高齢者生活福祉センター・老人福祉センター・老人デイサービスセンター・老人憩の家・老人休養ホーム
・老人日常生活用具給付等事業

健康・介護予防

介護予防・地域支え合い事業
高齢者等の生活支援・介護予防・生きがい活動支援・家族介護支援・その他

老人保健事業
健康手帳の交付・健康教育・健康相談・健康診査・機能訓練・訪問指導
※2006 年度から介護保険に位置づけられる
健康日本21
※2000〜2010 年までの目標

権利擁護

・成年後見制度
・オンブズマン
・日常生活自立支援事業

経済

住宅
公営住宅・公団住宅・高齢者世帯標準化公団貸与優良賃貸住宅・サービス付き高齢者向け住宅・高齢者専用賃貸住宅・高齢者向け優良賃貸住宅・シニア住宅・バリアフリー化公共機関（住宅）・高齢者生活支援ハウス・シルバーハウジング・グループリビングなど

生活保護
生活扶助・生業扶助・住宅扶助・医療扶助・生業扶助・葬祭扶助・介護扶助・教育扶助
老齢加算・在宅老齢加算・介護料加算・障害者加算・放射線障害加算・妊産婦加算・母子加算・児童養育加算・出産扶助

公的年金制度
老齢年金・老齢基礎年金・老齢厚生年金・退職共済年金・被用者年金・国民年金・企業年金
他：障害年金、遺族年金

図 5-1　日本における高齢者を取り巻く支援

出典：筆者作成。

療が継続的に受けられる仕組みができている。日本では病院や診療所、介護等のサービス事業者は個々に経営し、また競争が求められる中でサービスが提供されている。その結果、事業所や種別を超えたチームアプローチが実施しづらい環境といえる。2012年4月から導入された複合型サービスや24時間対応の定期巡回・随時対応サービスはそれらの課題を超えることを期待して創設された。ただ訪問看護師や夜間帯のケアワーカーの確保が難しいことや24時間対応の体制づくり、具体的な連携方法等、不透明な部分も多く、事業に参入する事業所が非常に少ない現状である。さらに予防給付は地域包括支援センター、介護給付は居宅介護支援事業所というように、要介護認定によってもケアマネジメントを担当する事業所が異なる（図5-1参照）。地域密着型サービスや介護予防事業の運営についても、ますますサービス種別ごとに機能別に実施されていくだろう。医療と福祉の連携や他職種間の協働についての重要性はこれまでにも充分すぎるほど指摘されているが、同じ事業種別や職種間でも状況が異なることになると、さらに難しくなると予測される。

　以上のことから、筆者は地域包括ケアシステム構築には、地域における一人ひとりの状態に応じた連続性のあるケア体制をつくることが重要だと考える。デンマークでは、たとえ重度の障害を持っていても、一人ひとりに応じた「住まい」と「ケア」を検討し、本人の要望を聞きながら、できるだけ長く在宅でケアが提供されていた。そしてたとえ24時間体制のケアが必要であったとしても、本人の意向を尊重しながらなるべく早めにバリアフリー等の住宅に住み替え、最期まで住み続けられるような仕組みが整備されている。さらに、使い慣れた家具や生活スタイルや家庭医の診療等が尊重されることで、住み替えたとしてもできる限りそれまでの生活を継続する形となっている。

　これには、コムーネで一元的に一人ひとりの「住まいとケア」を判定し提供していることが大きな要因ではないだろうか。さらにケアが必要になった場合も、住み替えが必要になった場合も、同様に一人ひとりをコムーネのソーシャルワーカーが最期まで継続して担当していることが継続性を担保している要因の1つといえるだろう。このような継続的に関われ

るソーシャルワーカーの存在やケアマネジメント体制の構築が、分断されたサービス種別や機能分化された施策をつなげる役割を担うのではないだろうか。もちろん、これを現在の日本で実現するためには、現行のケアマネジメント体制を大幅に変更することになる。ケアマネジャーや事業所は、一人ひとりの高齢者の「住まいとケア」ケアマネジメントだけでなく、地域全体の視点からの体制づくり・ネットワークづくりに努めなければならない。それには、地域包括支援センターとの協働が考えられる。地域包括支援センターと居宅介護支援事業所が積極的に連携することによって、介護予防、介護、そして終末期も含めて一人ひとりの情報を共有し合い、バトンを渡していくことができないだろうか。

　また、地域全体で支えていく体制づくりとしては、いくの喜楽苑での取り組みや北海道美瑛町[1]における取り組みのように、自治体に1つしかない社会福祉法人が自治体と協働で地域をいくつかの生活圏域に分け、それぞれの圏域で地域に合わせた事業を展開する事例もある。また、喜楽苑やあしや喜楽苑のように、介護サービス事業所が地域の中で協力しながら地域のケアネットワークを構築していける可能性が残されているかもしれない。そして、愛知県高浜市[2]のように自治体内の介護サービスすべてに対して第三者評価を受けることを義務付け、市全体のサービスの質を担保し向上させる方法も、地域全体の「住まいとケア」を支える取り組みとなるだろう。1つひとつの事業所や関係機関のみに質の向上や地域の様々なニーズへの対応を委ねるのではなく、地域全体の「住まいとケア」を捉え、体制を整える必要があるのではないか。

3. みんなで「地域包括ケアシステム」を考える

　最後に、地域包括ケアシステムは行政や専門職のみで実現できるのであろうか。2009年版『地域包括ケア研究会報告書』（地域包括ケア研究会 2010）では、地域包括ケアシステム構築の前提として、「自助・互助・共助・公助」の役割分担を含めたうえで、自助を基本としながら互助・共助・公助の順で取り組んでいくことが必要ではないかと述べている。

　周知のように、デンマークではすべて租税方式によって社会保障制度が

実施されている。つまり、デンマークではここでいう公助の部分が基本となり生活の多くを支え、その他の部分を自助で賄っているといえる。しかしデンマークは互助であるボランタリーセクターも非常に充実している。コムーネ公認の高齢者委員会や高齢者が相互の支えあいの活動を行うボランティア組織が全国にあり、政府や社会に高齢者の声として届ける仕組みがある。デンマーク政府[3]によると、16歳以上の国民の約4割にあたる人が16年以上にわたってボランティア組織で活動しているということである。例えばコムーネの活動センターと呼ばれるところにはボランティアのみで運営されているセンターもあり、手芸やビリヤード、洋裁や陶芸等様々な活動が行われている。

　日本ではどうだろう。先述した通り『地域ケア研究会報告書』(地域包括ケア研究会 2010) によると、地域包括ケアシステムは、共助や公助ではなく、自助を基本として取り組んでいくことが前提であると記されている。つまりまずは自分自身や家族の力を前提として、周りと助け合い、最後に制度を利用しようということなのだろうか。もちろん制度を利用しなくても自費で様々なサービスを利用することが可能であったり、ボランティアを利用している方々もいるだろう。ただ、貯蓄や所得等が多くない方はどうすればいいのか、そしてボランティアにはどこまでカバーしてもらえるのか。個人-自治体-国の関係が明確なデンマークと、個人、家族、地域(住民・親戚)、事業所、行政、国、さらにNPO、ボランティア……色々なファクターが個別にかつ多様に存在する日本。どこがどこまで責任を持つかが明確でない中で、自助努力に委ねるのはあまりにも無謀である。

　そのため、誰がどのように関わりあいながら地域で生きていくのか、地方自治体が地域資源をいかにガバナンスしていくのかの力量が問われるだろう。筆者はデンマークのように公的機関がすべて担うべきであるというつもりはない。地域にある資源をいかに存分に活かしながら、地域に応じた地域包括ケアシステムを構築していくのかを真剣に考えなければならないのである。そのためにも地域福祉計画の策定が有効といえるのではないだろうか。地域福祉計画策定の基本原則は「住民参加」である。様々なファクターが存在する日本において、それらが協働して検討できる場が必

要であると考えられる。また、高齢者や家族、地域住民自身も、地方自治体や事業所に任せておけばよいのではなく、自らの暮らす地域の体制づくりに積極的に参加し、サービス利用者として、または担い手の1人としての意識を持って、主体的に参加する必要があるだろう。2025年の遠くない未来を見据えながら、日本の現状に応じた地域包括ケアシステムの構築を検討する際には、この皆で考える仕組みをどのように考え作っていくのか、ということが求められているのではないだろうか。

4. 本研究の限界と課題

　本書の最後に本研究の限界と課題を述べておきたい。本書では、地域包括ケアシステムの構築を目指すための検討を、政策の変遷や施策の現状分析から実施している。それは地域包括ケアシステムを成立させる前提としての議論がこれまでになされていないと考えたためである。しかし、地域包括ケアシステムの要件は、高齢者に関わる施策だけではない。専門職間の連携やボランティアやNPO法人等の担い手に関わる点も大きな要件となるだろう。また、日本における地域包括ケアシステムの実践例を地域特性別にみている点に意義があると考えているが、1つの社会福祉法人の取り組みを通して明らかにしただけではそのすべてを明らかにしたとはいえないだろう。今後も引き続き、本研究を基礎的な研究と位置付け、地域包括ケアシステムの構築に向けた研究を進めていきたい。

注
1) 北海道美瑛町は、北海道のほぼ中央に位置し、農業を基幹産業とする人口1万1,000人（2010年国勢調査）の町である。厚生労働省が公表している「地域包括ケアシステムの構築に関する事例集」にも道内14事例のうちの1つとして紹介されている。美瑛町の特徴は、東京23区に匹敵する広い町内に4つの圏域を設定し、町内に5つある小規模多機能型居宅介護事業所を中核とした地域コミュニティの推進をはかっている点である。実施主体は社会福祉法人美瑛慈光会であり、町からの補助金等も活用しながら、事業所を開設する前の計画段階から住民が関わり、開設後も「運営推進会議」等で継続して関われる仕組みをつくっている。
2) 愛知県高浜市は、愛知県三河平野の南西部に位置する人口4万6,300人（2015年1

月1日現在）の市で、日本最大の生産量を誇る三州瓦の中心的な産地でもある。高浜市は「福祉先進自治体」として様々な施策を講じてきた実績を持ち、美瑛町と同様に厚生労働省の「地域包括ケアシステムの構築に関する事例集」でも、地域包括支援センターを地域の総合相談の拠点としたネットワーク構築が紹介されている。高浜市の第三者評価については、2000年から条例で事業を定め、市内の介護保険サービス事業者すべてで評価を実施している。筆者は2001年から2004年まで評価について検討を行う部会の研究補助員として関わってきた。高浜市の本事業の特徴は、市内すべての事業者が必ず評価を受けなければならない点と、評価の目的に質の向上を掲げ、向上に向けた取り組みができるような仕組みを整え、評価事業そのものも改善に向けた改革を行った点といえる。

3) デンマーク大使館が発表した資料（The Official Website of Denmark「Volunteer Work in Denmark」）によると、デンマークで暮らす約4割の人が16年以上にわたってボランティア組織で活動している。1999年には25％、2004年には35％、今日では43％に達しているとのことである。この背景には、ボランティアは民主主義を実践する場であるという認識に加え、住民同士の信頼感が高いことが動機付けになっていることがあると述べられている。

おわりに

　本書は 2010 年 9 月に日本福祉大学大学院に提出した博士論文『地方分権社会における高齢者の「住まいとケア」に関する研究』がもとになっている。筆者の博士課程在籍期間は 5 年半、そして本書の刊行までにさらに約 5 年が経過している。この間、多くの方々から貴重なご指導やご助言、そしてご支援、ご協力をいただいた。本書のおわりに改めて謝辞を述べさせていただきたい。

　まず、市川禮子理事長をはじめとした社会福祉法人きらくえんの職員の皆様、調査にお応えいただいた入居者様とご家族様には、厚く御礼を申し上げたい。振り返ると、同法人には、日本福祉大学大学院在学中を通して約 10 年間にわたり、タイムスタディ調査やヒアリング調査等様々な調査にご協力いただいた。中でも喜楽苑開設当初よりご活躍されてきた市川禮子理事長へのヒアリング調査と、25 年間にわたる事業報告書等貴重な資料を入手・分析させていただくことができたことは、時間軸による分析で研究を進めてきた筆者にとって、この上なく幸せであった。また 2003 年以降、デンマークにおけるほとんどの視察や実地調査で通訳・コーディネーターを務めてくださったマイヤー和子氏にもこの場をお借りして、感謝の気持ちを申し上げたい。現地でのコーディネートや通訳だけでなく、デンマークで暮らす生の声をうかがえたことでより理解を深めることができた。

　日本福祉大学大学院在学中には、牧野忠康先生、後藤澄江先生、小松理佐子先生、また学外審査員であり、法政大学名誉教授である本間義人先生に丁寧かつ的確なご指摘をいただいた。そして現在の所属先でもある九州大学大学院の高野和良先生には、特に大学院修了後から現在に至るまで過疎地域に関わる研究でご一緒させていただいている。地域に入り、そこで暮らす人々の声に耳を傾けておられるその眼差しは、筆者の今の研究にも

大きく影響している。

　そして日本福祉大学大学院長であり指導教員である野口定久先生は、大変あつかましく申し上げると、ゼロから研究を教えてくださった恩師である。とかく目の前にある事象を説明するだけで精一杯になり、時に岩のように頑なな私を、先生は曼荼羅のごとく捉え、ご指導くださった。現場主義であり、常に探究心を持ち、「変革は弱いもの遠いものから」の姿勢で研究されている先生の背中をいつも追いかけていた10年であった。さらに、中京大学の野口典子先生に出会えなければ、私は今ここにはいなかっただろう。生まれてはじめて臨んだ学会発表で「地味な研究ですね」とコメントされた私に対して、「それは『地道な研究ですね』といってくださったのよ」と教えてくださった。そのおかげで、派手ではないけれど、地道に1つひとつ研究を続けていこうと決意できた。この場を借りて両先生に心より感謝申し上げたい。

　また本書の出版に際しては、明石書店編集部の深澤孝之氏、及び編集作業をご担当いただいた岡留洋文氏には、大変お世話になった。右も左もわからない私に、最後まで根気強く、そして丁寧に関わってくださったお2人のおかげで、この度の出版を迎えることができた。

　最後に、1つのことにのめりこむとすぐに周りがみえなくなってしまう私を受け止め叱咤激励してくれた家族がいなければ、博士論文や本書を書き上げることはできなかっただろう。改めて家族、とりわけ夫・知生に心から感謝したい。

　本書は筆者の研究の集大成というべきものではない。むしろ、ここから出発すべくまとめさせていただいたという決意の書である。今後も引き続き、北海道を中心とした地域で、一人ひとりが最期まで住み続けられるための体制づくり、特に人口規模や経済規模が小さな過疎地域等における「地域包括ケアシステム」の研究を進めていきたい。

2015年1月　　　　　　　　　　　　　　　　　　　　　中　田　雅　美

〈著者略歴〉
中田 雅美（なかた・まさみ）

大阪生まれ、社会福祉士
　部活動中の怪我が人生の転機となり、1997年に関西福祉科学大学（1期生）に入学。日本福祉大学大学院福祉マネジメント専攻修了後、一般社団法人尾北医師会地域ケア協力センターのソーシャルワーカーとして勤務しながら2005年に日本福祉大学大学院社会福祉学研究科博士課程に進学。2010年9月に博士号を取得（社会福祉学）。その間に関西福祉科学大学実習相談室講師を経て、2009年から北海道に居を移し、現在は藤女子大学や札幌学院大学で非常勤講師として勤務。2012年5月より、九州大学大学院人間環境学府学術協力研究員。
　主要著書に『居住福祉学』（共著、有斐閣コンパクト、2011）、『デンマークの選択・日本への視座』（共著、中央法規、2013）、『社会福祉概論　現代社会と福祉』（共著、勁草書房、2014）がある。

高齢者の「住まいとケア」からみた
地域包括ケアシステム

2015年3月25日　初版第1刷発行

　　　著　者　　　　中　田　雅　美
　　　発行者　　　　石　井　昭　男
　　　発行所　　　　株式会社明石書店
　　　〒101-0021 東京都千代田区外神田 6-9-5
　　　　　　　　電　話　03（5818）1171
　　　　　　　　ＦＡＸ　03（5818）1174
　　　　　　　　振　替　00100-7-24505
　　　　　　　　http://www.akashi.co.jp
　　　　　　　装丁　　　明石書店デザイン室
　　　　　　　印刷／製本　モリモト印刷株式会社

ISBN978-4-7503-4157-6
（定価はカバーに表示してあります）

Printed in Japan

JCOPY　〈(社) 出版者著作権管理機構 委託出版物〉
本書の無断複写は著作権法上での例外を除き禁じられています。複写される場合は、そのつど事前に、(社) 出版者著作権管理機構（電話　03-3513-6969、FAX　03-3513-6979、e-mail: info@jcopy.or.jp）の許諾を得てください。

地域包括ケアと生活保障の再編 新しい「支え合い」システムを創る
宮本太郎編著 ●2400円

生活困窮者への伴走型支援 経済的困窮と社会的孤立に対応するトータルサポート
奥田知志、稲月正、垣田裕介、堤圭史郎 ●2800円

コミュニティカフェと地域社会 支え合う関係を構築するソーシャルワーク実践
倉持香苗 ●4000円

地域・施設で死を看取るとき いのちと死に向き合う支援
小畑万里編著 ●2300円

介護サービスへのアクセスの問題 介護保険制度における利用者調査・分析
李恩心 ●4000円

高齢者福祉概説【第4版】
黒田研二、清水弥生、佐瀬美恵子編著 ●2500円

フィンランドの高齢者ケア 介護者支援・人材養成の理念とスキル
笹谷春美 ●3000円

デンマーク流「幸せの国」のつくりかた 世界でいちばん住みやすい国に学ぶ101のヒント
銭本隆行 ●1600円

〈価格は本体価格です〉

在宅高齢者へのソーシャルワーク実践
混合研究法による地域包括支援センターの実践の分析

高瀬幸子 著

A5判／上製 ◎4600円

地域包括支援センターにおける高齢者の個別援助において、高齢者が抱える様々な問題にソーシャルワークがどのように機能しているかを、エコロジカル視点に基づき、量的研究と質的研究を取りいれたミックス法によって実証的に明らかにする。

■内容構成■
- 序　章　研究の目的と構成
- 第1章　高齢者を対象としたソーシャルワーク
- 第2章　エコロジカル視点
- 第3章　研究デザイン——混合研究法
- 第4章　高齢者のコーピングに関する量的研究
- 第5章　地域包括支援センターにおける援助事例の質的研究
- 第6章　総括

2014年度　日本ソーシャルワーク学術奨励賞　受賞
2014年度　日本社会福祉学会奨励賞　受賞